Gottesdienstpraxis

Serie A:
Arbeitshilfen für die Gottesdienste zu den Sonn- und Feiertagen des Kirchenjahres

Herausgegeben von Erhard Domay
und Horst Nitschke

Gütersloher Verlagshaus Gerd Mohn

Gottesdienstpraxis

3. Perikopenreihe

Band 1: 1. Sonntag im Advent bis Invokavit

Gütersloher Verlagshaus Gerd Mohn

CIP-Kurztitelaufnahme der Deutschen Bibliothek

Gottesdienstpraxis / hrsg. von Erhard Domay u. Horst Nitschke. –
Gütersloh : Gütersloher Verlagshaus Mohn
NE: Domay, Erhard [Hrsg.]
Ser. A, Arbeitshilfen für die Gottesdienste zu den
Sonn- und Feiertagen des Kirchenjahres.
Perikopenreihe 3.
Bd. 1. 1. Sonntag im Advent bis Invokavit. – 1986.
ISBN 3-579-02808-1
NE: 1. Abt.

ISBN 3-579-02808-1

Satz: Satz-Service-Berkemeier, Gütersloh
Druck und Bindung: Ebner Ulm
Umschlagentwurf: Franz Wöllzenmüller, Oberhaching
Printed in Germany

Inhalt

1. Sonntag im Advent

Predigttext: Jeremia 23,5–8
Klaus Eulenberger

Theologisch-homiletische Skizze

Wie gerät das Prophetenwort unter die Predigttexte für den 1. Advent? Vor 20 Jahren hätte ich mir diese Frage nicht gestellt; damals war es (auch mir) selbstverständlicher kirchlicher Brauch, alttestamentliche Texte im Rahmen des Schemas Verheißung – Erfüllung auf den »Advent« des menschgewordenen Gottes zu beziehen. (Noch heute höre ich, wenn ich »Advent« denke, zuerst Jesaja-Sätze in mir klingen.) Der jüdisch-christliche Dialog macht diese naive Kombination unmöglich. Es »stimmt« nicht, was Heinrich Held 1658 gedichtet hat (EKG 11,2): »Was der alten Väter Schar / höchster Wunsch und Sehnen war / und was sie geprophezeit / ist erfüllt in Herrlichkeit.«

Aber ich will den Zusammenhang mit ehemals selbstverständlichen Deutungsmustern nicht einfach aufkündigen; vielmehr liegt mir daran, den Hinweis auf ihre Problematik für das aktuelle Verständnis von »Advent« produktiv zu machen. Der Schlüsselsatz für meine Predigt über Jer. 23,5–8 am 1. Advent, der sich aus diesem Ansatz ergibt, heißt: Die Dissonanz zwischen Verheißung und Erfüllung (oder: zwischen Vorstellung und Wirklichkeit) ist *das* Thema der Adventszeit. Dem Leitmotiv »Dissonanz« werde ich auf verschiedenen Ebenen nachgehen:

- auf der Ebene des Prophetenwortes selbst: Was ist mit dem »gerechten Sproß« Davids, den Jeremia verheißt?
- auf der Ebene der »Anwendungsgeschichte« dieses Jeremia-Zitates in der christlichen Kirche: Was ist unter der Hand einer unhistorischen, »geistlichen« Umdeutung aus dem Davids-Sproß geworden?
- auf der Ebene der persönlichen Lebenserfahrung: In welchem Verhältnis stehen die Entwürfe zu dem, was dann tatsächlich eintritt?

Die Absicht, die diesen Gottesdienstentwurf bestimmt, beschreibe ich (eine Spur zu anspruchsvoll) so: Ich möchte etwas gegen weihnachtlich-regressive Tendenzen unternehmen, gegen den Hang zur »ol'-time-religion«, der sich zurücksehnt in heile Bilder und sie nicht in Beziehung setzt zu dem, was aus ihnen wird und werden kann. »Kirche soll nicht mehr vertraute Vergangenheit, sondern ersehnte Zukunft sein«: etwas von diesem Satz Ernst Langes soll in diesem Gottesdienst, wie ich ihn mir wünsche, Gestalt annehmen. In dieser Absicht fühle ich mich bestätigt durch eine Figur des Jeremia-Textes selbst, in dem eine (gesicherte) Tradition, die vom Exodus nämlich, abgelöst wird durch eine (erst ins Auge gefaßte, gänzlich ungesicherte also) andere, die von der Sammlung der Auseinandergetriebenen, vom Ende des Exils (Vers 7 f.).

Für den Exegeten (vgl. Gottesdienstpraxis Perikopenreihe III, Ergänzungsband Exegesen, Gütersloh 1986) gibt Jer. 23,5–6.7–8 »davon Zeugnis, wie ein erledigtes Volk mit einer enttäuschten (Davids-)Verheißung fertig wurde, wie eine in alle Winde zerstreute Gemeinde dennoch zum Leben zusammenfand«. Dieser Spur möchte ich folgen.

Vorschläge zur Liturgie

Das Motiv »Dissonanz« (zwischen Erwartung und Wirklichkeit) erscheint in einem späten Gedicht B. Brechts, das ich zur Eröffnung des Gottesdienstes lese: »Ach, wie sollen wir die kleine Rose buchen?« (Gedichte 3, Suhrkamp Ffm., S. 1020). (Ich zitiere es im Verlauf der Predigt, s.u.)

Das *Kyrie* möchte ich um die folgenden Sätze erweitern:
KYRIE ELEISON – Herr, erbarme dich!
Gott, tröste uns in Angst und Leid, in unserem Schmerz über zerbrochene Entwürfe und verlorenes Glück, erbarm dich über uns Arme.
CHRISTE ELEISON – Christe, erbarme dich!
Jesus, Kind, Bruder, Versöhner: Laß uns ein Licht aufgehen in einer dunklen Zeit mit kleiner Hoffnung; sei du das Öl in unseren Lampen, unser Lebenslicht.
KYRIE ELEISON – Herr, erbarm dich über uns!

Aus Holland (von Huub Osterhuis) stammt das folgende *Gebet*, das ich nach dem Kyrie sprechen möchte:
»Zu Angefochtenen und Geprüften kommt dein Wort, Herr, zu Zweiflern und Glaubenden und Furchtsamen. In unserer Ohnmacht sprechen wir dich aus; nichts mehr wissend, sprechen wir weiter von dir; mit leeren Händen schenken wir dich fort – so werden wir, gekreuzigt und verlassen von dir, deine Kraft, deine Weisheit, dein geliebter Sohn.«

Nach der Predigt, vor dem Vaterunser, steht das folgende *Gebet*, das Bilder und Motive aus den verschiedenen Liedern aufnimmt, die ich mit der Gemeinde singen möchte (s.u.):
»Gott, unser Vater und unsere Mutter:
Erhalte die Bilder lebendig in uns, die unser Verlangen nach der Erneuerung der Erde und nach der Gegenwart Jesu unter uns ausdrücken: aufbrechende Erde, aus der eine Pflanze treibt, Berge und Täler, die sich mit Grün überziehen, die Verwandlung von Klage und Weinen in Freude, das Licht, das die Dunkelheit ablöst, der Morgenstern, der mitten in der Nacht einen neuen Tag ansagt, die Befreiung von schweren Banden. Jeder von uns meint etwas anderes, wenn er diese Bilder in sich bewegt. Du, Gott, hebst die Unterschiede auf und läßt uns aufgehoben sein in dir.

Die leise Stimme Jesu, deines Sohnes, unseres Bruders, läßt uns hören, daß Recht und Gerechtigkeit, Liebe und Frieden den Menschen möglich sind. Und sie läßt uns verstehen, daß es von uns abhängt, ob sie geschehen oder nicht. Mach unsere Erwartungen unendlich, Gott, aber laß sie nicht allein auf ihn treffen. Laß uns ihm begegnen an solchen Orten, zu solchen Zeiten und in solchen Gestalten, in denen wir ihn nicht erwartet haben. Und wir werden geschehen lassen, was du durch uns tun willst. Im Namen Jesu bitten wir dich: Vater unser im Himmel ...«

Zu den Liedern
EKG 6 (Macht hoch die Tür) paßt sowohl zu Psalm 24, der am 1. Advent gelesen wird, als auch zum Predigttext; ich entscheide mich, des abgenutzten Liedes in diesem Jahr überdrüssig, gleichwohl für ein anderes Eingangslied: EKG 7,1.4–6 (Nun jauchzet, all ihr Frommen).
Vor der Predigt: EKG 5,1–5 (O Heiland, reiß die Himmel auf); nach der Predigt: EKG 14,1+4 (Die Nacht ist vorgedrungen). Zum Schluß: EKG 10,4–7 (Ich lag in schweren Banden).

Vorschläge für die Predigt
Möglicher Anfang
Liebe Gemeinde: worauf warten wir eigentlich? Ob es uns möglich wäre, uns auf *gemeinsame* Erwartungen in dieser Warte-Zeit zu verständigen? Die Sprache der Adventslieder, die wir in diesem Gottesdienst singen, ist bilderreich, aber unkonkret: »O klare Sonn, du schöner Stern, dich wollten wir anschauen gern!« Es sind Bilder, die längst in uns angelegt sind: aufbrechende Erde, aus der eine Pflanze treibt – Berge und Täler, die sich mit Grün überziehen – Klage und Weinen, die in Freude verwandelt werden – Licht, das die Dunkelheit ablöst – der Morgenstern, der mitten in der Nacht einen neuen Tag ansagt – schwere Bande, die gelöst werden. Diese Bilder sagen uns etwas, sie lösen konkrete Vorstellungen und bestimmte Erinnerungen in uns aus – aber sind sie nicht bei jedem von uns ganz unterschiedlich? Worauf warten wir in dieser Warte-Zeit? Haben wir ein gemeinsames Ziel?
Seit annähernd zweitausend Jahren beziehen sich die Christen, wenn sie daran gehen zu erklären, was der Weg Jesu ihnen bedeutet, auf Texte des Alten Testaments. In ihrem Licht haben sie Kreuz und Auferstehung, seine Geburt und sein Scheitern, seine Liebe zu den Armen und seine Beziehung zu Gott zu verstehen gelernt. Daß die Christen von Anfang an auf alttestamentliche Texte zurückgegriffen haben, liegt einfach daran, daß ihnen andere Texte nicht zur Verfügung standen, als sie anfingen, sich Rechenschaft zu geben über ihren Glauben an Jesus und ihre Hoffnung

auf die Vollendung der Welt. Von Anfang an benutzen die Christen dieselben Schriften wie die Juden – nur deuten sie sie anders als jene, denen »Gottes erste Liebe« gilt. Jüdische Theologen kämen nicht von ferne auf den Gedanken, den Predigttext für diesen Adventssonntag, ein paar Sätze aus dem Buch des Propheten Jeremia, auf Jesus und auf Weihnachten zu deuten; für die christliche Kirche aber ist diese prophetische Ankündigung seit vielen Jahrhunderten ein Hinweis auf den, dessen Geburt wir in wenigen Wochen feiern:
(Lesung des Predigttextes)

Zum weiteren Verlauf
Ich stelle es mir reizvoll vor, die (in Wirklichkeit ja nicht mehr) »selbstverständliche« Identifizierung zwischen dem von Jeremia verheißenen Davids-Sproß und dem Kind in der Krippe vorsichtig aufzulösen. Ich möchte so vorgehen, daß ich zunächst möglichst genau zu formulieren versuche, *worauf Jeremia gewartet hat,* und dann in einem weiteren Schritt beschreibe, *worauf Jesus* – sechs Jahrhunderte später – *mit den Juden seiner Zeit wartet.* Diesen beiden ganz unterschiedlichen Erwartungen möchte ich das diffuse Gebilde gegenwärtiger »adventlicher« Perspektiven entgegenhalten und damit den Predigt-Anfang wieder aufnehmen.
Jeremia wartet auf das Ende des Exils und sagt es im Namen Gottes an: Gott, der sein Volk »verstoßen« hat und es über verschiedene Länder zerstreute, wird es wieder sammeln und zurückbringen in sein eigenes Land. Diese Ankündigung hat sich, historisch gesehen, nie erfüllt. Ein anderer Teil des Prophetenspruches weist auf einen kommenden gerechten König, der »wohl regieren« wird. Die Formulierung verrät eine deutliche Kritik am König Zedekia, der es durch eine unkluge und von Jeremia ausdrücklich verurteilte Politik (vgl. Jer. 27, bes. Vers 12–14) dazu hat kommen lassen, daß die Babylonier im Jahre 587 die Stadt Jerusalem zerstört und ihre Bewohner gefangen weggeführt haben. Es wird, so Jeremia, in diesem Land wieder einen König wie David geben: einen, der für sein Volk einsteht und es nicht den eigenen Machtinteressen opfert. Unter seiner Regierung wird es ein wiedervereinigtes Israel geben, und das Land wird Frieden haben. – Das ist es, worauf der Prophet Jeremia im 6. Jahrhundert vor Christi Geburt wartet. Was hat sein Spruch mit unseren adventlichen Erwartungen zu tun?
Worauf hat *Jesus* gewartet, ein Jude wie Jeremia, 18 Generationen nach ihm auf die Welt gekommen? Natürlich hat er das Buch des Propheten gekannt. Seine Visionen waren ihm gegenwärtig, seine Bilder waren lebendig in ihm, so wie die Bilder der Adventslieder in uns lebendig sind. Aber die Bedeutung der Visionen und der Bilder hat sich für ihn verändert: Er

wartet nicht mehr darauf, daß die in fremde Länder Weggeführten zurückkehren können in ihr eigenes Land. Sie sind längst gestorben, ihr Schicksal ist eine ferne Erinnerung. Auf »Recht und Gerechtigkeit« freilich wartet die jüdische Bevölkerung zur Zeit Jesu auch, eher noch dringlicher als sechs Jahrhunderte zuvor. Das Land ist Teil einer römischen Provinz, ist unterworfen, besetzt und ausgebeutet. Die Hoffnungen auf einen König, der »wohl regieren« wird, sind übergegangen auf eine von vielen herbeigesehnte »Messias«-Figur, auf einen, der mehr ist als ein König: ein Bote, ja: ein Sohn Gottes, der Frieden bringen wird über die ganze Erde, der gerechte Verhältnisse etablieren und die ganze Schöpfung erneuern wird. Auf diesen Messias hat auch Jesus gewartet. Hat er sich selbst als den Erwarteten verstanden? *Wahrscheinlich nicht.* Der Abstand zwischen »dem, der da kommen soll« (Mt. 11,3), und dem, was Jesus war, sein wollte und konnte, ist unübersehbar. Die Zweifel des Täufers sind mehr als berechtigt!
Wie paßt das alles zusammen: Jeremias Ankündigung eines gerechten Königs – die Messiaserwartungen zur Zeit Jesu – die Gestalt Jesu selbst, sofern wir sie überhaupt erkennen können, – und endlich unsere adventlichen Erwartungen? Schlecht paßt es zusammen, das kann nicht bestritten werden. Und die souveräne Lösung, die Martin Luther im 16. Jahrhundert für dieses Problem gefunden hat, steht uns nicht mehr zur Verfügung: »Das ist nicht leiblich zu verstehen, daß Juda und Israel wiederum beide sollen leiblich im Lande zusammenkommen; sondern solches ist unter Christo geschehen, geistlich, im Glauben, da er durchs Evangelium verkündigt wird.« Das ist eine Umdeutung, die sich nicht halten läßt. Sie nimmt die Texte des AT in ihrer historischen Bedeutung und ihrer eigenen Würde nicht ernst. Wer genau hinsieht, muß wahrnehmen, wie wenig Jesus und die prophetische Verkündigung des AT miteinander zu tun haben.
Die Dissonanz zwischen »Verheißung« und »Erfüllung« ist *das* Thema der Adventszeit schlechthin; die Dissonanz auszuhalten, das ist die Aufgabe, die diese Zeit uns stellt. Auszuhalten, daß Erwartungen nahezu nie so in Erfüllung gehen, wie sie einmal formuliert worden sind – daß die Wirklichkeit eine andere Gestalt annimmt als die, die wir uns in unseren Bildern von ihr gemacht haben – daß das Leben sich anders entwickelt, als wir es entworfen haben. Das muß nicht heißen, daß die Realität immer kleiner wäre als unsere Vorstellungen; oft kommen uns unsere Bilder ja arm vor gegenüber der Fülle des Lebens, das über uns kommt. Brecht hat es in einem späten Gedicht, das sich wie die Summe seiner Lebenserfahrungen liest, so ausgedrückt: »Ach, wie sollen wir die kleine Rose buchen? / Plötzlich dunkelrot und jung und nah? / Ach, wir kamen nicht, sie zu besuchen / Aber als wir kamen, war sie da. // Eh sie da war, ward sie nicht er-

wartet. / Als sie da war, ward sie kaum geglaubt. / Ach, zum Ziele kam, was nie gestartet. / Aber war es so nicht überhaupt?« Dieses Gedicht ist bestimmt durch das Staunen darüber, daß man etwas finden kann, wo man nicht gesucht hat. – Den umgekehrten Vorgang gibt es freilich auch: daß Hoffnungen, allzu lange unerfüllt, leer werden und verfallen. Das Mißverhältnis zwischen Vorstellung und Wirklichkeit zu ertragen und die Spannung zwischen beiden für das eigene Leben konstruktiv zu machen, das ist eine der großen Aufgaben fürs Erwachsenwerden, und es bleibt eine Lebensaufgabe schlechthin. Ein jüdischer Totengräber, so erzählt eine Geschichte, entdeckt in einem offenen Grab eine Frau, die ihr eben geborenes Kind mit ihren Tränen nährt, weil ihre Brust keine Milch hergibt, und sagt: Dieses Kind muß der Messias sein; denn wer anders sollte in einem Grab zur Welt kommen, wenn nicht er? – Die Wirklichkeit ist unausdenkbar anders als die Erwartungen, die wir gehabt haben, aber es ist möglich, die Wirklichkeit mit den Erwartungen zu versöhnen und aus dem Erlebnis Schlüsse zu ziehen, die bis eben ganz undenkbar waren: Wer anders sollte in einem Grab zur Welt kommen, wenn nicht der Messias?

Schluß

Ich habe keine Ahnung, was einige Menschen in der Umgebung Jesu zu dem Schluß veranlaßt hat, *er sei* der lang erwartete Messias, der Sohn Gottes, der Erlöser. Wenn ich Jude wäre, würde ich diese Deutung ebenso von mir weisen, wie es jene frommen Juden tun, die auf das Erscheinen des Messias noch heute warten. So unterschiedlich und widerspruchsvoll die Messiaserwartungen vor und in der Zeit Jesu auch sind: Er erfüllt sie alle *nicht*. Aber es kommt mir so vor, als sei gerade diese Anerkennung Jesu als des erwarteten Messias ein entscheidender und überaus glücklicher Schritt in der Geschichte der Menschen. Wenn irgendein Petrus vor 2000 oder vor 20 Jahren oder übermorgen sagt: »Du bist Christus, des lebendigen Gottes Sohn!«, dann befreit er sich und ihn von einem geradezu ungeheuren Anspruch, den die Messias-Gestalt im Laufe von Jahrhunderten auf sich gezogen hat. »Wunder-Rat«, so heißt es nach Jesaja, »Gott-Held, Ewig-Vater, Friede-Fürst ... auf daß seine Herrschaft groß werde und des Friedens kein Ende ...«: was für eine ungeheure Projektion von Erwartungen! Wo wären solche geradezu totalitären Ansprüche je annähernd in Erfüllung gegangen! Was für eine absurde Vorstellung, von einer einzelnen Gestalt (und sei sie auch ein Gottes-Sohn) zu verlangen, daß sie Frieden und Gerechtigkeit überall und für alle Zeit verwirkliche! Was Petrus zu Jesus hat sagen lassen: »Du bist Christus!«, das war, vielleicht, die plötzliche Ahnung, daß kein Mensch und kein Gott so grenzenlose Erwartungen tragen kann, daß aber dieser Mensch Gottes dafür einsteht, daß Recht und Gerechtigkeit, Frieden und Liebe den Menschen möglich sind. Sie sind uns möglich, weil und wie sie ihm möglich waren, wenn er mit Verachteten aß und die Kinder den Erwachsenen zum Vorbild machte; wenn er sich weigerte, Leiden und Schuld gegeneinander aufzurechnen, wenn er Aussätzige wieder gesellschaftsfähig machte und denen, die etwas zu sagen hatten, klare Forderungen stellte. Es ist nicht abwegig, in Jesus den erwarteten Messias zu erkennen. Aber wenn man es tut, dann nimmt man Abschied von allen Allmachts-Phantasien. Dann hört man auf, von ihm »Antwort auf alle Fragen« und die Lösung aller Probleme zu erwarten. Und das ist eine menschliche Entscheidung: eine Frucht der Adventszeit, in der wir genötigt werden, die Dissonanz zwischen Erwartung und Erfüllung auszuhalten und so zu deuten, daß sie uns zugute kommt. Amen

2. Sonntag im Advent

Predigttext: Matthäus 24,1–14
Claus Marcus

Theologisch-homiletische Skizze

Auch am 2. Adventssonntag 1986 wird der Gottesdienstbesucher seinen Weg zwischen Sehnsucht nach »besonnter Vergangenheit« und Angst vor der Zukunft suchen. Die klassische Liturgie der Kirche thematisiert die Wiederkunft Christi, den 2. Advent. Spekulationen über einen möglichen Geocid, Nachrichten von Kriegen, Naturkatastrophen – Erdbeben und Vulkanausbrüche –, Zerbrechen der herkömmlichen Wertsysteme und Bindungen sind Nährboden vieler Befürchtungen und Ängste. Pessimistische Geschichtsspekulationen und euphorische Zukunftsentwürfe bedrängen die Menschen unserer Tage. Der apokalyptische Tenor des Predigttextes scheint diese Fragen und Gefühle aufzunehmen. In Zeiten der Not – damals bei Matthäus nicht anders als 1985/86 – blühen die Spekulationen. Verwegene Ausblicke werden gewagt und artikuliert. Der Prediger wird darauf achten müssen, daß er im Hörer diese Seite nicht verstärkt! Ich würde mein Unwohlsein im Umgang mit apokalyptischen Texten in der Predigt nicht verschweigen, die Spannung zwischen dem Text und meiner Lebenssituation und der der Gemeinde. Dem gerade in evangelikalen Kreisen verbreiteten Hang zur apokalyptischen Denkweise muß durch die Predigt gewehrt werden! Dankbar übernehme ich den Kerngedanken der Exegese (Gottesdienstpraxis III, 4), daß wir es hier nicht mit genuiner Jesustradition zu tun haben. Wurzelboden des neuen Äons ist die Verkündigung der Frohbotschaft durch Tat und Wort.
Eine Besinnung auf das Lebensgefühl der Gottesdienstbesucher Ende 1986 wird hilfreich und wegbereitend sein. Immer neu fordert die Frage ihren Tribut, ob sich das Engagement der Christen lohnt, ob wir mit unserer kleinen Kraft überhaupt etwas zum Guten in der Welt verändern können. Mutzuspruch haben wir nötig, um unseren Blick über den Tellerrand hinausgehen zu lassen. Die Bedrohlichkeit der Zeit – Rüstung, Ökologie, Genforschung – kann nicht relativiert werden. Bis zum atomaren Holocaust ist dem Menschen alles möglich. Aber auch in unseren Tagen werden Häuser gebaut, Kinder gezeugt und geboren, Verabredungen getroffen. Hoffnung und Zukunft werden gewagt, manchmal gegen Erfahrung und Augenschein! Ob wir noch einmal davon kommen und unser Leben als Beute heimbringen können, wird sich in der Verantwortung gegenüber dem Evangelium entscheiden. Spekulationen über das Ende müssen sich zu Hoffnungen des Anfangs verändern. Aus der möglichen Vielfalt der Themen nehme ich in Anlehnung an einen Gedanken von Bonhoeffer: Worin wird unser Christsein in dieser Welt bestehen? »Im Beten und im Tun des Gerechten«. Dazu ist Beharrlichkeit notwendig. Wagt christliche Gemeinde ihren Platz in den Konfliktfeldern zu finden? Beugt sie

sich dem üblichen Trend? Gemeinde am 2. Adventssonntag ist aufgerufen, ihre Zeit als »Chance für das Evangelium und als Periode der Bewährung« zu entdekken. Mögliche Schritte sind: Beharrlichkeit, Weitersagen der Freiheitsbotschaft, Mut zum Engagement. Diese Schritte gründen im Gebet und üben uns in der Wachsamkeit des Tuns ein.

Liturgische Texte

Eingangsvotum

In diesen Tagen entzünden wir Kerzen –
zum Zeichen, daß Gott als der Schöpfer durch sein Licht dem Chaos die Grenze gesetzt hat / in der Gewißheit, daß Jesus Christus sich als Licht auf dem Weg versprochen hat in den Dunkelheiten unseres Lebens / in der Hoffnung, daß der Heilige Geist uns in die neue Lebensgemeinschaft der Liebe ruft, die keine Unterschiede der Menschen kennt.

Eingangsgebet

Was uns bedrückt / was uns erdrückt / was uns bewegt / was uns die Ruhe nimmt / das bringen wir vor dich, unser Gott:
Wir warten auf dich. Wer sind wir, daß du uns besuchst? Daß du uns dein Kommen neu zusprichst? Du kennst uns doch – gefangen in unserer Unruhe, gequält von persönlichen Zweifeln, aufgewühlt durch die Angst. Deine Liebe haben wir nötig. Wandle unser Herz –
laß Liebe wurzeln, wo der Haß zu keimen droht / laß Hoffnung wachsen, wo die Verzweiflung gärt / laß Vertrauen werden, wo Mißtrauen uns lähmt / laß uns Geborgenheit finden, wo wir von Unruhe umgetrieben werden.
Du kennst uns / vor dir können wir uns nicht verstellen / Advent soll unter uns werden. Der Advent deiner Liebe, deiner Hoffnung, deiner Vergebung – dafür danken wir an diesem Morgen.

Gnadenzusage

Jes. 35,10

Psalmvariation (Ps. 80 – Lk. 21,33 – Lk. 21,28b)

Du Hirte Israels höre –
Gott scheint die Ohren mit Wachs verstopft zu haben / das Geschick der Menschen ist ihm gleichgültig / die Erde ist sich selbst überlassen / die Kinder haben Vater und Mutter verloren
Du Hirte Israels höre –
wir haben uns heiser geschrien / das laute Rufen hat uns müde gemacht / wir drohen wortlos zu werden / wir rufen unsere Klagen ins dunkle Nichts / unser Lob erstickt uns im Halse

Du Hirte Israels höre –
wie lange sollen wir unsere Stimmen noch erheben / wie lange sollen wir noch auf Wandel warten / wie lange sollen wir wie Blinde durch die Zeit tappen – wie lange überläßt du uns uns selber?
Du Hirte Israels höre –
die Kunde von damals haben wir zu oft gehört / wir sind enttäuscht / wohin wir blicken, da fehlen Glanz und Hoffnung / wohin wir horchen, da schwinden Mut und Zuversicht / wohin wir gehen, da droht der Atem uns zu stocken.
Himmel und Erde werden vergehen, aber meine Worte werden nicht vergehen –
Dieses Schicksal hast du uns zugedacht? / Wie sollen wir deinen Verheißungen noch glauben / uns drohen Hören und Sehen zu vergehen / uns fehlt die Kraft zum nächsten Schritt / wer antwortet auf unsere Fragen?
Himmel und Erde werden vergehen, aber meine Worte werden nicht vergehen –
dein Wort, unser Gott, einst laut und vernehmlich gesprochen, schied Licht von der Dunkelheit / dein Wort, unser Gott, ist Menschen zur Arche ihres Lebens geworden / dein Wort, unser Gott, hat die Gestalt eines Menschen angenommen / dein Wort, o Gott, wohnt mitten unter uns!
Steht auf und erhebt eure Häupter, weil sich eure Erlösung naht –
langsam schwinden die Schatten / Nebel der Angst und Ohnmacht heben sich / wir entdecken Umrisse des neuen Lebens / wir ahnen deinen Weg und Willen mit uns / wir lassen los und brechen auf.
Steht auf und erhebt eure Häupter, weil sich eure Erlösung naht –
wir wagen den aufrechten Gang / wir nehmen Chancen der Begegnung wahr / wir trauen deiner Zusage / du willst unser Leben und unsere Freiheit / wer wir auch sind und wo wir auch sind / worauf wir auch warten und wie lange wir schon warten / du kommst uns ja schon entgegen in Jesus dem Christus / in der Gestalt eines Menschen.
Seht auf und erhebt eure Häupter, weil sich eure Erlösung naht.

Schlußgebet
Dein Licht leuchtet in unserer Dunkelheit. Darum breiten wir vor dir aus, was uns unser Herz schwer macht, womit wir in unserem Leben nicht fertig werden. Wir spüren unsere kleine Kraft, Probleme in unserem Leben zu meistern. Die Stimme des anderen macht uns zu schaffen, der Blick seiner Augen treibt uns in die Unruhe. Plötzlich spüren wir, wie sehr das auch an uns selber liegt. Wir sind auf der Flucht vor dem eigenen Leben. Darum bitten wir dich: Laß dein Licht in unsere Dunkelheiten leuchten, daß wir leise wieder zu leben lernen. Wir hoffen auf Mut zum Gespräch mit Menschen, die uns nahe sind, zu denen wir kein Verhältnis haben. Wir sehnen

uns nach Ruhe, aus der wir neue Gedanken und bewußtes Fühlen finden. Wir wünschen uns Offenheit, um die Ungerechtigkeit und Unterdrückung unserer Tage beim Namen nennen zu können. Wir wollen nicht zur Tagesordnung übergehen. Du suchst in uns Menschen, die dein Licht weitertragen. Dein Licht läßt Dunkelheit gut werden. Laß uns getröstet und mit Hoffnung die Straße ziehen.
Wir bitten um Hoffnung für die Menschen, denen der Lebenssinn verloren zu gehen droht. Wir bitten um Wärme für die Menschen, die an der Gefühlskälte ihrer Mitmenschen leiden. Wir bitten um Frieden zwischen den Menschen und Völkern, der im Vertrauen und in der Liebe wurzelt. Du bist Mensch geworden, damit wir unser Menschsein annehmen und deine Welt als Wohnung für alle Menschen bewahren. In Jesu Namen rufen wir gemeinsam zu dir: Vater unser ...

Gebet eines unbekannten KZ-Häftlings, auch als Schluß der Predigt zu verwenden:
In den Tiefen, die kein Trost erreicht, / laß doch deine Treue mich erreichen. / In den Nächten, da der Glaube weicht, laß nicht deine Gnade von mir weichen. / Auf dem Weg, den keiner mit mir geht, wenn zum Beten die Gedanken schwinden, / wenn die Finsternis mich kalt umweht, wollest du in meiner Not mich finden. / Wenn die Seele wie ein irres Licht / flackert zwischen Werden und Vergehen / wenn des Geistes Kraft zu Nichts zerbricht, / wollest du an meinem Lager stehen. / Wenn ich deine Hand nicht fassen kann, / nimm die meine doch in deine Hände. / Nimm dich meiner Seele gnädig an! / Führe mich zu einem guten Ende.

Vorschläge für Lieder
EKG 4, EKG 5, EKG 14, EKG 10, EKG 6
Von neuen Liedern: Weil Gott in tiefster Nacht erschienen (DEKT Han. 766), Komm, sag es allen weiter (DEKT Hamburg, 55), Kommt Gott als Mensch in Dorf und Stadt (Beiheft Nieders. 1972, Nr. 934), Gott liebt diese Welt (DEKT Han. 703), aus dem Hallenheft Werkstatt 6, Leben in der Schöpfung DEKT Dü. Was sollen wir tun?, / Halte deine Träume fest! / Gegen allen Augenschein. Mache den Furchtsamen Mut (DEKT Han. 716), Vertrauen wagen (DEKT Han. 604), Unfriede herrscht auf der Erde (DEKT Han. 607), Komm, Herr, segne uns (DEKT Han. 661), Die Hoffnung geboren (DEKT Han. 683), Sing nicht so schnell dein Glaubenslied (DEKT Han. 688), Schalom für Dorf und Stadt (DEKT Han. 697), Fürchte dich nicht (DEKT Han. 700), Freunde, daß der Mandelzweig (DEKT Han. 701), Mache den Furchtsamen Mut (DEKT Han. 716), Du, laß dich nicht verhärten (DEKT Han. 721), Wo ein Mensch Vertrauen gibt (DEKT Han. 723) u.a.

Vorschläge für die Predigt

Möglicher Anfang

Kürzlich ist der neue Roman »Die Rättin« von Günter Grass erschienen. Ein seltsames Buch, das Fragen des Überlebens und des gegenwärtigen Lebens nachgeht. Das Geschlecht der Menschen ist konsequent seinem Ende entgegengegangen. Die Herrschaft der Ratten, jener in der Arche Noah vergessenen Tiere, ist angebrochen. Dieses Buch ist eine merkwürdige Ergänzung und Weiterführung des apokalyptischen Denkens. Spricht doch die rosaköpfige Rättin: »Euch gab es mal. Gewesen seid ihr, erinnert als Wahn. Nie wieder werdet ihr Daten setzen. Alle Perspektiven gelöscht. Ausgeschissen habt ihr. Und zwar restlos. Wurde auch Zeit.« Und an anderer Stelle formuliert die Rättin eine tiefernste Klage: »Na gut. Eine Anekdote zum Ausklang. Als die betagten Staatsoberhäupter der beiden Schutzmächte in ihren Endspieltheatern zusehen mußten, wie sich ihre tausend und mehr Interkontinentalraketen, die Friedensmacher, Völkerfreund und ähnlich hießen, ihren jeweiligen Zielen, also auch den strategischen Sicherheitszentren näherten, baten sie einander, von Dolmetschern unterstützt, wiederholt um Verzeihung; eine durch und durch menschliche Geste.«

Wir könnten meinen, hier wird unser Predigttext weitererzählt. Doch möchte ich zunächst einen anderen Weg gehen. Ich sehe Jesus nicht als einen apokalyptischen Spekulanten. Darum bewegen mich besonders die beiden letzten Verse. Hier geht es um unser Standvermögen, um unsere Beharrlichkeit und um das Weitersagen der guten Botschaft von der Freiheit.

Weitere mögliche Schritte

1. Sie kennen Sprichworte wie »Beharrlichkeit führt stets zum Ziel« oder »Hoffen und Harren hält manchen zum Narren« oder »Mit Geduld und Spucke fängt man eine Mucke, oder auch nicht«. Diese Aussagen umschreiben die Spannung, in der wir täglich leben. Jeder hat seine Erfahrungen. Manchmal kann einem »der Geduldsfaden reißen« und »der Kragen platzen«. Wir erinnern uns an verschiedene Situationen, in denen wir uns »an der Nase herumgeführt« fühlten. Wie Narren kamen wir uns vor. Unser Warten glich einem »Warten auf Godot«. Versuchen Sie doch jetzt einmal, sich an solche Lebensaugenblicke zu erinnern!

2. Als »Zwischenbemerkung« würde ich jetzt kurz den Bildern des Textes nachgehen, die ich als Verschärfung der Einübung in der Beharrlichkeit verstehe. Manche Hörer mögen an erlebte Geschichte im letzten Weltkrieg denken. Hier wären dann auch Hinweise nötig zum Hintergrund der Apokalyptik im NT und im Spätjudentum als Versuch, die ausbleibende Parusie verstehen und verkraften zu können. Dabei würde ich mich der

Frage stellen wollen, ob die Vorstellung vom katastrophalen Weltende notwendig zum christlichen Glauben hinzugehört. Apokalyptik beschreibt eine vage, unbestimmte Hoffnung und setzt auch Resignation, Depression und Angst frei. Matthäus korrigiert bereits, indem er die Rede vom Kommen des Endes mit der Predigt vom Reich Gottes verknüpft! Ort, Zeit und Beschaffenheit des Kommens Christi werden durch die Kunde vom Reich, dem jetzt geschehenden Wort und Tat, relativiert und bestimmt.
3. Hoffnung und Zerschlagen der Hoffnungen stehen im Widerspruch. Ist die Predigt der Frohbotschaft Voraussetzung und Grundlage unseres Tuns und Denkens, dann erleben wir Kräfte, die uns über den Abgründen zu halten imstande sind. An dieser Stelle würde ich – vielleicht gemeindespezifisch unterschiedlich – der Frage nachgehen, was denn heute konkret »Tun des Gerechten« bedeutet: Der Umgang von Eheleuten mit Schuld und Enttäuschung; die Unruhe junger Menschen, die nach der Schule ohne Ausbildungsplatz sind; unsere Angst vor Begegnungen mit ausländischen Mitbürgern; die Nachrichten vom Ansteigen der Rüstungsausgaben; unsere Antwort auf die Herausforderung durch moderne Technologien; Hunger nach Brot und Gerechtigkeit in den Dritteweltländern; das Anwachsen von depressiven Erkrankungen als Spiegelbild ungelebten Lebens; wo ist der Platz einer sog. mündigen Gemeinde in dieser Welt ständiger Bevormundungen? In den skizzierten »Fällen« wird deutlich, wie abgewogen hier unser Tun aus einem Wort, das im Schweigen wurzelt, geschehen muß.
Ich würde jetzt an Zeugen des Tuns aus Glauben erinnern:
M.L. King als Zeuge für Gewaltlosigkeit und Bürgerrechte für die Schwarzen / Mutter Teresa in den Slums von Indien / Winnie Mandela im Befreiungskampf für ihre schwarzen Mitbürger / Junge Menschen vor den Toren des Raketenstützpunktes in Mutlangen / Schulklassen mit Aktionen für Terre des Hommes / Jugendselbsthilfegruppen, um Arbeitslosigkeit aufzufangen.
Es liegt an uns, ob wir die Uhr sinnlos auf das Ende zulaufen lassen oder ob wir die Zivilcourage und den Glaubensmut aufbringen, wenigstens am Sekundenzeiger der Weltenuhr zu rütteln. Anhalten werden wir sie nicht können noch den Lauf technischer und anderer Entwicklungen rückgängig machen. Mit unserer kleinen Kraft aber können wir dazu beitragen, daß diese Erde bewohnbar bleibt für alle Menschen und alle Völker, daß dem drohenden Chaos gewehrt wird; daß der Mensch nicht länger des Menschen Feind bleibt. Unserem Handeln ist Verheißung eingestiftet. Ein zeitgenössischer Dichter schreibt diese Verse:
das mögliche der nacht: / ein wort, vielleicht / einen satz / vollenden. / das mögliche des tages: / einem wort, vielleicht / einem satz, / leben. (Siegfried Heinrichs)
4. Dieser Text ruft zum kritischen Aufmerken. Wir können uns nicht aus

den Aufgaben unserer Zeit herausträumen. Vertröstungen oder Hinweise auf ein Ende lähmen uns. Hier wäre von der Verführungskraft des technischen Könnens unserer Tage zu sprechen, dem ständigen Wachstumsreden in der Wirtschaft – Butterberge, Ölüberproduktion, Millionen Hungertote –. Ob es jemals in der Zeit eine vollendete Befriedung aller menschlichen Bedürfnisse durch technische Perfektion geben wird? Denn wir sind an das Ende des Satzes gelangt, daß der Zweck die Mittel heiligt.

Gegen Hoffnungslosigkeit und Wut bekennt dieser Predigttext Christus als Hoffnung und Lebensmut. Eine kurze Skizze seines Weges könnte Hintergrund für die beiden letzten Verse geben. Dunkelheiten des Lebens werden ertragbar. Wahrheit wird aufdecken. Feinde können Freunde werden. Lothar Zenetti beschreibt den Platz der Christen einmal so:

»Was keiner wagt, das sollt ihr wagen / was keiner sagt, das sagt heraus / was keiner denkt, das wagt zu denken / was keiner anfängt, das führt aus / Wenn keiner ja sagt, sollt ihr's sagen / wenn keiner nein sagt, sagt doch nein / wenn alle zweifeln, wagt zu glauben / wenn alle mittun, steht allein / Wo alle loben, habt Bedenken / wo alle spotten, spottet nicht / wo alle geizen / wagt zu schenken / wo alles dunkel ist, macht Licht!«

Wir werden immer wieder erleben, daß der Weg Christi wie der seiner Jünger weder einfach ist noch sicher zu einem nachprüfbaren Ziel führt. Wo wir dem Evangelium nahe sind, sind wir auch den Mächten der Finsternis nahe und dem Kreuz! Wo Christus geglaubt und gelebt wird, treten die Feinde deutlicher aus dem Dunkel hervor. »Die Macht der Verführung, des Abfalls, der Untreue« (Bonhoeffer) werden so stark, »daß seine Gemeinde hart an den Abgrund des Irrewerdens an Gott geführt wird.« Die Meinung, man muß sich eben mit Krieg, Feindschaft und Ausbeutung abfinden, sich in einer Welt der Lieblosigkeit einrichten, bereitet dem Dunkel immer weiter den Raum! Der Mensch ist von Gott zum Leben und zum Hüter und Bewahrer der Schöpfung berufen.

5. Beharren, engagiertes Warten, das Gerechte tun, Hoffnung leben in dieser Welt von Lüge und Ungerechtigkeit, von Unterdrückung und Ausbeutung wird allein aus der Kraft des Betens geboren. So wie Jesus in Gethsemane betete, sich ganz Gott auslieferte, so sind wir gefordert, dem Gebet genau soviel zuzutrauen wie dem Tun! »Allein den Betern kann es noch gelingen, / Das Schwert ob unsern Häuptern aufzuhalten / Und diese Welt den richtenden Gewalten / Durch ein geheiligt Leben abzuringen. / Denn Täter werden nie den Himmel zwingen: / Was sie vereinen, wird sich wieder spalten, / Was sie erneuern, über Nacht veralten, / Und was sie stiften, Not und Unheil bringen. / Jetzt ist die Zeit, da sich das Heil verbirgt, / Und Menschenhochmut auf dem Markte feiert, / Indes im Dom die Beter sich verhüllen. / Bis Gott aus unsern Opfern Segen wirkt, / Und

in den Tiefen, die kein Aug entschleiert, / Die trocknen Brunnen sich mit Leben füllen.« (R. Schneider)
Zeit des Advents als Zeit des Betens. Wo immer Menschen sich auf das Beten einlassen, rufen sie Leben und Hoffnung an, Liebe und Vertrauen. Beten ist Arbeit.

Möglicher Schluß
Advent mutet uns die Phantasie zu, daß Gott Kirchen verlassen und sich von seinen Gemeinden wegwenden kann. Advent mutet uns zu, sich den Phantasien der »Rättin« auszusetzen. Ob das unser letztes Wort sein kann, wage ich zu bezweifeln: »Könnten wir doch in Kreide uns betten und überdauern, / bis in fünfundsiebzig Millionen Jahren genau / Touristen der neuen Art kommen, die vom Glück berührt, / Teilchen von uns versteinert finden: mein Ohr, deinen deutenden Finger.«
Advent heute kann bedeuten: Christus ist noch nicht fertig. Er wartet auf uns, auf Menschen, die seine Werke des Friedens und der Menschenfreundlichkeit fortsetzen. Wir sollen nicht den Himmel stürmen. Auf den Advent Christi warten, das kann bedeuten: Ich lasse andere Fragestellungen zu / ich setze mich der Kritik meines Handelns aus / ich rechne mit Neuanfängen / ich setze auf Vergebung meiner Fehler / ich verdränge nicht meine Fehlschläge / ich mache einen neuen Anfang.

Kontexte
wer flocht die erde aufs rad / zeit, wer verletzte den augapfel gottes / mit dem wort / krieg, / daß der mensch hinjagt von jahrhundert zu jahrhundert / und sein herz langsam verascht. : wer über den rändern der erde taumelt, / zwischen dem purpur des abschieds und dem / purpur des blutes, die stimmbänder zerrissen, aus der kehle gerissen, / geflochten dem engel des todes / ins haar /. wer holt nun heim die stimme der menschen, / wer, / wer?
(S. Heinrichs, Die Erde braucht Zärtlichkeit, Gedichte 1980, S. 119)

erde, wenn dich der letzte krieg narbte, / wirst du dann noch einen grashalm haben / für mich, wurzelnd in meinem atem, / in meinem leib blühend zur saat? / und singend, mitten im all, / von wäldern, bergen, tälern und flüssen der erde / wie einst? / erde, wenn dich der letzte krieg narbte, / wirst du dann noch eines grashalmes zärtlichkeit haben / für mich?
(S. Heinrichs, ebd. S. 121)

»Nicht müde werden / sondern dem Wunder / leise / wie einem Vogel / die Hand hinhalten«
(Hilde Domin, Aber die Hoffnung, S. 204 f.)

Wer zu lesen verstünde / die Buchstaben die keine sind: / bemooster Ziegel vom Dach / brandiges Holz noch vom Krieg / Blöcke geborstnen Betons / und

die Schatten am Morgen / korrigiert von den Schatten des Abends / in den Häuserzeilen / zwischen denen / die Wahrheiten stehen.
(G. Kunert, Warnung vor Spiegeln u.a. dtv 10033, S. 11)

Wie häufig der Wunsch / daß nicht sei was ist: / etwa das Drama des Lebens / hervorgerufen durch unachtsame / Selbstbeteiligung.
(G. Kunert, ebd. S. 94)

Ein Atemzug weiter, ein Schritt / im bodenlosen Welthaus ohne Luft. / Was kann gerettet werden / von Zeit und Erde? / Ein kurzer Tag, aus dem Schutt gehoben / im erstickten Grundstrom ein Hai-Skelett / aus der Schöpfung ein Zeisig, verstummt, ein halber / Mensch, zu wund zum weinen, ein / verwüsteter Knochen – und der letzte / Götze mit Schlagring tritt aus dem Qualm / und jagt in den Schraubstock Gestein und Sonne. / Zum Grund hin stehen alle Löcher offen. / Erde, ein dröhnender Tag, vor Atemausgang. / Ein Faustschlag, Eiter, ein Sturz, ein Gewimmer – / Erde, unkenntlich in Schutt und Foltern.
(Chr. Meckel, Wen es angeht, Heyne Lyrik, TB, S. 32)

Jetzt beginnt man, die Fenster am äußersten Flügel / des Hauses zuzunageln. Wir / am andern Ende des Hauses trinken in Eile / den Tee aus, überhören die Fragen der Kinder / stoßen Möbel um und halten die Tür auf / für unsern letzten, für unsern ersten Schritt.
(Chr. Meckel, ebd. S. 41)

Was dieses Land betrifft: hier ist kein Ort, für die Zeit / die kommt, einen Grundstein zu setzen. Dies ist kein Ort / für mehr als ein Dasein in Kälte, ausgeschieden / einsilbig und überstimmt. Wenn dein Knochen wandert / in dir auf der Suche nach Leben und ausbricht, hungrig / nach Freude und Zukunft, aber zurückkehrt / ruhlos, weltwund, todnah – wo ist der Genosse / ohne Vertrag, der Bruder ohne Berechnung? Wer hat / seinen Traum nicht zertrampelt oder verkauft seine Sprache / nicht abgestimmt auf jedermanns Vorschrift und Vorteil? / Wer hat seinen Kopf nicht eingezogen, wer schleicht nicht / mit halber Sonne unter dem Hut in sein Loch / wo die Ohnmacht Staub ansetzt und die Liebe, / ein Haustier, sich ausschläft. Wo ist ein Mensch / der Handschellen weder trägt, noch anlegt, wo ist der Ort, für die Zeit die kommt, einen Grundstein zu setzen? / Hier bleibst du stehn und läßt dir nicht sagen: verschwinde.
(Chr. Meckel, ebd. S. 42)

Als kurze Szene, Die Zukunft der Häuser, K. Marti, in Dorfgeschichten SL 487, S. 76/77, bes. »Leider werde ich Ihn, wenn Er kommt, nicht sehen, sagte die Kirche, ein wenig traurig, doch ich finde mich ab, uns braucht man, solange Er nicht da ist, bei Seinem Kommen wird Er uns alle mit einer Handbewegung von sämtlichen Hügeln wischen, aber eigentlich wünsche ich keinen anderen Tod als diesen.«

3. Sonntag im Advent

Predigttext: Lukas 3,1–14
Gerhard Niederstucke

Theologisch-homiletische Skizze

»So viel steht jedenfalls für Lukas fest: Wer Jesus verstehen will, muß bei Johannes ansetzen« – schreibt Hans-Theo Wrege in der Exegese.* Es gilt auch das Umgekehrte: Wer Johannes verstehen will, muß bei Jesus ansetzen.

Ich pointiere damit das Problem dieses Textes für die Predigt: Sie soll ja wohl Buße, Umkehr in Gang bringen. Aber ist jemals Buße (echte, nicht geheuchelte) aus Bußepredigen, Levitenlesen hervorgegangen? Und doch ist auch etwas dran an dem, was die Unheilspropheten und Bußprediger sagen: die unwidersprechliche Richtigkeit in der Aufdeckung des verkehrten Lebens und die Erkenntnis, daß nur Umkehr die schlimmen Folgen abwenden kann. Nur, diese selbst, die Umkehr, bewirkt sie nicht.

Also muß die Predigt einen anderen Bezugspunkt haben als die ›Taufe der Buße zur Vergebung der Sünden‹ (Lk. 3,3). Dieser Bezugspunkt ist der Christus der gratia praeveniens, wie ihn die Dogmatiker auf eine Formel gebracht haben. Exegetisch ist die Predigt über einen außerhalb der Perikope liegenden Bezugspunkt darin legitimiert, daß auch Lk. diesen Christus kennt (z.B. in 19,1–10; 15,20 f. u.ä.) und daß der Täufer im synoptischen Konzept ja nur durch Christus als dessen Vorläufer in die Evangelien gekommen ist.

Trotzdem hat die Täuferpredigt eigenes Gewicht. Sie ist Einspruch gegen das Verhökern »billiger Gnade«. Sie gibt dem konstitutiv zur Erfahrung der Gnade dazugehörigen Element des Gerichtes, der einschneidenden Kurskorrektur Eindringlichkeit und Kontur.

Ich schreibe diesen Beitrag gut ein Jahr im voraus. Gerade ist ein neuer Bußprediger aufgetreten, dem die Massen (auf den Bestsellerlisten) zuströmen: H. von Ditfurth, So laßt uns denn ein Apfelbäumchen pflanzen. Das Szenario seiner Bußpredigt wird zum casus des 3. Advent 1986 schon wieder anders, vermutlich düsterer, aussehen. Das müßte aktualisiert werden. Und: Weihnachten steht bevor. Damit ist der nicht nur durch die Perikopenordnung arrangierte Kontrapunkt des Täufermotivs dieses Sonntags gegeben. Ich möchte den Zusammenhang so nutzen, daß aus dem Gottesdienst nicht ein usus elenchthicus legis wird: Nicht wir bereiten das Kommen Christi vor, sondern er kommt zu uns, um uns zur Umkehr in das Gottesreich zu befreien.

---

* Gottesdienstpraxis III/4, Gütersloh 1986

Vorschläge zur Liturgie

Eingangspsalm

Barmherzig und gnädig ist der Herr, / geduldig und von großer Güte. / Er handelt nicht mit uns nach unsrer Sünde / und vergilt uns nicht nach unsrer Missetat. / So hoch der Himmel über der Erde ist / läßt er seine Gnade walten über denen, die ihn fürchten. (Aus Ps. 103)

Sündenbekenntnis

Du bist barmherzig, gnädig, geduldig und von großer Güte, Gott. / So haben es, seit der Beter des Psalms es bekannt hat, / Generationen von Menschen erfahren. / Doch wir haben uns eine Zivilisation gemacht, / die läuft unbarmherzig, gnadenlos, im Irrsinnstempo auf ein böses Ende zu. / Noch ist Zeit der Gnade. / Wir bitten dich, laß sie weiter gelten, / damit wir einhalten und umkehren können.

Gnadenwort

So spricht Gott: / Ich, der Herr, dein Gott, bin ein eifersüchtiger Gott, / der die Schuld der Väter heimsucht bis ins dritte und vierte Geschlecht / an den Kindern derer, die mich hassen, / der aber Gnade übt bis ins tausendste Geschlecht an den Kindern derer, / die mich lieben und meine Gebote halten. (2. Mose 20,5 f, Zürcher Bibel)

Kollektengebet

Gott, / du bist Richter und du bist Tröster. / Du bist nicht einmal das eine und ein andermal das andre, / du bist beides ineins: / Dein Richten ist das Zurechtbringen von den Abwegen unsres Lebens / und dein Trösten ist, / daß du uns annimmst, schon bevor wir zurechtgebracht sind.

Lesung

(Wochen-)Psalm 85

Schlußgebet

Gott, / wir sehen auf den Lauf der Welt / und müssen fürchten, es geht nicht gut. / Wir sind es, die es dazu haben kommen lassen / und sind doch so unfähig, es zu ändern. / Ach Gott, / komm du zu uns und bewege uns durch deine Gnade zur Umkehr / wo kein Bußruf und keine Drohrede hinreicht. /

Gott, / wir sehen deine Güte in der Schöpfung / und nehmen sie doch nicht in acht. / Wir lassen uns beherrschen von Mächten und Mächtigen des Profits, die unser Leben zerstören. / Ach Gott, / gib uns die Kraft zum Widerstand, / daß wir den Weg zur Erhaltung des Lebens finden. /

Gott, / du hast soviel Geduld / und hast durch soviel Gericht hindurch uns neuen Anfang möglich gemacht. / Wir jedoch haben deine Angebote schlecht genutzt. / Ach Gott, / laß noch Zeit in deiner Geduld, / daß alle Ansätze und Anstöße zur Umkehr wachsen und stark werden können, / auf das Ziel hin, das du uns verheißt: / das Reich, in dem Güte und Treue einander begegnen, / Gerechtigkeit und Friede sich küssen.

Lieder
Zum Beginn: EKG 5. Vor der Predigt: EKG 9. Nach der Predigt: EKG 2,1–3+9. Zum Ausgang: »Selig seid ihr ...«, aus: Mein Liederbuch für heute und morgen, Nr. B 97. (tvd-Verlag, Parkstr. 20, 4000 Düsseldorf 30)

Vorschläge für die Predigt

Möglicher Anfang

1. Wenn ich interviewt würde: »Können Sie spontan einige Geschichten aus der Bibel nennen, die Ihnen etwas bedeuten« – diese wär bestimmt nicht dabei.
Einfallen würden mir: der barmherzige Samariter; Pharisäer und Zöllner; Zachäus, weil ich in ihnen am ehesten den Puls des Evangeliums schlagen höre. Einfallen würden mir wohl auch: Kain und Abel; Joseph und seine Brüder; David und Bathseba, weil in ihnen ›das Dichten und Trachten des menschlichen Herzens von Jugend auf‹ exemplarisch zum Ausdruck kommt.
Aber dieser Asket in der Wüste, der schimpft und droht und Buße verlangt, auf den würde ich nicht kommen.
2. Wie kommt das? Der Prophet in der Wüste sagt, was Sache ist, deckt den Krebsschaden der zivilisierten Welt auf, alle sehen es ein, die Massen aus den Städten strömen ihm zu, man fragt sogar um ganz persönlichen Rat. Aber geändert hat sich nichts.
Wir haben *unsere* Propheten. ›Die Grenzen des Wachstums‹, ›Global 2000‹, ›So laßt uns denn ein Apfelbäumchen pflanzen‹. Wir wissen Bescheid. Wir wissen, daß nur eine radikale Kurskorrektur diese Zivilisation vor dem Untergang retten kann. Aber ändern tut sich auch heute nichts.
Wie kommt das? Ich glaube, es kommt daher, daß, solange wir noch Nutznießer der Annehmlichkeiten der Zivilisation sind, uns die drohende Perspektive ihrer Katastrophe nicht zur Änderung in Bewegung bringt. Ich glaube, es kommt daher, daß Schimpfen und Drohen, und seien sie noch so berechtigt, keine Buße erzeugt (es sei denn geheuchelte).
Es muß wohl erst das Gericht kommen, die schlimmen Folgen des falschen Lebens, bevor wir uns ändern. Das haben Menschen als einzelne erfahren, daß ihnen erst dauernder Leidensdruck oder Zusammenbrüche

des falschen Lebens der Stachel zu einer Änderung geworden sind. Das zeigen auch Niederlagen in der Geschichte, 1945 etwa, daß erst durch sie hindurch eine Korrektur erfolgt – und nicht einmal immer dann oder jedenfalls nicht radikal genug. Es gibt Ausflüchte. Privat in hektischen Aktivismus etwa, kollektiv ins Wirtschaftswunder. Oder es gibt Restaurationen. Privat als Regression, Rückschritt auf eine vor dem »Gericht« liegende Lebensform; gesellschaftlich-staatlich als allmähliche Rekonstruktion der alten Strukturen. Und damit ist die Wiederholung programmiert.

3. Das wärs dann also? Die Predigt, auch diese wär am Ende. Laßt uns nach Hause gehen und alles laufen, wie es läuft, es ist nicht zu ändern! Diese Zivilisation ist ein Irrläufer der Evolution und muß so enden.

Oder ist doch noch was zu sagen? Gibt es doch noch eine Möglichkeit der freiwilligen, vorauslaufenden Buße?

Das klingt fast nach dem Joker, den ich doch noch irgendwo in der Tasche hätte und den ich dem staunenden Publikum nun zur umso größeren Überraschung zeigen möchte.

Nein. Es gibt den Joker nicht. Daß ich nur doch nicht schon aufhöre ist, weil da bei der Frage nach den biblischen Geschichten, die mir einfallen, z.B. auch die vom Zöllner Zachäus ist. Da hat einer Buße getan, nicht geheuchelt, nicht erzwungen durch die Androhung von Strafe, nicht aus Leidensdruck, nein – aus Gnade! Nicht Schimpfen, nicht Drohen, nicht Schrecken vor den schlimmen Folgen hat ihn zur Umkehr bewogen, nein – Liebe!

Und das ist kein Märchen. Was immer da beim Maulbeerbaum in Jericho tatsächlich geschehen ist, Erfahrung der Gnade ist real, damals, heute, gestern.

Ich war neulich bei einem Seminar. Es ging um die Begleitung Schwerkranker und Sterbender und was mir das antut, wenn ich mich darauf einlasse. Einer war dabei, ein junger, sehr aufgeklärter Therapeut, gar nicht frömmelnd, der sagte an einer Stelle einer sehr intensiven Gruppenarbeit: »Wir sind umgeben von Ozeanen der Güte.«

Unter all den Schreckensnachrichten, in all den katastrophalen Trends dieser Zivilisation Ozeane der Güte? Als es darum ging, zu verstehen, was er meinte, wurde klar: Ja, das gibt es, daß z.B. das Verstehen eines Menschen durch Wände der Isolation hindurchdringt und einen öffnet und zu neuem Leben führt. Ja, das gibt es, daß z.B. ein Mensch im Konsum des Überflusses erfährt: Daß es wieder Herbst geworden ist und daß nach diesem Winter – solange die Erde steht – ein Frühling folgt, ist ein viel größerer Reichtum meines Lebens als aller Konsumgenuß – und er fängt an, sehr einschneidende Veränderungen seines Lebens zu vollziehen. Nicht, um als Asket ein Heiliger zu werden. Nein, weil er den Modus wahrgenommen hat, in dem Güte; Güte: nicht im Supermarkt käufliche, konsumierbare Gaben des Lebens; erfahrbar wird.

Zum weiteren Verlauf
Was ich mit der Gemeinde durchspielen möchte, ist, ob es aus der individuellen Erfahrung von »Buße aufgrund von Güte« oder »Gnade durchs Gericht hindurch« eine Übertragung auf öffentliche, gesellschaftliche Zusammenhänge gibt. Das möchte ich in drei Schritten tun.

4. Vergegenwärtigung von Selbsterfahrung
Worauf nun natürlich alles ankommt, ist die Frage: Was als individuelle Erfahrung möglich ist: Buße aufgrund wahrgenommener Güte oder die Erfahrung von Gnade durch das Gericht hindurch, gibt es das als kollektiven, gesellschaftlichen, politischen Vorgang? Bei Johannes dem Täufer und den Massen, die zu ihm strömen, geht es ja um die Umkehr der gesamten »Schlangenbrut«.

Um da zu einer Entscheidung zu kommen, ist es wichtig, daß wir zunächst unsre ganz persönliche Erfahrung befragen. Habe *ich* das erlebt – Buße, Umkehr aufgrund wahrgenommener Güte; Gericht als Gnade und daraufhin Umkehr?

Hier stehen allerpersönlichste Lebensvorgänge an, die schwer öffentlich zu besprechen sind. Das Zitieren fremder Erfahrungen wirkt oft pädagogisch-unecht. Ich werde selber entscheiden müssen, ob ich in actu von meinen Erfahrungen zu erzählen wage. Ich halte aber diesen Schritt der Vergegenwärtigung von Selbsterfahrung für entscheidend dafür, ob mit Hilfe der Predigt überhaupt reale Umkehrimpulse wirksam werden.

5. Vergleich mit kollektiven Vorgängen
Im vergangenen Jahr haben wir grundlegende Jahrestage unsrer politischen kirchlichen Geschichte begangen. Es gab viel Anlaß zu erinnernder Prüfung unsrer Wege. Sind Wege der Umkehr sichtbar geworden?

– Haben wir in der Erinnerung der Niederlage von 45 die Gnade der Befreiung durch das Gericht sehen können?

– Haben wir in Erinnerung an das Stuttgarter Schuldbekenntnis die Gnade der ausgestreckten Hand der ökumenischen Schwesterkirchen sehen können als Anstoß zu mutigen Schritten der Erneuerung?

– Haben wir in der Erinnerung an die vor 20 Jahren veröffentlichte Ostdenkschrift der EKiD erkennen können, daß sie kollektive Schritte befreiender Abkehr und Umkehr in Gang gebracht hat?

Je nach dem, wie unsre Antworten auf diese Fragen ausfallen, werden wir beurteilen, ob das auch als öffentlicher, politischer Vorgang möglich ist: Buße, Umkehr.

6. Mahnung zu Nüchternheit
Meine Antwort auf die Fragen, die wir eben bedacht haben, ist: Ja, ich glaube, daß es, jedenfalls in Ansätzen, jedenfalls in Teilbereichen der Gesellschaft, kollektive Erfahrung von Gnade, Gericht, Umkehr gegeben hat. Das ist mir Ermutigung, zu glauben, daß der Lauf der Zivilisation nicht

zwangsläufig wie ein Irrläufer der Evolution im großen Knall oder in der schleichenden Vergiftung enden muß. Aber wir müssen nüchtern sein: Angesichts der ungeheuren Größe der Buße, die diese Zivilisation vollziehen müßte, können wir nur sagen: *Machen* können wir sie nicht. Und doch ist jedes individuell und kollektiv gelebte Zeugnis der Buße ein überlebensnotwendiges Hoffnungszeichen.

Möglicher Schluß

7. Nun gehen wir auf Weihnachten zu. Johannes in der Wüste sieht in dem, dessen Weltankunft wir da feiern, den Größeren, den Messias, für dessen Kommen er die Bahn durch Buße ebnen muß. Wir wollen in dem Kommenden den Geringen, den Niedrigen, den Machtlosen bei uns einkehren lassen, der mit der Macht der Liebe Gottes da bei uns ist, wo kein Bußruf hindringt: in der Scham unsrer Sünde.

Kontexte

Aus: Sten Nadolny, Die Entdeckung der Langsamkeit, 1983, S. 174: »Den Menschen bessern! Das können nur dreierlei Dinge: das Studium der Vergangenheit, die gesunde Lebensweise in der Natur und bei Krankheiten die Arznei. Alles andere bessert nicht, es ist nur Politik oder Zerstreuung.«

S. 128: Immer noch hielt eine Sorge John davon ab, nach dem Frieden zu fragen. Er liebte Dr. Orme als einen Menschen, der nicht viel von Gott redete, wenn es etwas zu erklären gab. John wollte, daß das so blieb.

Dr. Orme kam von selbst darauf. Die Menschheit werde lernen, meinte er. Sie lerne etwas langsamer, als er angenommen habe. »Es liegt daran, daß die Tüchtigen ständig versuchen, das wenige von der Welt zu verändern, was sie kennen. Eines Tages werden sie die Welt entdecken, statt sie zu verbessern. Und nicht mehr vergessen, was sie schon entdeckt haben.«

Hoimar von Ditfurth, So laßt uns denn ein Apfelbäumchen pflanzen, S. 8:

Diese Verpflichtung bestände selbst dann, wenn die von legitimer Angst bewirkte Klarsicht lediglich zu der Erkenntnis führen könnte, daß alle Hilfe bereits zu spät kommt, weil sämtliche Auswege schon verlegt sind. Denn wenn wir schon zugrunde gehen müssen, dann sollten wir es, und sei es aus Gründen der Selbstachtung, wenigstens bei vollem Bewußtsein tun und nicht im Zustand einer von Ausflüchten und illusionärem Wunschdenken genährten Halbnarkose ...

Bei näherer Betrachtung erweist sich die öffentliche Seelenruhe, die nicht zu stören man uns mahnt, als eine seltsam unwirkliche Bewußtseinsverfassung. Unsere Gesellschaft gleicht einem Menschen, der ahnungslos in einem Minenfeld umherirrt und sich dabei um seine Altersrente Sorgen macht. Würde man die Ängste dieses Menschen vergrößern, wenn man ihm die einzige Gefahr vor Augen führte, in der er wirklich schwebt? Und: Wäre man zu dieser Aufklärung nicht selbst dann verpflichtet, wenn das der Fall wäre?

John Mohawk Sotsisowah: Botschaft an die Europäer, aus: Natur 8/1985; zitiert nach: Zeitspiegel 10/85, S. 14:
Eure Zivilisation zerstört das Netzwerk des Erdenlebens, und ihr spürt nicht einmal mehr den Schmerz. Der Schmerz als Warnsignal ist euch abhanden gekommen. ... Was euch fehlt, eurer Kultur, eurer Zivilisation, das ist eine natürliche Bindung zu allem nichtmenschlichen Leben. Euch fehlt, was wir unter Spiritualität verstehen.

Rudolf Augstein nach dem Gorbatschow/Reagan-Gipfel vom 19.–21.11.85 im Spiegel 48/1985, S. 140:
Sagt uns die »Zeit« durch den Mund Theo Sommers, der Schlüssel zum Frieden liege in der Abrüstung, oder sagt uns ein amtlicher Bonner Tölpel, »Frieden schaffen durch immer weniger Waffen«, dann wissen wir, daß wir mit Placebos ruhiggestellt werden sollen.
Es gibt keine Abrüstung, es gab sie nie, es wird keine geben. Der Mensch ist zur Abrüstung nicht gemacht, und damit auch nicht, auf Dauer, zum Überleben.

4. Sonntag im Advent

Predigttext: Lukas 1,26–38
Reinhold Lindner und Claudia Neuser

Theologisch-homiletische Skizze
Am 4. Advent haben viele Prediger wenig Zeit für ihre Predigt. Was die Predigthörer betrifft, sind sie besonders dankbar, wenn der Prediger freundlich mit ihnen umgeht. Darum empfiehlt es sich, die Menschen aus ihren Weihnachtsvorbereitungen abzuholen und ihnen von Maria, einer Krippenfigur, zu erzählen und ihnen zu sagen, was sie von Maria lernen können und was der Prediger selbst gelernt hat. Das ist das Ziel des Predigtvorschlags A von Claudia Neuser.
Der Predigtvorschlag B von Reinhold Lindner ist ein Beitrag zur Diskussion um Maria als Jungfrau und Mutter. Die Sätze aus dem Glaubensbekenntnis »conceptum de spiritu sancto, natum ex virgine Maria« sind das Thema der Predigt. Dafür eignet sich besser ein anderer Sonntag, z.B. der 1. Advent. Dazu folgende Überlegungen:
1. Feministinnen haben Maria entdeckt. Das mag bei männlichen Predigern gemischte Gefühle erwecken. Genauso ist es bei Feministinnen, katholischen und evangelischen. Eine Predigerin, ein Prediger wird darum sehr sorgfältig aufkommende Affekte beobachten müssen. Sie können aus einem gebrochenen Verhältnis zum Leiblichen, Weiblichen, Katholischen kommen, also aus einer jahrhundertealten Abneigung gegen Maria. Was Lukas, ein Liebhaber Jesu und der Frauen, in der Geschichte Jesu von Maria erzählt, der Jungfrau und Mutter, kann bei der Heilung unserer Gefühlswelt helfen. Wir sollten mit den schönen Geschichten lange »schwanger gehen«, bis wir sie predigen können.
2. Die evangelische Predigtgeschichte zu unserer Perikope ist dürftig. Das beste ist wohl bei Luther zu finden (vgl. H. Lamparter, Die Magd des Herrn, 1979). Unter den Exegeten ist nach wie vor M. Dibelius zu empfehlen (Jungfrauensohn und Krippenkind, 1932).
Was das Thema Maria betrifft, muß man sich schon die Mühe machen, die aktuelle Diskussion um Maria zur Kenntnis zu nehmen. Nur zwei Titel seien genannt: zum Einstieg Catharina J.M. Halkes, Gott hat nicht nur starke Söhne (GTB 371), 1985[4]; und zur Entfaltung: Christa Mulack, Maria. Geheime Göttin im Christentum, 1985.
3. Es kann hier nur das Ergebnis eines längeren Nachdenkens skizziert werden: Die Frage zu verfolgen, ob bei Maria doch eine natürliche Zeugung erfolgt ist, führt auf einen Holzweg. Die verbissenen Empfehlungen »Das muß man eben glauben« oder »Das braucht man nicht zu glauben«, verschließen ebenso die Verkündigung der Jungfrauengeburt durch Lukas. Andere Verlegenheitslösungen sind nicht besser. Da ist Schweigen ehrlicher.

Karl Barth (KD I/2, 151 ff.) hat recht, wenn er auf dem Ernstnehmen des »conceptum de spiritu sancto, natum ex virgine Maria« insistiert. Über Barth hinaus ist aber die Mariologie nicht nur im Rahmen der Christologie zu bedenken. Damit bekommt die Mariologie eine gewisse Eigenständigkeit. Das ist biblisch. Denn Maria kommt ein eigener Rang in der Verkündigung des Lukas zu. Sie ist nicht nur Mutter des Sohnes, sondern hat auch eine eigene heilsgeschichtliche Bedeutung: als Mutter einer neuen Menschheit.
Einen Zugang zu Maria gewinnen wir am besten über eine Meditation des Magnificat. Hier steht die Erwartung: »von nun an werden mich selig preisen alle Kindeskinder« (1,48). Protestanten werden bei den Worten aufhorchen: »Er stößt die Gewaltigen vom Thron und erhebt die Niedrigen« (1,52).
Neben Maria ist an Josef zu denken, dessen Bedeutung Matthäus herausstellt. Maria und Josef sind Symbol für eine von Gott gewollte mütterlich-väterliche Kultur, also nicht einer rein feministischen! Diese Einsicht mag entkrampfend wirken.

Vorschläge zur Liturgie

Eingangswort
Siehe eine Jungfrau ist schwanger und wird einen Sohn gebären, den wird sie nennen Immanuel. (Jes. 7,14)

Introitus
Magnificat (Lk. 1,46–55)

Kyrie
Herr, du bist oft zu uns gekommen durch dein Wort und hast uns ganz gefordert. Du wolltest uns haben, mit Leib und Seele. Aber wir haben nicht gewollt. Trotzdem verlierst du, Herr, nicht die Geduld mit uns. Darum bitten wir dich: Fange noch einmal mit uns an.

Gloria
Freue dich und sei fröhlich, du Tochter Zion. Denn siehe, ich komme und will bei dir wohnen, spricht der Herr. (Sach. 2,14)

Kollektengebet
Lieber Gott, wir bitten dich: Besuche uns mit deiner Gnade und reinige unsere Herzen, daß dein Sohn, wenn er zu uns kommt, eine bereite Wohnung bei uns findet. Der mit dir und dem Heiligen Geiste lebet und regieret von Ewigkeit zu Ewigkeit.

Epistel
Galater 4,4–6
Halleluja – Macht die Tore weit und die Türen in der Welt hoch, daß der König der Ehre einziehe – Halleluja (Ps. 24,7)

Evangelium
Johannes 1,6–13

Fürbittengebet
Herr Jesus, wir danken dir, daß wir deinen Advent feiern dürfen. Dich hat Gott zu uns gesandt, gegen unseren Streit die Versöhnung, gegen unsere Angst das Vertrauen, gegen unsere Sorgen die Zuversicht zu predigen (zu wagen). ...
Wir haben jetzt alle sehr viel mehr zu tun, zu richten und zu bedenken als sonst. Aber bewahre uns davor, über dem äußeren Vorbereiten des Festes das stille Hinhören, das Nachdenken und Freuen über deine Botschaft zurückzustellen. In diesen Wochen sind manche Mitmenschen noch einsamer als sonst. Deshalb bitte ich dich um offene Augen, die hellsichtig sind für die Gaben, die du mir geschenkt hast, wie ich sie hilfreich gebrauchen kann. Ich bitte dich um ein offenes Ohr, das auch die leisen und unausgesprochenen Bitten versteht. Ich bitte dich um ein gutes Gedächtnis für die Sorgen meiner Mitmenschen und für die Dinge, die ich zu tun versprochen habe. (Jetzt ist eine gute Zeit, sie nachzuholen.) Und ich bitte dich, Herr, um ein freundliches Gesicht und um ein Lächeln, das aus dem Herzen kommt, denn andere sollen sich an mir erfreuen können.
Herr Jesus, wir richten unseren Blick über die engen Grenzen unserer Umgebung hinaus in unser Land, in die ganze Welt. Da spürt man wenig von Advent und Feiern und Freude.
Deshalb beten und flehen wir:
– Dein Reich komme.
– Dein Wille geschehe – auf Erden.
All unsere Wünsche an dich, unseren Dank und unsere Fürbitten umschließt das Gebet, das wir in deinem Namen gemeinsam sprechen:
Vater unser im Himmel ...
(aus: Burkhard Heim, Beten im Gottesdienst: Gebete mit der Gemeinde für jeden Sonn- und Feiertag N.F., Konstanz 1982[2])

Lieder
EKG 11,1–4; 4,1–6 (ursprünglich ein Marienlied; Schiff = Maria); 15,1–5; 6,5

Predigtvorschlag A – eine Homilie
1. Motivationsphase (Einleitung)
Nun sind es nur noch einige Tage bis Heiligabend. Vieles muß noch erledigt, nichts soll vergessen werden. Den Weihnachtsbaum haben die meisten schon gekauft. Aber wie ist es mit der Krippe? Ich werde heute die

Kiste aus dem Keller heraufholen. Dem Schaf muß ich das Bein neu anleimen, die abgegriffene Farbe an der Figur des Josef nachmalen und frisches Moos für den Boden der Krippe besorgen.
Wenn alles fertig ist, betrachte ich meine Krippenfiguren. Unter ihnen steht Maria. Sie ist eine junge Frau, die betet und still auf das Kind schaut. Sie hält ihren roten Umhang mit dem rechten Arm vor das Kind in der Krippe – gegen die Zugluft. Ihr Gesicht schaut drein, wie wir es von vielen Marienbildern und Marienfiguren kennen: still duldend, demütig, gehorsam – ein Bild, das wir uns gern von Maria machen.
Doch wie war es, als Maria die Geburt Jesu angekündigt wurde? Was geschah da? Welches Bild zeichnet die Geschichte von der Ankündigung der Geburt Jesu von seiner Mutter Maria? Stimmt es mit dem Bild überein, das wir uns von dieser Frau machen?

2. Entfaltung des Predigttextes
Lukas erzählt in seinem Evangelium, daß Gott seinen Engel Gabriel in ein Dorf in Galiläa sandte, nach Nazareth: in ein kleines, nicht genau bekanntes Dorf, zu einem völlig unbekannten jüdischen Mädchen. Zu ihr tritt der Engel ein und begrüßt sie: Sei gegrüßt, du Begnadete, der Herr ist mit dir.
Im Folgenden kann über das Erschrecken Marias erzählt werden – wegen einer so ungewöhnlichen Anrede an ein Mädchen. Es sei kurz zusammengefaßt, was folgen kann. Der Engel spricht: Fürchte dich nicht. Er versetzt Maria damit in einen angstfreien Raum, in dem sie hören kann, was Gott mit ihr vorhat. Das Unfaßbare teilt der Engel ihr dann mit. Erleichtert wird ihr das, weil Maria vom Propheten Jesaja weiß: »Siehe eine Jungfrau ist schwanger und wird einen Sohn gebären.« Der wird erfüllen, worauf Israel seit Jahrhunderten wartet.
Maria ist verwirrt. Sie fragt nach: Wie soll denn das zugehen? Der Engel läßt eine solche realistische Frage zu. Maria soll fragen und verstehen können, wird nicht als »vorlaut« zum Schweigen gebracht. »Der heilige Geist wird dich überschatten.« Auch das kennt Maria von Mose und der Stiftshütte, wo Gott dem Mose ganz nah kam. Das sollte nun auch Maria widerfahren. Gott wollte mit ihr reden, sie ganz in Anspruch nehmen, mit Leib und Seele, zu seinem größten Werk. Durch Wort und Geist wurde Marias Sohn gezeugt. Ob Gott das kann? Maria wird ein »Beweis« gegeben: Ihre Freundin Elisabeth ist schwanger im 7. Monat.
Im Folgenden kann darüber reflektiert werden, was Maria alles bewegt. Wird Josef sie verstoßen? Wird sie dann gesteinigt werden? Eine lange Zeit wird das Hören und Nachfragen Marias gedauert haben. Erst dann sagt sie ihr Ja.

3. Systematische Vertiefung

Marias Ja ist mutig: ein Nein gegen alles, was dagegen spricht. Marias Ja ist aktiv: Gott läßt sie teilhaben an seinen Plänen mit ihr; sie bedenkt, was Gott mit ihr vorhat. Marias Ja ist demütig: nicht ein »Klein – beigeben« oder ein »Buckeln« vor Übermächtigem; Demut ist das Erkennen und Bekennen der Größe, Gnade und Macht Gottes, wie es Maria in ihrem Magnificat ausdrückt. Und Marias Ja ist ein gewisses und freudiges Ja – aus dem »Fürchte dich nicht« Gottes geboren. Es ist ein Ja zu dem Sohn Gottes und zu ihrem Sohn Jesus. Das hat die Welt verändert.

4. Praktische Anwendung (Schluß)

Hier kann der Prediger sagen, wie er selbst von Marias Ja zum Tun von Gottes Willen motiviert wird. Ich habe als Vikarin bei meiner ersten Predigt in der Gemeinde im Gespräch mit Maria erfahren, wie aus einer Theologiestudentin eine Frau wird, die gern predigt.

Predigtvorschlag B – Thema: Maria, Jungfrau und Mutter

Nach einer Motivationsphase kann erzählt werden, was Gott einem Menschen zumutet (vgl. A). Danach ist von der Schöpferkraft des Heiligen Geistes zu reden und von dem Symbol »Jungfrau und Mutter«:

Der Engel Gabriel erklärt der Jungfrau Maria, wie es geschehen soll, daß sie Mutter wird: »Der Heilige Geist wird über dich kommen, und die Kraft des Höchsten wird dich überschatten; darum wird auch das Heilige, das von dir geboren wird, Gottes Sohn genannt werden.« Das ist ein Großes Geheimnis, das uns hier geoffenbart wird.

Wir fragen: Wie kann ein Mensch von einer Frau geboren werden, wenn er nicht vorher in ihr durch die Kraft eines Mannes gezeugt wurde? So geschah es nicht mit Maria. Auch Gott war nicht ihr Mann. Jesus wurde in Maria geschaffen, von Gottes Schöpfergeist, der schon am Anfang der Schöpfung über dem Wasser schwebte. So entstand die Frucht in Maria – unter Ausschaltung des Mannes. Das war Gottes Wille. Er hat damit ein Zeichen gesetzt. Der Mann soll nicht mehr Herr der Welt sein. Er soll nicht mehr verfügen können über die Frauen und alle Menschen und über die ganze Schöpfung Gottes. Der Mann soll nicht mehr vergewaltigen, ausbeuten und beherrschen.

In und mit der Jungfrau Maria nimmt der Schöpfer selbst wieder in die Hand, was Männer zerstört haben. Das ist nicht nur diese Welt, sondern auch der Glaube an Gott. Er möchte nicht mehr verwechselt werden mit einem männlichen Tyrannen, der die Welt in Furcht und Schrecken hält. Dieses Menschen vergewaltigende Bild Gottes hat im Leib der Jungfrau Maria ein Ende. Ihr Sohn ist nicht eines Mannes Sohn, sondern Gottes Sohn.

Gott hat damit einen neuen Anfang gemacht in der Menschheitsgeschichte. Er ließ gegen alle falschen Gottesbilder Jesus einen ganz menschlichen Menschen werden. Durch seinen Sohn heilt er alle Menschen, zuerst Maria. Sie bleibt eine heile, unversehrte Frau – eine Jungfrau. Und trotzdem wird sie fruchtbar wie keine andere Frau. Aus der Jungfrau Maria wird der Heiland der Welt geboren, Gottes größte Tat für die Menschen. Sie wurde durch die Kraft des Heiligen Geistes zur Mutter des einen Sohnes und durch diesen zur Mutter vieler Söhne und Töchter Gottes. Maria ist die Mutter einer neuen Menschheit. Darum ist Jesu Mutter zu ehren und zu preisen, wie sie es in ihrem großen Lied vorausgesehen hat: Der Herr »hat die Niedrigkeit seiner Magd angesehen; siehe, von nun an werden mich selig preisen alle Kindeskinder« (Lk. 1,48).
Im Anschluß daran kann auf Hörschwierigkeiten für protestantische Ohren eingegangen werden mit dem Ziel, Maria als Protestantin im Namen Gottes zu erkennen:
Der Gott, den Maria preist, ist kein Unterdrücker, kein Ausbeuter von Mensch und Natur, kein Zerstörer. Der Gott Marias, der Vater Jesu, ist barmherzig. Er ist ganz auf der Seite der Unterdrückten, Geschändeten, Leidenden. Er macht die Menschen durch seinen Geist fruchtbar, so daß aus ihnen herauskommt wie aus einem Mutterleib: »Liebe, Freude, Friede, Geduld, Freundlichkeit, Sanftmut, Keuschheit« (Gal. 5,22). Wer vom Geist so fruchtbar gemacht wird, ist eine neue Schöpfung Gottes, eine neue Kreatur. Von ihm gehen heilende Kräfte aus.
Ich möchte diese Kräfte mütterlich nennen. Denn das Mütterliche versöhnt den aggressiven Mann mit der frustrierten Frau. So geschah es mit Josef. Er war biologisch nicht der Vater Jesu. Aber er bleibt Maria treu, läßt sie nicht in Schande kommen. Josef nimmt das Kind, das nicht von ihm ist, und seine Mutter an. So läuft Maria nicht Gefahr, gesteinigt zu werden. Josef rettet Mutter und Kind. Und er sorgt für das Neugeborene, schützt es vor den Mordplänen des Herodes, geht mit Mutter und Kind in die Fremde, kehrt mit beiden heim nach Nazareth, rettet beide ein zweites Mal. So wird Josef zum Vater, durch und zusammen mit der Mutter Maria.
Zum Schluß kann von der neuen Menschheitsfamilie die Rede sein:
Maria ist also nicht nur die Mutter des Sohnes, sondern auch Herausforderung der Vaterschaft des Josef. So treten diese beiden, Maria und Josef, an die Stelle von Adam und Eva. Wer an sich geschehen läßt, was ihr geschehen ist, wird zur Mutter, zum Vater vieler Menschen. Er will nichts für sich allein haben, viel besitzen, sondern wird fähig, mit anderen zu teilen. Es ist wie in einer Familie. Ihre schwächsten Glieder verlieren nicht ihre Lebensberechtigung, sondern werden von mütterlichen und väterlichen Menschen besonders gepflegt und gehegt. In einer mütter-

lich-väterlichen Menschheitskultur werden Menschen nicht mehr gepeinigt und gemordet. Da gibt es keine mörderischen Kriege. Da werden keine Kinder im Mutterleib getötet. Da können alle Menschen leben – sie haben genug zum Leben. Sie haben Arbeit und Muße. Und sie können menschlich sterben – in Frieden heimgehen zum Vater im Himmel. Maria steht am Anfang dieser Menschheitskultur.

Kontext

Loblied der Befreiung

Es steht geschrieben, daß Maria sagte:
Meine Seele erhebt den Herrn,
und mein Geist freut sich Gottes, meines Heilandes,
denn er hat die Niedrigkeit seiner Magd angesehen,
siehe von nun an werden mich selig preisen
alle Kindeskinder.

Heute sagen wir Frauen das so:
Meine Seele weiß um das göttliche Ziel der Gerechtigkeit,
und ich freue mich, erkannt zu haben,
daß das Göttliche nur das Ganzheitliche
und Heile sein kann
und daß dieses Göttliche die Frau nicht als niedrig abtut.
Darum ist es an der Zeit,
den Wert des Weiblichen hervorzuheben.

Es steht geschrieben, daß Maria sagte:
... denn er hat große Dinge an mir getan,
der da mächtig ist
und dessen Name heilig ist,
und seine Barmherzigkeit währt
von Geschlecht und Geschlecht.

Heute sagen wir Frauen das so:
... denn das Göttliche offenbart sich in mir – einer Frau.
Es ist der Wille jener Gottheit,
die ich als gegenwärtig erkannt habe
und die das Heil jedes Menschen will,
deren Barmherzigkeit mit all denen ist,
die sich der Aufgabe des Heils der Welt stellen.

Es steht geschrieben, daß Maria sagte:
Er übt Macht mit seinem Arm
und zerstreut die Hochmütigen,
er stößt die Gewaltigen von ihren Thronen,
und die Getretenen richtet er auf.

Heute sagen wir Frauen das so:
All jene aber, die eigene Macht
dieser Aufgabe vorziehen,
können nicht länger auf die Hilfe
dieser Gottheit hoffen
und sich auf ihren Willen berufen.
Diesen Dienern der Macht
wird das Herrschaftsrecht abgesprochen,
damit die Unterdrückten auferstehen
zum wahren Menschsein.

Es steht geschrieben, daß Maria sagte:
Hungrige hat er mit Gütern gefüllt
und die Reichen leer hinweggeschickt,
er denkt der Barmherzigkeit
und hat sich Israels, seines Knechts, angenommen.
So hat er es unseren Vätern zugesagt,
Abraham und seinen Nachkommen auf ewig.

Heute sagen wir Frauen das so:
Sie, die bis jetzt gehungert haben,
sollen die Fülle dieser Welt erfahren.
Die Unterdrücker aber
müssen Armut und Leere kennenlernen.
Aber die, die bis jetzt der Mißachtung, der Mißhandlung
und dem Mißbrauch ausgesetzt waren,
sollen liebende Wärme erfahren.

Nur wo solches geschieht, kann in Zukunft
von der Erfüllung göttlicher Verheißung gesprochen werden.

(Christa Mulack: Maria, S. 88 ff.)

Verkündigung

Bildbetrachtung*
Peter Klever

Wir schauen in ein altes Bild, eine mittelalterliche Buchmalerei.
Wer sie gemalt hat, wissen wir nicht.
Wir begegnen nur dem, was der Maler dargestellt hat. Es ist eine Illustration dessen, was wir eben als Lesung gehört haben. (Luk. 1,26–38)
Doch – ich will nicht den Text auslegen. Ich möchte in dem Bild lesen und Ihnen sagen, was ich aus dem Bild herauslese.
Spärlich – scheinen die Farben zu sein, doch in ihrer spärlichen Andeutung bekommen sie für mich besondere Bedeutung.
Blicken wir auf Maria – sie wird uns gezeigt als eine Kirchgängerin. Sie kniet in einer angedeuteten Kirche.
Ihr Sitzplatz, von dem sie sich erhoben hat, ist grün – wie auch der ganze Fußboden aus grünen Steinen gefügt ist.
Grün – vermittelt Wiesengefühle. Hier – möchte ich rasten, ruhen, Raum und Zeit vergessen – träumen.
Hier – zeigt der Maler – ist ein Ort des »Zur-Ruhe-Kommens«, ein Ort der Entspannung, des Stillwerdens, – des besonderen Hörens und Vernehmens.
Das ist so geblieben. Der Kirchenraum ist ein Ort jener Stille, in der ein besonderes Hören möglich wird – auf alte Worte und auf die Wahrheiten dahinter, die zeitlos gültig bleiben.
Grün – ist die Farbe des Frühlings, des Anfangs, der Knospung. Gott spricht mich an – und es entfalten sich Knospen des Vertrauens, des Glaubens.
Vor Maria liegt die aufgeschlagene Bibel. Gott spricht nicht von irgendwoher. Er spricht in erster Linie immer zu uns aus der Heiligen Schrift. Deshalb ist sie fast in die Mitte des Bildes gesetzt.
Am Anfang war das Wort – am Anfang des Glaubens – in seiner Keimung – und in der Mitte ist das Wort – in der Mitte des Lebens – als Zuspruch und Anspruch – und am Ende ist das Wort – als das – das unserer Hoffnung Flügel wachsen läßt – auch über die Grenzen des Todes hinaus.
Das Wort ist in der Mitte, wo sich Menschen um das Wort sammeln. Die zusammengelegten Hände der Maria zeigen: Sie hat alles, was sie beschäftigt, auf die Seite gelegt. Sie ist jetzt offen für das, was sich ihr öffnet – das Wort.
Im Wort – im offenen Wort kommt ihr der Bote Gottes entgegen – mit seinem so ausgeprägten deutenden Finger.

---

* Siehe einliegende Bildkarte

Du – sagt der Finger – Du bist gemeint. Dich will Gott erfüllen mit Gnade. Du sollst Gefäß des Geistes sein. Du sollst Christus-Gebärerin sein. Das war wohl einmalig. Vielleicht würde es für uns heute heißen:
Du sollst Christusträger sein, mitten in diese Welt hinein. Bist du dazu bereit?
Maria sagte: Mir geschehe, wie du gesagt hast. Ob wir das auch so sagen können? So nachsprechen können – nicht mit den Lippen, sondern mit unserem Leben? Es geschehe mit mir und durch mich, was du sagst – was du willst ...
Ich schaue mir noch genauer den Boten Gottes an.
Die Flügel irritieren mich. Flügel haben bei uns nur Vögel und Flugzeuge. Beide Bilder führen meine Gedanken nicht weiter.
Aber – die Farben!
Der Bote trägt ein Gewand, in dem ich viele Farben entdecke.
Weiß – die Farbe, die eigentlich keine Farbe ist. Weiß ist unbunt – ein Grenzwert – hier tritt etwas über unsere normalen Grenzen. Boten Gottes treten immer über die normalen Grenzen.
Weiß – ist Ausdruck des Absoluten. Hier kommt etwas auf mich zu, bei dem ich genau weiß: da kann man nicht ausweichen. Gott steht dahinter – der Absolute – der Letzte – die letzte Macht.
Braun – Violett ist der Umhang des Engels. Brauntöne zeigen die Farbe der Erde. – Er ist gesandt, um auf eine besondere Fruchtbarkeit hinzuweisen, eine besondere Zukunft wird sich auftun, wenn –
und das deuten die violetten Punkte und Partien im Engelsgewand an – wenn – der Himmel die Erde berührt.
Sicherlich einmalig damals – aber sich heute ähnlich wiederholend.
Violett – das ist ein Mittelwert zwischen Rot und Blau, die Farbe der Vermittlung. Wo also Rot – das ist die Farbe der Liebe – zusammentrifft mit dem Blau – der Farbe der Sehnsucht, des Glaubens und des Vertrauens, wo die Liebe Gottes ankommt und mitten unter uns Menschen der Sehnsucht und des Vertrauens findet, da ist Advent nicht nur im Kalender, sondern in unserem Leben.
Die Liebe Gottes will bei uns ankommen und Gestalt annehmen: in Händen und Füßen, in Mund und Sinn und vor allem in Herzen.
Wie schön – der Engel schimmert auch grün und blau.
Hoffnung auf Wandlung – geht von dem Boten Gottes aus.
Von Treue – blaue Farbe – von der Treue Gottes künden sie, die uns Menschen nicht uns selbst überläßt.
Unten – fast in der Mitte des Bildes – die weiße Lilie: Symbol nicht nur der Reinheit, wie sie oft gedeutet wird – Symbol der Anfänglichkeit. Weiß – Farbe der Anfänglichkeit – wir denken ans weiße Taufkleid, ans weiße Brautkleid ...
Es beginnt eine neue Geschichte mit Gott.
Das heißt Advent. Da kommt etwas in unser Leben, was alle Werte auf den Kopf stellt, alle Erfahrungen durchbricht, alle Aussichten verändert, alle Befürchtungen zurücktreten läßt.
Da kommt etwas in unser Leben und hinterläßt nichts als Hoffnung: »etwas wird wunderbar – verwunderlich – neu werden«.
Das letzte, was ich beachten möchte, ist der rote Rand.
Wo die Liebe ist, wo die Liebe alles einrahmt – da ist auch Gott.

Wahrscheinlich haben deshalb die Menschen, die dem gekommenen Christus begegnet sind, gesagt: Wir sind Gott begegnet – weil sie der Liebe begegnet sind. Versuchen wir alles, was in diesen Wochen geschieht, in diesem roten Rahmen der Liebe zu sehen.

Amen.

Die einliegende Bildkarte ist beim angegebenen Verlag, 5471 Maria Laach, zu beziehen. Mengenrabatte: 100 Karten 10 %, 300 Karten 15 %, 500 Karten 20 %, 700 Karten 25 %. Einzelpreis: 0,80 DM.

Heiliger Abend

Predigttext: Johannes 3,16–21
Klaus Schimpf

Theologisch-homiletische Überlegungen
1. Die zentrale Aussage des Textabschnittes steht am Anfang.
In Vers 16 spricht »ein christlicher Verkündiger, der das Wesentliche der Christusbotschaft zusammenfaßt« (R. Schnackenberg, Das Johannesevangelium 1974, S. 375 f.): Gott wendet sich der Welt rückhaltlos zu. Das universal verstandene »Volk, das im Finstern wandelt«, die orientierungslose, »verlorene« und damit erlösungsbedürftige Menschheit will er aus Liebe vor dem (ewigen) Verderben bewahren und zum ewigen Leben führen. Seine Liebe richtet sich nicht auf besonders Erwählte mit höherer Erkenntnis, richtigem Bewußtsein, rechtem Glauben, sondern auf diese Menschheit, die ihm gleichgültig gegenübersteht, die den Mitmenschen und sich selbst verloren gibt. Diese Welt, diese Menschheit liebt Gott.
In dem Relativsatz »die an ihn glauben« könnte man eine Eingrenzung des »alle« sehen. Einschränkend ist der Relativsatz jedoch nur, wenn »glauben« exklusiv – also im Sinne von Rechtgläubigkeit – verstanden wird. Gottes Heilshandeln gilt allen, aber es ist kein Automatismus damit angesagt. In der Annahme der Gabe, des Geschenkes, kommt das Heilshandeln zu seinem Ziel. Deshalb haben wir zu Weihnachten nicht Glauben zu fordern, sondern Gottes Liebestat zu verkündigen.
Das johanneische »alle« korrespondiert der uneingeschränkten Zusage der lukanischen Weihnachtserzählung »euch ist heute der Heiland geboren«. Ebenso wie die Geburt in Niedrigkeit (Stall) impliziert das »gab« bei Johannes die Preisgabe des Sohnes an die Welt, an ihre Dunkelheit, Bosheit, Gewalt. Das Kreuz ist schon angedeutet; darin ist der Wirklichkeitsbezug der Weihnachtsbotschaft hergestellt. Kein Märchen also, keine »unendliche Geschichte«, sondern eine konkrete, reale Gabe Gottes – so konkret und real wie das Geschenk, das ich am Heiligabend in den Händen halte.
2. Am Heiligabend werden alle da sein, deren Fehlen wir in den Sonntagsgottesdiensten beklagen. Sie sind endlich einmal gekommen, deren Steuergroschen wir Prediger unseren höchst komfortablen Lebensstandard verdanken.
Kommen sie, um dem von der Werbung gepriesenen »schönsten Fest des Jahres« den rituellen Höhepunkt zu geben, oder sind sie gar für eine Stunde auf der Flucht vor dem kalendermäßig angesagten Familienfrohsinn? Sicher sind die meisten Besucher der lebendige Beweis für Eva Strittmatters Bemerkung: »Deutsche Weihnachten, das ist ja eine Institution, mit Tannenbaum und Geschenken, eine unausrottbare Sache, die die Menschen ihr Leben lang mit Wehmut versorgt.« (Briefe aus Schulzendorf, 1977, S. 298) Oder sehr viel salopper: Die Deutschen sind Weltmeister im Weihnachten feiern.

Dennoch: Die punktuelle Inanspruchnahme kirchlicher Handlungen in ihrem Gewicht für den Besucher sollte nicht unterschätzt werden – was für Kasualien gilt, gilt ebenso für Heiligabend.
Das Wissen, daß das Fest – besonders der Heiligabend – mit der Geburt des Gottessohnes verknüpft ist, ist nicht verlorengegangen. Sie kommen nicht, um sich mit der Predigt des Pfarrers auseinanderzusetzen, sondern um das Weihnachtsevangelium, die uralte Geschichte neu – und ja: andächtig – zu hören. Heinrich Albertz hat einmal darauf verwiesen, daß es in seinem schlesischen Dorf nicht üblich war, daß am Heiligabend gepredigt wurde. »Da wurde nur die alte Geschichte vorgelesen, viel gesungen und das Vaterunser gebetet, und dann ging es schnell nach Hause.« Die Ansprache sollte kurz sein. Deshalb auch die Beschränkung auf Vers 16; und sie sollte sich nicht scheuen, das lukanische Weihnachtsevangelium als Kommentar einzubeziehen.
Der Prediger, der sich schon seit Wochen mit der biblischen Botschaft beschäftigt, wird sich vor Augen halten, daß der Besucher direkt aus der Hetze und Nervosität der Festvorbereitung – die nicht selten von familiärem Ärger begleitet ist – in die Kirche kommt, ohne vorher einen Gedanken an die biblische Botschaft verschwendet zu haben. Einer – auch unbewußten – Geringschätzung des Hörers und der Versuchung, dem Besucher ein paar maßgeschneiderte Wahrheiten wohlverpackt mit auf den Weg zu geben, kann man am besten mit der eigenen Betroffenheit und einer unverkrampften evangeliumsgemäßen Einstellung begegnen.
3. In der Predigt möchte ich das johanneische »gab« thematisieren: In der Gabe seines Sohnes konkretisiert sich Gottes Liebe. Der Bezug zum Besucher ist ohne Krampf herzustellen. Die »Geschenkproblematik« erschöpft manchen; macht viele immer neu ratlos. Folgende Gliederung ist möglich:
a) Geschenke gehören zum Fest
b) das Geschenk, das uns not tut
c) Geschenke verändern Beziehungen.

Vorschläge zur Liturgie

In den frühen Vespern sollte man wegen der Kinder mit musikalischen Aufführungen (z.B. Motetten) sparsam umgehen; die bekannten Weihnachtslieder werden gern gesungen. Leider ist EKG 35 weitgehend unbekannt. EKG 29,3 könnte nach der Predigt gesungen werden; aber auch »O du fröhliche ...«. Wem »Stille Nacht ...« zu sehr geistliches Volkslied ist, könnte sich mit dem Lied aussöhnen, wenn die Gemeinde auch die leider in Vergessenheit geratenen Verse 3–5 singen würde:

3. Stille Nacht, Heilige Nacht, / die der Welt Heil gebracht / aus des Himmels goldenen Höhn / uns der Gnaden Fülle läßt sehn: / Jesum in Menschengestalt, / Jesum in Menschengestalt.
4. Stille Nacht, Heilige Nacht, / wo sich heut' alle Macht / väterlicher Liebe ergoß / und als Bruder huldvoll umschloß / Jesus die Völker der Welt, / Jesus die Völker der Welt!

5. Stille Nacht, Heilige Nacht, / lange schon uns bedacht, / als der Herr, vom Grimme befreit, / in der Väter urgrauer Zeit / aller Welt Schonung verhieß / aller Welt Schonung verhieß.

Gebet

Herr Gott, als die Zeit erfüllt war, wurde in der Nacht der Welt Jesus Christus geboren, dein geliebter Sohn, Mensch für uns Menschen durch deine Barmherzigkeit. Für ihn war kein Platz in den Bürgerhäusern und warmen Wohnungen. In einem Stall ist er zur Welt gekommen, in eine Krippe wurde er gelegt. So sehr hast du die Welt geliebt, daß du deinen einzigen Sohn so gegeben hast, das Kind deiner Liebe, Licht für die Welt, ewiges Leben für diese Menschheit. Deine Herrlichkeit umstrahlte die Hirten, und die Engel riefen Freude aus für alle. So bist du den Menschen nahegekommen und hast sie gerufen.

Wir bitten dich: Komm so auch zu uns. Komm zu uns, in denen es dunkel ist, und mache unsere Dunkelheit hell. Komm zu uns, die wir innerlich so arm geworden sind, die wir ängstlich und verzagt sind, und mache uns Mut zum Leben. Mache uns reich an Liebe füreinander, reich an Phantasie für den Frieden.

Komm zu uns und mache uns froh; denn viele von uns können nicht von Herzen fröhlich sein.

Komm zu uns und mache uns fröhlich zu Hause und mit jedermann.

Komm zu uns und laß deine Herrlichkeit auch über uns leuchten, hier und in aller Welt, vor allem aber über den Armen und Unterdrückten, den Einsamen und Kranken, den Gequälten und Friedlosen.

Komm zu uns und in alle Welt mit deiner Herrlichkeit, o Gott, damit wir dich hier und in aller Welt loben können. Amen.

Predigtvorschlag

Möglicher Beginn

»Morgen Kinder, wird's nichts geben! / Nur wer hat, kriegt noch geschenkt. / Mutter schenkte euch das Leben. / Das genügt, wenn man's bedenkt. / Einmal kommt auch eure Zeit. / Morgen ist's noch nicht so weit.«

Diesen Vers schrieb Erich Kästner nach einem bekannten Kinderlied und nannte es ein chemisch gereinigtes Weihnachtslied. Ganz gewiß beschreiben diese bissigen Worte nicht unsere Situation; aber wohl doch, wie die meisten Kinder auf der Erde Weihnachten erleben.

Der nicaraguanische Dichter William Agudelo hat das so ausgedrückt: »Wenn du deine Weihnachtsgeschenke auspackst, Kind aus dem Viertel der Reichen, denk an all die Kinder, die nicht wissen, was Weihnachten

bedeutet. Denk an den kleinen Schuhputzer, der den Heiligen Abend auf einer harten kalten Bank auf dem Vorplatz der Kathedrale verbringt.«
Beide Gedichte stellen einen Zusammenhang her zwischen dem Weihnachtsfest und Geschenken. Ohne Geschenke ist ein Fest kein Fest. Mit dieser Feststellung ist noch nichts über die Art der Geschenke gesagt; denn Geschenke können ja sehr unterschiedlich ausfallen. So schreibt Maria de Jesus aus Brasilien in ihrem »Tagebuch der Armut«: (s. Kontexte)
Das erinnert mich an eine eigene Erfahrung, die viele von Ihnen sicher ähnlich gemacht haben. Zum Heiligen Abend 1947 schenkten meine Eltern uns Kindern ein ganzes Brot, das wir ganz allein essen durften. Ich habe die meisten Weihnachtsgeschenke vergessen; dieses wird mir immer in Erinnerung bleiben. – Am Heiligabend 1818 haben der Lehrer Franz Gruber und der Hilfspriester Josef Mohr ihrer armen österreichischen Vorstadtgemeinde ein besonderes Geschenk gemacht, das auch uns heute noch zugute kommt. In einer halbverfallenen Kirche erlebten Flößer, Waldarbeiter, Tagelöhner und Grenzer die Uraufführung des Liedes »Stille Nacht, Heilige Nacht ...«
Diesen drei so verschiedenartigen Geschenken ist eines gemeinsam: sie antworten auf die leibliche Not, auf die geistlichen Bedürfnisse der Beschenkten. Die Geber der Gaben hatten den anderen Menschen im Blick, wollten ihm helfen, ihn erfreuen, ihn glücklich machen. Das ist ja auch der Sinn eines Geschenks.
Wir dagegen müssen gestehen, daß es bei uns so einfach nicht ist. Wir brauchen uns nur an die Hetzerei der letzten Wochen zu erinnern, an das Gehaste durch die Kaufhäuser, an die fehlenden guten Einfälle, an unseren Mangel an Phantasie. Wie oft waren wir nicht in Verlegenheit, ein Geschenk zu finden, das etwas über unsere Beziehungen, unsere Gefühle zu dem Beschenkten aussagt. Und wie ist es umgekehrt; wenn wir die Beschenkten sind? Haben wir nicht auch manchmal Schwierigkeiten mit der Annahme von Geschenken? Wittern wir hinter manchen Geschenken nicht auch hin und wieder Bestechung oder die unausgesprochene Forderung nach Dankbarkeit? Können wir Erwachsenen uns noch ganz unbefangen freuen über Geschenke wie's Kind zur Weihnachtszeit? Manche sprechen zu Weihnachten gar nicht mehr von Geschenken, sondern nur von Güteraustausch. Das ist schade, denn ein Güteraustausch sagt uns nichts von der Zuwendung, von der Sympathie, von der Liebe, die der andere mit seinem Geschenk verbindet; denn Geschenke sind sichtbare Zeichen der Liebe.

Weiterführende Gedanken
Joh. nennt das Kind in der Krippe Gottes Gabe.
Ein kostbares Geschenk – ein Geschenk, das uns not tut – kein nutzloses,

überflüssiges Geschenk, das man am 27. oder 28. Dezember umtauschen könnte.
Ein Geschenk, kostbarer als alles, was wir in Kaufhäusern oder Nobelboutiquen kaufen können; und doch eines, das wir oft in der Kirche liegen lassen ...
Vielleicht stört uns die »Verpackung« – Stall und Krippe, der Geruch nach Vieh und Armut.
Vielleicht erkennen wir die Größe des Geschenkes nicht, weil es so menschlich, so unscheinbar, so zerbrechlich ist.
Hier könnte ein meditativer Text zur Verdeutlichung helfen – oder Luthers kraftvolle Ausführungen – oder Zeugnisse von Erfahrungen mit der Zuwendung Gottes.

Möglicher Schluß
Geschenke verändern Beziehungen; Geschenke haben Folgen, je nachdem ob sie angenommen werden oder nicht; da könnte jeder von uns aus eigener Erfahrung berichten.
Das Geschenk Gottes verändert Menschen; das Geschenk Gottes in dem Kind Jesus verändert die Welt. Nicht auf den ersten Blick, nicht wie ein Blitz aus heiterem Himmel. Wahrscheinlich geht es uns wie Rabbi Menachem. Als er im Lande Israel lebte, geschah es, daß irgend ein Verrückter auf den Ölberg stieg und von dort über die ganze Stadt seine Posaune ertönen ließ. Unter dem aufgescheuchten Volk machte schnell das Gerücht die Runde: »Das war die Posaune, die unsere Befreiung ankündigte.« Als dieses Gerücht dem Rabbi zu Ohren kam, trat er ans Fenster, öffnete es und tat einen Blick nach draußen. Betrübt und mürrisch knurrte er: »Was ich da sehe, ist keine Erneuerung.«
Mit der Geburt Jesu verhält es sich ähnlich. Da gab es ebensowenig Besonderes zu sehen. Wenn wir aus dem Gottesdienst nach Hause gehen, ist draußen alles so wie vor einer Stunde – nichts zu sehen. Aber das ist ganz logisch. Draußen kann sich gar nichts ändern, solange wir uns nicht ändern, solange sich bei uns nichts ändert, solange wir dieses Geschenk Gottes nicht annehmen.
Gottes Liebe steigt hinab in die Tiefen unseres Lebens. Seine Liebe nimmt in Jesus menschliche Gestalt an. Sie leidet und stirbt mit uns – für uns, damit wir nicht verloren gehen, sondern leben. Oder anders: In dem Kind von Bethlehem faßt Gott nach unserer Hand; nimmt er unseren Arm. Er sagt uns: Selbst wenn kein Mensch mehr zu uns halten sollte, er bleibt bei uns. Er kennt uns, versteht uns. Wir sind ihm wichtig. Er gibt uns nicht preis an unsere Ängste und Dunkelheiten, er läßt uns und die ganze Welt nicht verlorengehen. Wie das geht, werden wir erfahren, wenn wir sein Geschenk nicht liegenlassen hier in der Kirche, sondern mitnehmen, wenn wir hinausgehen.

Kontexte

(Zum Evangelium am Pfingsttage Joh. 3,16–21 aus Luthers Evangeliumsauslegung, Hg. Chr. G. Eberle 1857)

»Das sind wohl kurze einfältige Worte; aber es sind eitel Centnerworte. Gott hat die Welt so lieb, daß kein größerer noch höherer Liebhaber der Welt ist, denn Er ...«. »Anstatt Seines Zorns, den die Welt wohl verdient hat, hat Er die Welt lieb, und in überschwenglicher und unbegreiflicher Weise, daß Er Seinen eigenen Sohn schenkt der Welt.« ... »Was ist die Ursache des Gebens und was bewegt Ihn dazu? Das ist Nichts denn lauter unaussprechliche Liebe, denn Er gibt nicht aus Schuld oder Pflicht, oder weil ihn Jemand darum gebeten und gefleht hat, sondern aus eigener Güte, als ein solcher Herr, der gerne gibt und Seine Lust und Freude daran hat zu geben, lauter und umsonst.« ... »Das heißt eine Liebe nicht mit Worten, sondern mit der That und in dem höchsten Grad, mit dem Theuersten Gut und Werk bewiesen, das Gott selber hat und vermag. Denn weil Er den Sohn gibt, was behält Er, das Er nicht gäbe?«

»Hier ist auch der Nehmer gemalt, dem Solches gegeben wird, das heißt mit einem Wort die Welt ... Was ist die Welt anders, als ein großes Haus solcher Leute, die Gott nicht fürchten, vertrauen noch lieben, loben noch danken, aller Kreatur mißbrauchen, Seinen Namen lästern, Sein Wort verachten, dazu Ungehorsame, Mörder, Ehebrecher, Diebe und Schälke, Lügner, Verräter, voller Untreue und aller bösen Tücke ...«

»Wegen des Übermaßes der Geschenke glauben wir dem Wohltäter nicht. Wegen der großen Menschenfreundlichkeit des Herrn versagen wir ihm den Dienst ... Die Magier beten an, und die Christen grübeln nach.« (Basilius der Große)

» ... Als wir eintraten, um die Geschenke zu empfangen, hatte ich die Nummer 90. Ich und die anderen bekamen Geschenke und Lebensmittel: Wäsche, Mate, Kartoffeln, Reis und Bohnen. Senhor Pinheiro lud mich ein, zum Zentrum zu kommen. Es war halb zehn, und wir schauten uns die Krippe an, die man in einer leeren Garage aufgebaut hatte. Auf einer Tafel stand: Eintritt frei. Aber in der Krippe stand ein Tablett mit Scheinen von 1 bis 100 Cruzeiros. Als ich hinausging, lobte ich die Krippe. Das ist das einzige, was ich tun kann.«
(Carolina Maria de Jesus, Tagebuch der Armut)

»Ich schenke meiner Frau und meinen Kindern Jonny und Jenny möglichst etwas, was sie nie erwarten würden. Geheime Wünsche, die ich ihnen erfülle. Denn praktische Dinge kann man sich ja selbst kaufen. Weihnachtsgeschenke sollen eine richtige Überraschung sein.« (Udo Jürgens)

»Wir suchen dich nicht / Wir finden dich nicht / Du suchst und du findest uns, ewiges Licht.
Wir lieben dich ewig, / Wir dienen dir schlecht. / Du liebst und du dienst uns, ewiger Knecht.
Wir eifern im Unsern / am selbigen Ort, / du mußt um uns eifern, / ewiges Wort.
Wir können dich, Kind / in der Krippe, nicht fassen. / Wir können die Botschaft nur / wahr sein lassen.« (Albrecht Goes)

»Wenn du deine Weihnachtsgeschenke auspackst / Kind aus dem Viertel der Reichen / denk an alle die Kinder, die nicht wissen / was Weihnachten bedeutet. / Denk an den kleinen Schuhputzer / der den Heiligen Abend / auf einer harten kalten Bank / auf dem Vorplatz der Kathedrale verbringt.
Frohe Weihnacht, frohe Weihnacht / in Gerechtigkeit und Freiheit! / Frohe Weihnacht, eine bessere Welt / ohne Elend und Unterdrückung.
Der Tag muß bald kommen / an dem das Weihnachtsfest / nicht nur ein Privileg der Reichen ist / sondern der ganzen Menschheit.«
(William Agudelo, Ich singe ein Land, das bald geboren wird.)

1. Weihnachtstag

Predigttext: Micha, 5,1–4a
Hans-Joachim Petsch

Theologisch-homiletische Skizze
Diese Perikope ist für mich nicht nur deshalb allein »weihnachtlich«, weil sie eine prominente Messias-Weissagung, vor allem den »Schriftbeweis« für Bethlehem enthält. Vielmehr ist sie inhaltlich so strukturiert, daß sie nahezu alle Bausteine für eine »weihnachtliche« – was für mich heißt: um das Geheimnis der Menschwerdung Gottes kreisende – Theologie bietet: Da kommt der Herr zur Welt, aber eben ganz anders als irgendein Märchenprinz; nicht in der großen Metropole wird er geboren, sondern im kleinen Nest. Inkarnation, Menschwerdung – eben: das Unendliche im Endlichen, das Große im Kleinen, das Licht in der Finsternis. »Den aller Welt Kreis nie beschloß, der liegt in Marien Schoß«, heißt es in Luthers Weihnachtslied »Gelobet seist du, Jesu Christ«. Bethlehem – Sinnbild für das Kleine, Unscheinbare, das gerade so Gefäß des Unendlichen, capax infiniti wird. Zugleich nennt der Text summarisch die »Werke des Messias«. Seine Ankunft bewirkt, daß der »Rest« wieder zurückkommt. Ein ekklesiologischer Topos? Abwehr eines individualistisch-protestantischen Mißverständnisses von Weihnachten: Der, der da ankommt, führt zusammen, bringt zueinander, macht Einzelne und Vereinzelte zu Töchtern und Söhnen Gottes, nimmt sie hinein in seine neue, in seine »messianische Geschichte«.
Das ermöglicht einige homiletische Anknüpfungen, ist doch Weihnachten das Familienfest, an dem man zueinander findet, wenigstens einmal im Jahr. Die sich flügge machende Tochter, der sonst eher distanzierte Sohn, die alte Tante oder der einsame Nachbar – sie finden Weihnachten zueinander, suchen zumindest nach »communio«. Auch die gottesdienstliche Gemeinschaft erlebt – jedenfalls am Heiligen Abend – eine Nachfrage wie sonst nie im Jahr. Das Kind von Bethlehem – bringt es, wenn auch auf Umwegen, auch heute noch (oder wieder) Menschen zueinander? Menschen, die einen Hirten suchen, der sie »weidet in der Kraft des Herrn«, Menschen, die »sicher wohnen« möchten und sich sehnlichst Frieden wünschen? Ich entdecke zumindest meine Bedürfnisse nach Geborgenheit, Frieden und Identität in den »Werken des Messias« wieder. Freilich: Entscheidend ist das Futurum des Textes. Die messianische Geschichte, die, nach Auskunft des Micha, in Bethlehem anbrechen soll – in einer geschichtlich trüben Zeit, wie die Exegese zeigt –, ist prozeßhaft-offen, im Anbruch begriffen, aber noch nicht volle, aufgehobene, bei sich wieder angekommene Gegenwart. Es stehen noch aus: das sichere Wohnen, die offenbare Herrlichkeit des Messias »so weit die Welt ist«, der Frieden wohl auch, der er selber ist. Darin wird – wie ich es sehe – unser Endgültigkeitsbedürfnis auf die Probe gestellt: Jetzt oder nie, sagen viele. Alles, oder nichts! »Peace now!« Unser Text verweist aufs Futurum: Es ist im Werden.

Die Weihnachtsgeschichte selbst ortet dieses Werden in dem Kind, das in Bethlehem geboren wurde. Da hat es angefangen, aber es ist noch nicht am Ende, noch nicht end-gültig. Womit wir wieder zum Weihnachts-»Kasus« zurückkehren: das Fest als Vor-Schein, als – aller berechtigten Kritik zum Trotz – schönes »Schon jetzt« eines irgendwie geborgenen, identischen Lebens, dem wieder ein Alltag des »Noch nicht« folgen wird. Die »Plagen« (Micha 5,2) gehen weiter, so oder so, aber wenigstens ihr Gewicht ist leichter geworden. Sie lasten und erdrücken nicht mehr so arg. Darum: Die Predigtaufgabe sehe ich darin, mit dem Text einen Zugang zum »Festgeheimnis« zu suchen und von hier aus nach den Konsequenzen von Weihnachten zu fragen.

Liturgische Vorschläge

Einen Gottesdienst am 1. Feiertag – liturgisch korrekt: dem Christfest – kann ich mir nur als »Vollgottesdienst« mit Mahlfeier vorstellen. So sollten die einzelnen Elemente einen »feierlichen« Charakter haben: keine saloppe, »modische« Sprache der Gebete etwa, in der es von kritischen Seitenhieben gegen den weihnachtlichen »Rummel« und den großen »Sorgenthemen« unserer Zeit nur so wimmelt. Vielmehr: eher meditative, gesetzte Texte. Dazu einige Vorschläge:

Zum Eingang

Gott, unser Vater. Wir rühmen deine Barmherzigkeit. Du hast dich der Welt angenommen und uns mit dem Kommen deines Sohnes neue Hoffnung gegeben. Laß uns erkennen, was du uns in ihm geschenkt hast. Erneuere unser Leben und schaffe Frieden auf Erden. Das bitten wir durch Jesus Christus, deinen Sohn, der für uns Mensch geworden ist.
(Aus: Schwanberger Reihe Heft 11, 1983, S. 46)

Kollekte

O Gott, laß aus deinen Worten einen Strahl auf unser Herz fallen, damit wir nicht mehr und nicht weniger wissen, als uns in Christus beschieden ist ... Wir wollen an der Menschwerdung Jesu uns begnügen, aber doch auch nichts dahinten lassen, was uns gegeben ist im vollen Wort der Wahrheit. Denn dein Wort ist Wahrheit.
(Aus: F. Ch. Oetinger: Mit Gott wirken, Burckhardthaus-Verlag Gelnhausen 1980, S. 119)

Nach der Predigt

Dein heiliger Name heißt: Gott mit uns. Sei mit unseren Gedanken, Worten und Werken, daß wir deine Geburt, und was daraus tröstlich ist, nie aus den Augen lassen, sondern in uns gegenwärtig mit wesentlichem Glauben fest bewahren. (Aus: ders., S. 118)

Präfation
In Wahrheit ist es würdig und recht, dir, Vater im Himmel, zu danken durch unseren Herrn Jesus Christus. Denn groß ist das Geheimnis seiner Geburt, heute ist er, der unsichtbare Gott, sichtbar als Mensch erschienen. Vor aller Zeit aus dir geboren, hat er sich den Gesetzen der Zeit unterworfen. In ihm ist alles neu geschaffen. Er heilt die Wunden der ganzen Schöpfung, richtet auf, was darniederliegt, und ruft die Menschen ins Reich deines Friedens. Darum rühmen dich Himmel und Erde, Engel und Menschen und singen: Heilig, heilig, heilig ...
(Aus: Messbuch, Herder-Verlag Freiburg 1981, S. 366 f.)

Schlußgebet
Dein Herz wendet sich allem zu, was klein und unzureichend ist, für Kinder und Arme ist dein Königreich. Denn du selbst bist wehrlos geworden und nichtig wie ein menschliches Wort, ein Stück Brot, ein sterblicher Name. Wir bitten dich: laß uns dir gleich sein, daß wir in unserer Unvollkommenheit deine Kinder seien.
(Aus: H. Oosterhuis: Ganz nah ist dein Wort, Herder-Verlag Freiburg 1971, S. 61)

Predigt
Möglicher Anfang
Wenn wir wollen, können wir unseren Geburtsnamen ändern lassen. Kein Problem. Was uns hingegen ein ganzes Leben lang begleitet, das ist unser Geburtsort. Immer wieder werden wir gefragt: »Und wo sind Sie geboren?« Nicht jeder von uns ist in einem Ort zur Welt gekommen, den alle kennen. Oft muß er buchstabiert und mit einer größeren Stadt in der Nähe in Verbindung gebracht werden. »Ach, da sind Sie geboren«, kann es dann heißen und das klingt nicht immer gerade respektvoll. Nicht jeder steht deshalb dazu, daß er vom Land oder gar aus der »Provinz« stammt. Denn das wissen wir nur zu genau: Die Schaltstellen der Wirtschaft und der Politik liegen nun einmal in den großen Städten, die großen Entscheidungen fallen in den Metropolen. Wer darum etwas werden möchte, wer das Ohr am Puls der Zeit haben will, der muß – wenn er dort schon nicht geboren ist – in den Umkreis der großen Städte ziehen. Denn was passiert schon auf dem flachen Land? Was gibt es hier Wichtiges? Die Mächtigen, die »großen« Macher – sie jedenfalls sind in der Stadt zu Haus. Weihnachten paßt nicht recht in diese Betrachtungsweise. Es polt vielmehr unsere Blickrichtung um. Zunächst einmal von der Großstadt hin zum kleinen Provinznest, denn etwas anderes war das damals acht Kilometer vor den Toren Jerusalems gelegene Bethlehem wahrlich nicht. Klein und armselig

müssen wir uns dieses Bethlehem vorstellen. Ein Ort – ganz im Schatten von Jerusalem, das zwar gewiß keine Großstadt im heutigen Sinne war, aber durch den Tempel Mittelpunkt eines ganzen Volkes war. Glanz und Reichtum, religiöse und auch politische Macht – hier spürte man wenigstens etwas davon. Aber Bethlehem? Und doch, hier wird er geboren, das ist sein Geburtsort. Nur in Bethlehem. Nur? Immerhin war, wie die Bibel erzählt, in jenem Städtchen König David zu Hause gewesen. David – jener König also, in dessen Herrschaftszeit es dem Volk Israel so gut wie sonst nie mehr gegangen war. Deshalb hofften vor allem die kleinen Leute im Lande: Gott wird seinem Volk einmal wieder einen König wie David schenken, einen König, den Gott selbst auswählen und schicken wird. Den Messias, wie er genannt wurde. Und wie David wird auch dieser Messiaskönig aus Bethlehem stammen, aus jenem kleinen Nest also. Vielleicht ist doch etwas dran an diesem kleinen Städtchen, wenn Gott – wie er in der Geschichte des Volkes Israel oft genug gezeigt hat – allem die Treue hält, was klein und niedrig ist. Ein Gottesmann jedenfalls hat das achthundert Jahre vor Christi Geburt so gesehen. Das lesen wir im Buch des Propheten Micha (folgt Verlesung des Textes).

Weiterer Verlauf
Der geschichtliche Ort des Predigttextes kann nur angedeutet werden: Worte der Hoffnung in angst- und sorgenschwerer Zeit, weil Jerusalem, die stolze Haupt- und Tempelstadt, von einer fremden Armee belagert wird. Doch die Metropole kann sich, so sieht es Micha, nicht aus eigener Kraft retten: Hilfe kommt aus Bethlehem, aus der »Provinz« also, der namenlosen. Aber nicht irgendein Helfer wird geschickt, sondern der Herr Israels, der »von Anfang und Ewigkeit her gewesen ist«, wird das sein. Und nicht irgendwie wird geholfen, sondern endgültig: Die Heilszeit soll anfangen, die Zeit der Plage hingegen soll aufhören. Deshalb werden die versprengten Glieder des Volkes wieder heimfinden, das Volk wird einen Hirten haben, der es in der Macht des Herrn weidet und bei dem es Sicherheit und Frieden findet. Das sind große – messianische – Worte, die sich so, damals, im achten Jahrhundert vor Christus, nicht erfüllten. Aber das Volk bewahrte sie auf, erzählte sie weiter, schrieb sie nieder: Worte, die Hoffnung machten, an denen man sich in kalten Zeiten wärmen und aufrichten konnte. Eine Vision, die Halt und Kraft gab. Auch die ersten Christen lasen diese Worte (vgl. Mt. 2,5 f.; aber auch Joh. 7,42). Sie entdeckten in der Micha-Weissagung ein Stück von der Geschichte ihres Herrn wieder: Unser Gott, der Gott also, den Jesus nahebrachte, ist einer, der es mit den Kleinen hält, der gerade im Kleinen Großes wirkt (vgl. das Magnificat Lk. 1,46–55). In Bethlehem, wo er schon einmal – vor langer, langer Zeit – einen armseligen Hirtenjungen zum König auserwählte, in dieser

kleinsten aller Städte Judäas, in einem Elendsquartier, im Schoß einer jungen Mutter, die eine – nach außen hin – zweifelhafte Schwangerschaft hinter sich hatte, in einem hilflosen kleinen Kind ... Paßt diese Herkunft aus einem winzigen Nest nicht zur weiteren Geschichte dieses Kindes, zur armseligen Wanderschaft und schließlich zum Kreuz, draußen vor der großen Stadt? Und doch – er, der Freund der kleinen und verachteten Leute, der Lehrer der Liebe, die sich gerade in der Treue zum »Geringsten aller Brüder« bewährt, er ist es: der Herr Israels, von dem Micha spricht. Er, wer denn sonst? Das hörten die ersten Christen, wenn sie die Micha-Weissagung lasen. Für sie war dies eine erfüllte Verheißung! Erfüllt in diesem Christus Jesus. Welch ein Anspruch! Denn: Wo wird das Gottesvolk geweidet in der Kraft des Herrn (Jesus: »Ich bin der gute Hirte!«)? Wo vor allem wohnt es sich sicher, weil er »herrlich« geworden ist? Und wie ist er unser Frieden? Das sind, so ließe sich sagen, Bilder dafür, wie ein Christ sich fühlt – innen drin. Er wohnt sicher, innerlich. Er hat in ihm den Frieden, inneren Frieden. Aber deckt sich das mit diesem Text? Der meint mehr als bloße innere Zustände, der gilt einer Wirklichkeit, die man sehen, greifen und spüren kann.
Diese Zusammenhänge lassen sich vielleicht am Topos des Festes selbst verdeutlichen: Viele Hoffnungen verbinden sich mit diesem Fest, das heuer übrigens fast fünf Tage dauert. »Aus diesen schönen Geschenken müßten die Kinder und Enkelkinder doch ersehen, wie lieb ich sie habe.« »So ein tolles Essen habe ich gekocht, und trotzdem gab es gleich danach wieder Zank und Streit unter uns.« »Warum können wir nicht immer so harmonisch miteinander umgehen wie an Weihnachten?« Was bleibt vom Fest? Was trägt durch? Hohe Investitionen (seelische doch wohl auch), was bringen sie? Die gewünschte Zuneigung und Harmonie? Das Miteinander von alt und jung? Oder ist alles nur ein kurzer Traum, der vielleicht schon am Vormittag des 1. Feiertages ausgeträumt ist?
Wir sind geneigt – und das nicht nur an Weihnachten –, das Ganze und Endgültige auf einen Schlag haben zu wollen, wir kleinen Regisseure für das totale Glück! Gottes Regie ist anders. Sie beginnt im Kleinen, sub contrario, nicht grandios, nicht eindeutig feststellbar, wie wir das gerne hätten. Totaliter aliter! Mit einem Kind in einer winzigen Stadt, das einmal an einem Kreuzesgalgen enden wird. So ist Gott: Er fängt an, aber nicht mit großem Theaterdonner, sondern klein und bescheiden. Und vor allem: Was Gott angefangen hat, ist noch nicht perfekt. All das gärt noch, all das ist noch im Werden. »Gottes Sein ist im Werden« (E. Jüngel). Das Kind im Stall, als das Gott zu uns kommt, ist dafür der schönste Beleg. Gerade das müssen wir lernen, sowohl in unserer individuellen wie auch in unserer sozialen und politischen Existenz, mit ihren zahlreichen Perfektions- und Endgültigkeitssehnsüchten. Perfekt muß das Christfest sein, da darf es

an nichts fehlen. Perfekt sollen sich die Kinder verhalten. Perfekt soll unsere persönliche und berufliche Zukunft sich gestalten ... Endgültig soll Schluß sein mit allem Unfrieden in der Welt, mit allen Zweideutigkeiten, allen Risikofaktoren ... Die Geburt Christi ist dafür das Gegenbeispiel: Es ist noch nicht perfekt, noch nicht endgültig, aber es hat angefangen, im Kleinen und Unscheinbaren – das Heil der Welt. Sie ist noch nicht heil, aber ihr Heilungsprozeß ist an Weihnachten in Gang gekommen. Das dürfen wir feiern, hier im Gottesdienst und anschließend beim festlichen Essen zu Haus. Es darf uns wohltun, dieses Fest, an Leib und Seele. Es darf heilende Folgen für unseren Alltag haben, indem wir uns einfach gern an diese Tage zurückerinnern, aber es ist keine heile Welt.

Schluß
Ich hätte ihn jedenfalls gern: den großen Paukenschlag, der alles auf einmal anders werden läßt. Wer möchte nicht ohne allzuviele Zwischenstationen ans Ziel gelangen? Wer wünschte sich nicht, daß das, was uns quält und plagt – von den Zahnschmerzen bis hin zur Angst vor Krieg –, endlich ein Ende hat? Einmal müßte doch Schluß sein damit! Sie müßte doch endlich anfangen, die Zeit des Heils! Weihnachten ist da wie ein schöner Traum von dem allen: vom Ende der alltäglichen Plackerei, obwohl Feiertage gerade für die Hausfrauen unter uns oft eine schlimme Plage sind, vom Frieden in unseren Familien, vor allem zwischen den Generationen, zwischen Jungen und Alten, aber auch unter den Völkern. Wie kein anderes Fest spricht das Weihnachtsfest den träumenden Menschen in uns an. Und wir investieren viel, daß diese Träume wenigstens ein weiches Bett und eine warme Decke finden. Alles soll schön sein, ganz besonders schön. Ich finde es gut, daß wir träumen können. Mehr noch: daß wir ein kleines Stück Himmel auf Erden aufleuchten sehen. Aber vergessen wir nicht: Unsere Träume sind Schäume, wenn sie nicht bei dem Kind in der Krippe ihren Ausgang nehmen und von hier aus auch das Kreuz, an dem dieses Kind als erwachsener Mann endete, realistisch sehen können. Dann geht uns auf: Wir können ihn nicht herbeizwingen, den Himmel auf Erden, weder jetzt an Weihnachten in unseren Familien, noch in der Welt unseres Alltags. Nichts läßt sich erzwingen. Die Liebe nicht, der Friede nicht und auch die Sicherheit nicht. Doch, so werden Sie vielleicht fragen, was bleibt uns dann? Der Prophet Micha sagt: Er *wird* kommen, der Herr und Freund Israels, er *wird* unser Frieden sein. Hoffnung auf die Zukunft also – ist es das, was uns bleibt? Ich meine: Anders als Micha dürfen wir schon davon ausgehen, damit rechnen, daß die Zukunft Gottes unter uns schon angefangen hat – in Bethlehem, wirklich, in einem kleinen Kind. Sie ist angebrochen, die Zukunft Gottes, ohne total ans Ziel gekommen zu sein. Darauf kann ich mich nach jener ersten heiligen Nacht von

Bethlehem verlassen. Und deshalb bin ich, sind Sie, sind alle – Menschen Gottes. Er wurde ein Menschenkind, damit wir Gotteskinder werden (Meister Eckehart). Paul Gerhardt hat das in seinem herrlichen Choral »Ich steh an deiner Krippen hier« so ausgedrückt: »Eins aber, hoff ich, wirst du mir, / mein Heiland, nicht versagen: / daß ich dich möge für und für / in, bei und an mir tragen. / So laß mich doch dein Kripplein sein; / komm, komm und lege bei mir ein / dich und all deine Freuden.«

Kontexte

»Zu einem Kind, das im Stalle geboren, wird gebetet. Näher, niedriger, heimlicher kann kein Blick in die Höhe umgebrochen werden. Zugleich ist der Stall wahr, eine so geringe Herkunft des Stifters wird nicht erfunden ... Der Stall, der Zimmermannssohn, der Schwärmer unter kleinen Leuten, der Galgen am Ende, das ist aus geschichtlichem Stoff, nicht aus dem goldenen, den die Sage liebt.«
(Ernst Bloch: Prinzip Hoffnung, S. 1482)

»Willst du den geborenen König finden, so mußt du alles, was du sonst finden magst, hinter dich werfen ... Christus ist darum ein Menschenkind geworen, damit wir Gotteskinder werden.«
Meister Eckehart: Deutsche Predigten und Traktate (detebe 202, S. 431)

2. Weihnachtstag

Predigttext: Johannes 8,12–16
Christian Hilmes

Theologisch-homiletische Vorbemerkung
Mit R. Bultmann, der in Kap. 8 »eine notdürftig zusammengeflickte Sammlung von einzelnen versprengten Fragmenten« und in Vers 12 den Beginn einer Lichtrede (vielleicht im Zusammenhang mit dem Lichtermeer des Laubhüttenfestes) sieht, möchte ich vor allem die Aussage dieses Verses entfalten: In Christus begegnet mir das Licht der Welt, das alle brennenden Kerzen und die vielen weihnachtlichen Zeichen der Liebe verblassen läßt. Er ruft in seine Nachfolge, in der durch Krippe und Kreuz deutliche Akzente gesetzt sind. Unter dem Christbaum holt uns der Alltag ein – eine sinnvolle Vorbereitung auf unseren Abschied von Weihnachten und hoffentlich eine Hilfe für alle Gottesdienstbesucher, deren Weihnachtserwartungen wieder einmal enttäuscht wurden.
Die Predigt versucht, dies mit Hilfe der Lithographie »Geburt Jesu mit Bagger« von Emil Scheibe zu entwickeln, die zusammen mit einigen der unten vorgeschlagenen neuen Lieder für die Gottesdienstbesucher vervielfältigt werden sollte. Die Grafik ist zugänglich in H.M. Rotermund/G. Gollwitzer, Grafik zur Bibel (Verlag E. Kaufmann, Lahr); H. Lauruhn, Gott in Gittern (Luther-Verlag, Bielefeld); W. Dietrich, Der Anstoß Nr. 45/46 (Burckhardthaus-Verlag, Gelnhausen).

Vorschläge zur Liturgie

Bittruf und Lobpreis

Viele Kerzen entzünden wir; die Dunkelheit unseres Herzens bleibt. Wir sind ohne Glanz, sehnen uns nach ihm. Deshalb suchen wir das Licht, das uns erhellen wird. Deshalb hoffen wir auf den Glanz, der düstere Stunden erträglich macht. Wir rufen: Herr, erbarme dich unser.

Unsere Sehnsucht wird gestillt. Denn Gottes Licht scheint in unserer Finsternis. Verstörungen weichen, sein Licht belebt und schafft uns neu. Hierfür danken wir ihm und stimmen ein in den Jubelchor der Engel von Bethlehem: Ehre sei Gott in der Höhe!

Kollektengebet

Herr, erleuchte uns: damit wir deine Nähe merken in den Worten und Liedern unseres Gottesdienstes und Trost finden; damit wir deine Gedanken aufspüren und deinen Willen kennenlernen; damit wir deiner Kraft begegnen und nach deinem Worte handeln heute und an jedem neuen Tag.

Fürbittengebet

Gott, du Vater Jesu Christi, in unsere finstere Welt bringst du ein neues Licht. In Jesus Christus begegnen wir deiner Zusage: Dein Licht wird sich durchsetzen trotz aller Dunkelheit um uns und in uns. Dein Licht leuchte in unserer Welt: bei Einsamen und Enttäuschten; bei Verzweifelten und Schwermütigen; bei Verängstigten und Verbitterten; bei allen, die unter Krieg und menschlichem Haß leiden; bei jedem, der sich selbst im Wege steht und seine Hoffnungen vorzeitig begraben hat. Wenn sie in Dunkelheit zu versinken drohen, gib uns Mut und Phantasie, ihnen dein Licht zu bringen. Mach durch deinen Schein unser Leben hell und licht, damit wir dein Licht widerspiegeln in unserem Reden und Handeln. Laß uns Tag für Tag dein Licht leuchten, damit wir weitergehen auf deinem Weg. – In der Stille nennen wir dir, Herr, die Namen derer, an die wir heute besonders denken. Wir klagen dir ihre Not; wir freuen uns an ihrer Dankbarkeit – *Stilles Gebet* – Herr, dein Licht leuchtet in unserer Dunkelheit und macht aller Not ein Ende.

Sendung

Wir gehen nach Hause in der Gewißheit: Wir sind nicht allein. Denn Christus ist geboren, Gott ist mit uns! Auf all unseren Wegen ist er uns nahe, erleuchtet er jede Finsternis. In unserem Alltag begleitet er uns. So gehen wir im Namen Gottes, des Vaters und des Sohnes und des Heiligen Geistes.

Lieder
EKG 24,4–6 / 32,3–5 / 50 / 243,4 / 255,4 / 256,2 / 337.

Die Bereitschaft der Gemeinde, neue Lieder kennenzulernen, ist am 2. Christtag größer als Heiligabend; in Absprache mit dem Organisten lassen sich zu Beginn des Gottesdienstes ein oder zwei der folgenden Lieder einüben:

- Aus »In der Nacht« (Hrsg. O.G. Blarr u.a., Bosse Verlag, Regensburg): Wo nehmen wir den Stern her? / Es werde, es werde hell auf der Erde; / Über Bethlehem ein Leuchten, / Die Menschen, die leben im Dunkeln.
- Aus »Tragt seinen Frieden in die Zeit« (Christophorus-Verlag, Freiburg): Aus dem Himmel ohne Grenzen trittst du tastend an das Licht. / Die Nacht geht zu Ende, es nahet schon der Tag.
- Aus »Singe, Christenheit« (Hessisches Beiheft zum EKG, Bärenreiter-Verlag, Kassel): Die Angst, die Angst vergeht, / Weil Gott in tiefster Nacht erschienen, / Heute noch kommt Gottes Wort unter uns zur Welt.

Zur Predigt

Möglicher Anfang

Die Kerzen am Christbaum sind heruntergebrannt. Der Baum verliert schon seine Nadeln. Der Alltag schleicht sich wieder in unsere Gedanken. Wir bereiten den Abschied von Weihnachten vor. Eigentlich schade, nicht wahr? Viel zu selten feiern wir nämlich Weihnachten. Und viel zu schnell ist das Fest vorbei, das wir so liebevoll vorbereiteten. Könnten wir diese Tage doch festhalten! Denn sie schenken uns Wärme und Geborgenheit. Und wir geben auch eher als sonst Liebe und Zuneigung weiter. Mit Freude zünden wir kleine Lichter an in unserer Dunkelheit. Gern setzen wir hierfür unser Geld, unsere Zeit und Gedanken ein. Es ist beglückend, wenn wir es um uns her hell werden lassen können.

Aber wir erfahren auch, wie leicht die Lichter ausgeblasen werden, die wir entzündeten; und wie aufreibend und anstrengend es ist, solche eigenen Lichtlein aufleuchten zu lassen. Wir erleben, wie kalt und dunkel es wird, sobald unsere Lichter verlöschen. Erinnerungen an mißlungene Begegnungen quälen uns; Einsamkeit, Krankheit und Alter schmerzen; die Sorge um den Arbeitsplatz, die Angst um den Frieden zu Hause und in der Welt bringen uns um den Schlaf. Auf Dauer gelingt es nicht, erfolgreich hiergegen anzukämpfen. Immer wieder verlieren wir diesen Kampf.

So muß es nicht bleiben. Denn uns erreicht der Ruf: »Ich bin das Licht der Welt«. Herausfordernd klingt das. Aber gleichzeitig so vollmundig, daß wir mißtrauisch werden. Bis wir uns einlassen auf dieses Licht und in seinem Schein eine veränderte Welt wahrnehmen.

Emil Scheibe, ein Künstler unserer Zeit, hat versucht, dies bildlich darzustellen. Ein ärmliches Elternpaar in einer wackligen, zugigen Holzbude betrachtet das neugeborene Kind. Offensichtlich sind sie hier nicht zu Hause. Sie sind unterwegs, haben noch ihre Mäntel an, mußten ihr Kind auf eine rohgezimmerte Holzkiste legen. Aber von diesem unscheinbaren Säugling geht alles Licht aus. Der Lichtschein fällt auf den Radfahrer, der zuschaut, weil er wohl nichts Besseres zu tun hat; auf die Frau, die mit ihrem Eimer geschäftig der Arbeit nachgeht und sich hierbei nicht stören läßt. Das Licht fällt auf ein Kind, das etwas entdeckt hat, was ihm wichtiger vorkommt als ein Neugeborenes; und auf einen Mann, der weggeht vom Licht und der sich seinen Weg selbst erhellen will mit einer Laterne. Auf sie alle fällt ein heller Schein von dem kleinen Kind, das nur auf der Holzkiste Platz fand. Dieses Licht macht sogar den Bagger hell, der drohend seine Schaufel öffnet, um den Holzschuppen wegzureißen, die letzte Behausung der armseligen Familie.
Ein Kind ist geboren, das uns als Mann zuruft: »Ich bin das Licht der Welt«. Kaum jemand nimmt dies zur Kenntnis. Jeder erledigt geschäftig, was unaufschiebbar erscheint. Einschneidende Veränderungen erwartet niemand, auch keine Helligkeit und Wärme. Wie bisher sucht jeder seinen eigenen Weg mit all den Möglichkeiten, die er selber entwickeln will. Besonders eindrücklich zeigt dies der Mann mit der Laterne. Auch ohne diese Lampe ist es um ihn her hell genug. Trotzdem trennt er sich nicht von der Lichtquelle, die überflüssig wurde. Er hält an ihr fest. Er scheint zu denken: »Wer weiß, wofür ich sie noch gebrauchen kann? Das Licht aus der Holzbude ist doch zu gefährdet; denn da steht der bedrohliche Bagger. Am Ende wird's wieder dunkel; und dann? Dann ist es gut, mein eigenes Licht leuchten zu lassen und unabhängig zu sein vom Licht der Welt.«
Wir verstehen diesen Mann gut; denn ähnlich denken wir. Und ebenso wie er gestalten wir unser Leben. Allerdings sollte uns deutlich sein: solche Menschen verausgaben sich völlig bei ihrem Versuch, mit eigenem Licht ihre Umwelt zu erhellen und zu erwärmen. Und darüber verkommt ihr Leben zur kalten Pracht, in der Wärme, Geborgenheit und aller Lichtglanz fehlen. Stattdessen breitet sich Betriebsamkeit aus und engt Lebensmöglichkeiten und Freude ein.
»Ich bin das Licht der Welt.« Wer sich auf diesen Ruf einläßt, erfährt: Das wärmende Licht ist da als Geschenk an uns. Wie auf dem Bild von E. Scheibe erhellt es unsere Umgebung und reißt unsere Welt aus dem Halbschatten, so daß wir die Gefährdungen um uns besser erkennen und einschätzen. Hierauf weist jede Kerze, die wir anzünden. Sie erinnert uns: Kälte und Dunkelheit sind schon überwunden; Licht und Wärme schenkt uns das Kind in der Krippe, das seiner unbarmherzigen Umgebung so hilflos ausgeliefert ist. Freundlichkeit und Geborgenheit werden uns ge-

schenkt von dem Mann, der am Kreuz hängt, alleingelassen von seinen Freunden und verzweifelt über Gott, der ihn scheinbar ebenfalls verlassen hat. Herzlichkeit und Trost schenkt uns dieser unscheinbare Mann Jesus, der unsere Welt einschneidender veränderte als alle Großen der Weltgeschichte und der uns heute zeigt: Liebe ist sogar stärker als der Tod.
Und doch ist hiermit nicht ganz umschrieben, was Jesus meint, wenn er sagt: »Ich bin das Licht der Welt«. Er ist mehr als einer der ganz großen Menschen unserer Geschichte; auch mehr als nur ein Vorbild, das anspornt, sich zu den Verachteten und Vernachlässigten zu wenden. Jesus ist das Licht für alle. Dieses wahre Licht können wir nicht herstellen. Es kommt wo anders her, erreicht uns so überraschend wie das Morgenlicht nach einer bedrückenden Nacht. Dies ist das Wunder des Christfestes. Der Dichterpfarrer Albrecht Goes drückt es so aus: »Wir suchen dich nicht. Wir finden dich nicht. Du suchst und du findest uns, ewiges Licht. Wir lieben dich wenig, wir dienen dir schlecht, du liebst und du dienst uns, ewiger Knecht.«

Weiterer Verlauf
Licht weist immer hin auf Gott, den Schöpfer des Lichts. Hierin sah Jesus seine Aufgabe. Blindenheilung, Besuch beim Außenseiter Zachäus und Neuanfang durch Sündenvergebung sind solche Signale seines Berufs. Das reizte Jesu Zuhörer zum Widerspruch: Vers 13. Dahinter verbirgt sich innere Betroffenheit über Jesu Anspruch, nicht bloß Lichtträger zu sein, sondern Licht, also wie die Sonne zu strahlen und nicht wie ein Rückstrahler zu reflektieren. Mit seinem Anspruch »Ich bin« hält er uns im Hellen, schenkt er uns hoffnungsvolles Vertrauen. Das wird deutlich am Ehepartner, der sein Schweigen endlich überwindet, oder an Eltern, die versöhnlich auf ihre Kinder zugehen, und zwar nicht nur am Heiligabend. Leben in Gottes Lichtschein kann nicht verborgen bleiben: Mißtrauen verliert seinen beherrschenden Einfluß, Zutrauen und Freundlichkeit gewinnen neue Kraft. Aus verbissenem Schweigen keimt freundliche Zuwendung. »Du bist als Stern uns aufgegangen, von Anfang uns als Glanz genaht. Und wir, von Dunkelheit umfangen, erblicken plötzlich einen Pfad. Dem Schein, der aus den Wolken brach, gingen wir sehnend nach« (J. Klepper). So verwirklichen wir Nachfolge ohne belastende Anstrengung. Gottes Licht beginnt durch uns zu leuchten. Quälende Widersprüche werden erträglicher. Gottes »Licht für die Welt« durchdringt alle Düsternis. Nun müssen wir uns nicht länger wundstoßen an den scharfen Kanten unseres Daseins.

Schluß
Es fällt schwer, diese Nachricht auf uns zu beziehen. Vielleicht wird es

leichter, wenn wir an die Zeichen der Liebe denken, die uns in diesen Tagen beglücken und mit denen wir andere erfreuen; wenn wir uns an den Anlaß des Christfestes erinnern und an Christus, der unser Licht ist; wenn wir begreifen: Von seinem Licht leben wir sogar in den Nächten der Krankheit und an den Tagen des Kummers.
Wenn wir morgen den Weihnachtsbaum mit seinen rieselnden Nadeln aus dem Wohnzimmer werfen und wenn der Alltagstrott wieder nach uns greift, können wir dennoch getröstet und getrost weitergehen. Gottes Liebe bescheint unsere Zukunft, seine Liebe verändert unseren Alltag. Wir müssen zwar Abschied nehmen von Weihnachten, begrüßen aber gleichzeitig Jesus als unseren ständigen Begleiter. Er geht mit uns, steht uns zur Seite. Vertrauen wir uns doch ihm an! Denn heute und morgen kann uns sein Lebensruf stärken: »Ich bin ...« (Vers 12).

Kontexte

Aus dem fiktiven Gespräch mit einem Kommunisten über Franz v. Assisi:
»Franz ist kein Kommunist. Wenn alle so lebten oder wenigstens so dächten wie Franz, dann hätten wir den idealen kommunistischen Staat, so einen, wie es keinen auf der Welt gibt. Ich habe den Franz einmal gefragt, warum er nicht in unsre Partei eintritt, das gäbe ihm doch viel größere Möglichkeiten zu kämpfen. Er sagte: ›Gegen wen soll ich kämpfen?‹ Ich sagte: ›Gegen den Kapitalismus doch!‹ Er sagte: ›Ich kämpfe gegen nichts und niemand.‹ – ›So‹, sagte ich, ›und was ist das, was du tust, du läßt doch auch die Welt nicht laufen wie sie ist, du willst sie doch auch ändern!‹ – ›Ja‹, sagte er, ›das will ich, aber ohne Kampf, man muß nicht gegen etwas kämpfen, man kann aber ein Licht anzünden. Solange man kämpft, kämpft man nicht gegen etwas, sondern gegen jemand, und auf jeden Angriff folgt der Gegenangriff, und so reißt die Kette der Gewalt nicht ab.‹ Das war mir damals nichts wie eine schöne Rede, ich war ein kämpferischer Kommunist. Ich habe gesagt: ›Du hältst also den Kommunismus für den falschen Weg?‹ Er sagte: ›Verstehst du denn nicht? Solange Gewalt angewendet wird, solange Menschen in der Angst leben, solange ist auch der Kommunismus falsch.‹ – ›Aber‹, sagte ich und spielte meinen schönsten Trumpf aus, ›aber es hat doch sogar einen Papst gegeben, der gesagt hat, Revolution ist dann erlaubt, wenn es das einzige Mittel ist, unterdrückten Menschen zu einem menschenwürdigen Leben zu verhelfen, was sagst du dazu?‹ Er sagte: ›Jener Papst hat recht, aber er hat nicht gesagt, und hat es nicht sagen können, ob es im einzelnen Fall wirklich keinen anderen Weg gibt als den der Gewalt und des Tötens.‹«
(Luise Rinser, Bruder Feuer, Fischer Taschenbuch 2124, S. 49 f.)

»Was bedeutet Nacht? Finsternis ist ihr Kennzeichen. Wir könnten Lampen, Leuchten und Lichter benutzen, um die Nacht zu erhellen. Unsere Anstrengungen haben aber wenig Erfolg. Wer nachts aus dem Flugzeug auf die dunkle Erde schaut, der erkennt sehr schnell, wie klein die menschliche Kraft ist, das Dunkel zu erhellen. Und noch geringer, ja so gut wie aussichtslos ist das Bemühen der Menschen, die

Finsternis des Herzens und die Herrschaft der Nacht und des Bösen in dieser Welt zu erhellen. Der Mensch ist in der Nacht verloren – er findet keinen Weg; ... Gott sei gelobt, er hat die Nacht beendet. Das ewige Licht bricht herein. ... Die einen öffnen sich – und erfahren Heil. ... Wie sieht ihr Leben aus? Auch sie erleiden Hunger – erfahren aber Gottes Hilfe. Sie werden krank – verzagen aber nicht. Sie müssen manchmal schwere Last tragen – aber sie werden nicht mutlos. Sie stehen in der Hetze des Alltags – und haben doch eine innere Ruhe. Sie werden durch Krieg und Revolution bedroht – und sind doch geborgen in den Vaterhänden Gottes. Sie arbeiten im eisigen Klima des Konkurrenzkampfes – und geben doch etwas von dem Licht und der Liebe weiter, die sie umfängt. 30 Jahre, nachdem dieses Lied geschrieben wurde, geschah folgendes: 1553 wütete die Pest in der schlesischen Stadt Goldberg. Die Kirchen waren geschlossen; ängstlich mieden sich die Bewohner. Um die Zeit des Frühgottesdienstes trat am Heiligen Abend ein Bürger am Marktplatz vor sein Haus und fing zu singen an: Gelobet seist du, Jesu Christ. Da traten andere zu ihm, zogen singend durch die Stadt, um den Betrübten und Sterbenden zu künden, daß trotz der Schreckenszeit die Weihnacht angebrochen sei.« (Meditation zu EKG 15 aus: Gott unter uns. Materialsammlung zusammengestellt von einem Ökumenischen Arbeitskreis in Württemberg 1972, S. 33)

»Sieh mich an: Ich brenne / steil und ungespart. / Wo ich Licht bekenne, / bin ich aufbewahrt. / Furchtlos in die blinde / Finsternis entfacht – / nur indem ich schwinde, / schwindet auch die Nacht. / Wo ich dunkel bleibe, / weigert sich das Heil. / Bei versehrtem Leibe / wird mir Kraft zuteil. / Wo ich Glut verwehre, / dunkelt auch die Welt. / Daß ich mich verzehre, / bin ich hingestellt. / Daß ich Flamme heiße, / rein und aschelos, / stumm den Stern lobpreise / in der Nächte Schoß, / bald herabgesunken, / eigner Kron' beraubt, / hüte ich den Funken / über meinem Haupt. / Denn der mich entzündet, / weiß, warum ich loh, / ob auch unergründet / Schatten mich bedroh. / Der die Feuerzeichen / über uns erkannt, / bleibt, wenn wir erbleichen, / Strahlung unverbrannt.« (R.O. Wiemer, Die Kerze in: W. Erk, Warten auf ihn, Radius-Verlag Stuttgart 1981, S. 90)

Gegen Mutlosigkeit und Enttäuschung brauchen wir Funken der Hoffnung. Wir können sie schlagen aus den Versen von D. Beiersdorf »du bist zu früh gegangen« (Thema Weihnachten, Jugenddienst-Verlag Wuppertal, S. 23), die zur meditativen Auseinandersetzung reizen.

Der Vorschlag einer weiteren Bildmeditation (mit Farbdia) findet sich in »dia themen 3« (Burckhardthaus-Verlag Gelnhausen 1975), S. 85 ff. (Rembrandt, Anbetung der Hirten).

Sonntag nach Weihnachten

Predigttext: Matthäus 2,13–18 (19–23)
Berthild Boueke-von Waldthausen

Theologisch-homiletische Skizze

Mt. wendet in diesem Text den Blick von der Kindheitsgeschichte Jesu in die Vergangenheit: Er setzt das Geschick des Jesuskindes in Analogie zu dem des alttestamentlichen Gottesvolkes. Sein Motiv ist ein christologisches. Er will das Bekenntnis festigen: Der, um den es im weiteren Evangelium geht, ist der verheißene Messias, der Gottessohn.

Ich möchte in meiner Predigt den Blick von dieser Jesusgeschichte in die Zukunft wenden und das Geschick des Jesuskindes in Analogie setzen zu dem des heutigen Gottesvolkes, zu den Kindern. Ich denke dabei sowohl an die Kinder unter uns (ihnen gehört das Himmelreich) als auch an das Kind in uns (wenn ihr nicht umkehrt und werdet wie die Kinder). Mein Anliegen dabei ist, der Gemeinde Jesu ins Bewußtsein zu rufen, wieviel Gott an der Bewahrung des Lebens von Kindern gelegen ist, des Jesuskindes damals und der Kinder unserer Welt heute, und wie sich unsere Beziehung zu ihm ausdrückt in unserer Beziehung zu Kindern (wer ein solches Kind in meinem Namen aufnimmt, nimmt mich auf und den, der mich gesandt hat).

Natürlich komme ich mit dieser Verschiebung des Skopus in Bedrängnis mit dem ausdrücklich berichteten Kindermord: Ist Gott nicht eben doch nur am Leben seines Auserwählten, aber nicht sonderlich am Leben »normaler Durchschnittskinder« gelegen? Ich mag so von Gott nicht denken. Jede Theologie, die sich anschickt, einen Kindermord in einen göttlichen Heilsplan einzukalkulieren, scheint mir Gott mehr in die Nähe des Herodes als in die des Josef zu rücken. Der Kindermord damals und heute ist und bleibt eine unauflösbare Anfechtung, auf die ich nur *eine* angemessene Antwort weiß: mich umso entschlossener Maria und Josef zuzugesellen, d.h. an die Liebe und Bewahrung Gottes zu Kindern zu glauben, für die Macht der Kinderfeindlichkeit eine witternde Wachsamkeit zu entwickeln und ihr die mir anvertrauten Kinder so gut es geht zu entziehen.

In diesem Text verknüpft Mt. politische Geschichte und persönliches Geschick so eng miteinander, daß er auch politische Geschichte gleichsam in der Form einer personalen Konstellation ausdrückt (Herodes, »Rahel«, die Kinder von Bethlehem). Es wäre also verkürzt, Gott als Herrscher der Heilsgeschichte Herodes als Herrscher der Weltgeschichte gegenüberzustellen. Gott und das Böse stehen sich gegenüber in ihrer Wirkung zum Leben oder zum Tod. Wie beide wirken – und zwar sowohl persönlich als auch politisch –, zeigt sich in dieser Geschichte an der Art,

wie Mann, Frau und Kind aufeinander reagieren. Josef, Maria und Jesus stehen Herodes, »Rahel« und den Kindern von Bethlehem gegenüber. In diesem Zusammenhang werden in Josef und Herodes zwei ganz unterschiedliche Arten von Männlichkeit und ihrer Auswirkung auf kindliches Leben vorgestellt. Sie möchte ich in der Predigt herausarbeiten.
Wichtig und tröstlich ist mir, wie positiv in diesem Text die Flucht bewertet wird. Gilt sie in unserer Ethik als feige, unsolidarisch und egoistisch, so ist sie hier die von Gott gewählte Weise, mit dem Bösen umzugehen. In ihr steckt die Erlaubnis und das Bekenntnis eigener Begrenztheit und Schwäche, aber auch das Ja zur eigenen Rettung. Es gibt ein Ausmaß an Grausamkeit und Blindheit auf der einen und Schwachheit auf der anderen Seite, wo nur die Wahl bleibt, sinnlos zerstört zu werden und sich im Kampf mit dem Bösen zu verlieren oder es zu fliehen. Die Rettung anderer geht da über die eigene Kraft. Daß die Lösung der Flucht nur eine anfängliche, vorübergehende ist, zeigt das weitere Evangelium, aber ich will sie deswegen nicht in ihrem Wert schmälern: Nur wer sich selbst vor dem Bösen zu retten versteht, kann dem Bösen zu einem Gegenüber werden und anderen bei ihrer Rettung behilflich sein.
Während der Zeit, in der ich mich mit diesem Text beschäftigte, wurde diese Geschichte zu etwas, was sich in mir selbst abspielte. Ich fand in mir selbst jene Personen wieder, die in ihr vorkommen. Von dieser Erfahrung und Einsicht her ist es mir umso wichtiger, Gott als jemanden zu verkünden, dem an dem Jesuskind in uns, dem kleinen Kind, dem verletzbaren Leben, dem bedrohten Glauben, der gefährdeten Liebe und seiner Bewahrung gelegen ist, der es behütet, sich zu ihm in seiner Schwachheit bekennt und in uns wirkt, wo wir ihm umsichtige, bergende Eltern sind, und der uns flieht, wo wir es töten.

Vorschläge zur Liturgie

Eingangsspruch

Er kam in sein Eigentum; und die Seinen nahmen ihn nicht auf. Wie viele ihn aber aufnahmen, denen gab er Macht, Gottes Kinder zu werden. (Joh. 1,11 f.)

Schuldbekenntnis

Du Raum voll Liebe, in Dich fliehen wir hinein mit allem, womit wir uns und anderen das Leben verleiden oder gar zerstören. Es drückt uns nieder, und es gelingt uns nicht, uns einfach zu verändern. In dir legen wir es ab wie eine Last, die uns zu schwer ist. Laß uns in Dir Erbarmen finden. Laß uns aufatmen und neu erfüllt werden mit Sehnsucht und Liebe zum Leben. Amen.

Kollektengebet

Du weihnachtliches Licht, wir bitten Dich: Verlösche nicht in dem Alltag, der uns nun bald wiederhat. Strahle und erwärme unsere Herzen in diesem Gottesdienst und in den nun kommenden Tagen. Amen.

Fürbittgebet

O Gott, der Du die Kinder liebst und nicht willst, daß sie umkommen und verlorengehen, wir bitten Dich heute für alle Kinder auf der Welt, die tödlich bedroht sind an ihrem Leib oder ihrer Seele,
für die Kinder in den Dürregebieten, die hungern oder verhungern,
für die Kinder in den Slums, die sich selbst durchschlagen müssen, weil ihre Eltern keine Arbeit finden,
für die überfütterten, verwöhnten Kinder, die um die Schwierigkeiten und Schattenseiten des Lebens betrogen werden,
für die überforderten Kinder, die dem Ehrgeiz und der Leere von Erwachsenen geopfert werden,
für die ungeliebten Kinder, die ihren Eltern nur lästig sind,
für die einsamen, verstummten Kinder, deren Freud und Leid keiner teilt,
für das vernachlässigte Kind in uns selbst, das lebendig sein möchte und sich nach unserer Liebe sehnt.
O Gott, der Du die Kinder liebst, gib uns reichlich ab von Deiner Liebe, damit die Kinder in unseren Herzen und in unserer Welt finden, was sie zum Leben brauchen, und wir das Glück und die Freude finden, die nur Kinder zu schenken vermögen. Amen.

Vorschläge für Lieder

Von den neueren nachweihnachtlichen Liedern möchte ich empfehlen: Die Weisen sind gegangen – O gott, o gott von bethlehem.

Vorschlag für die Predigt

In den Weihnachtstagen las ich eine Erzählung, in der ein Mann eine seltsame Begegnung hat. An dem Tag, an dem er den Höhepunkt seines Lebens erreicht hat, nickt er ein und sieht im Halbschlaf den kleinen, scheuen Jungen vor sich, der er zu Beginn seines Lebens einmal war. Ihre Begegnung verläuft sehr traurig: Der Mann erhält nicht die Bewunderung, die er sich von dem Kind verspricht, und das Kind sucht vergeblich nach einer inneren Verwandtschaft zwischen sich und dem Mann. Sie finden nicht zueinander, bleiben sich fremd und einsam. Verstört zieht sich der Junge zurück.
Diese Geschichte ging mir nach. Sie erinnerte mich daran, daß auch in mir ein kleines Mädchen lebt, das behütet und verstanden sein will, und ich fragte mich, wie das wohl ausgehen würde, wenn wir einander begegneten. – Heute morgen möchte ich nun Sie an den kleinen Jungen und das kleine Mädchen erinnern, die Sie einmal waren und die Sie heute noch sind. Denn wenn ich es recht bedenke – was unterscheidet uns Erwachsene von Kindern? Früher waren wir unseren Eltern ausgeliefert und an-

vertraut; und heute sind wir uns selbst ausgeliefert und anvertraut. Und ich bin überzeugt: Wie glücklich wir leben und wie friedlich wir sterben, wie viel Glück und Frieden wir bei anderen auslösen, das hängt davon ab, wie gut dieses kleine Kind bei uns aufgehoben ist mit seinen Ängsten und seiner Verletzbarkeit, seinem Zutrauen und seinen Wünschen, seinem Lachen und seinem Weinen.

Wir kommen von Weihnachten her. Zu Weihnachten ist ein solches kleines Kind geboren, das leben möchte, das aber auch sehr gefährdet ist. Wie sehr Gott das Leben dieses kleinen Kindes am Herzen liegt und wie er es bewahrt, das erzählt unser heutiges Evangelium.

Textverlesung

Wie es weitergehen könnte ...

Kaum fängt es an zu leben, bekommt das Jesuskind es mit Herodes und »Rahel«, aber auch mit Maria und Josef zu tun. Und wo heute ein kleines Kind anfängt zu leben, unter uns und in uns, bekommt auch dieses es mit Menschen wie Herodes und Rahel, wie Maria und Josef zu tun.

Herodes, ein Mann, der den kleinen Jungen in sich fürchtet, haßt und verkümmern läßt; fürchtet, klein, verletzbar und ohnmächtig zu sein; fürchtet und hat verlernt, traurig zu sein, aber auch, sich am Leben zu freuen. Durch die Brille dieser Furcht sieht er andere Menschen. Sein Lebensziel: Sich von Verwundbarkeit unabhängig zu machen, indem er Verfügungsgewalt über andere Menschen erlangt. Dem opfert er lebendige menschliche Beziehungen. Der Gedanke liegt ihm völlig fern, daß ein Kind ihm zur Hoffnung, Frieden, Heil in seiner einsamen Angst werden könnte; schließt von sich selbst auf das Kind Jesus und fürchtet in ihm den überlegenen, todbringenden Rivalen. Es gelingt Herodes nicht, Jesus umzubringen, aber er bringt sich um Jesus. Er tötet die Kinder in seinem Machtbereich, und die Tränen, die er sich selbst versagt hat, müssen hundertfach die Frauen, *»Rahel«,* weinen, die es nicht verstanden haben, seine Bosheit zu durchschauen, sich und ihre Kinder seiner Macht zu entziehen oder ihr zu widerstehen.

Um heutige Beispiele für die hier angebrachte Aktualisierung von unterdrückend-rivalisierenden Vätern und – oft lautlos – verschreckt klagenden Müttern ist unsere Gesellschaft nicht verlegen.

Josef hat in seiner geheimnisvollen Geschichte mit Frau und Kind schmerzhaft lernen müssen, daß diese zwar in sein Leben getreten, aber nicht zu seinem verfügbaren Besitz geworden sind. Aber diese Erfahrung und Erkenntnis versetzt ihn nicht in Angst und Wut, sondern gibt seinem Leben neuen Sinn und Tiefe. Die Freude an zugewonnener Beziehung und neuem Leben überwiegt die Angst vor der Hinfälligkeit seines eigenen Lebens. Er kann ja jetzt über sich hinauswirken, indem er für die Bewahrung des Kindes sorgt. Und er entdeckt in seinem eigenen verwundbaren Leben eine neue Tiefe und läßt sich auf sie ein, die es ihm erübrigt, auf Macht zu setzen. Er lernt es, mit sich allein zu sein, in der Stille der Nacht auf die leise, flüchtige Stimme der Träume zu horchen, die über ihn hinausweist. Er entwickelt ein Gespür für die Nähe Gottes und die Bedrohung durch das Böse. Er wird zu einem Kind, das sich von Gott umsorgt weiß, und übernimmt die Verantwortung, für sich und die ihm Anvertrauten zu sorgen.

In der Nähe eines solchen Mannes, der sich an Leben und Beziehung freut, haben es auch *Maria* und das Kind gut. Fluchtdarstellungen: Alle drei lachen; Maria ist ganz sie selbst, in sich versunken, thronend auf dem Esel, das Kind bergend und wärmend (Kleiderbrosche in Form einer Sonne). – Diese Art, mit kindlichem Leben – in uns und um uns – umzugehen, auf uns heute beziehen.

Wie aber sieht Gottes rettender Weg zum Leben für Josef, Maria und das Kind aus?

Nichts ist für eine junge Familie natürlicher als der Wunsch, sich eine eigene Existenz aufzubauen und häuslich niederzulassen. Oft entdeckt man erst Jahre später, daß am Anfang die Weichen falsch gestellt wurden, und kann es dann kaum noch ändern. Josef sehr wachsam; übertönt nicht die Warnsignale in seinem Inneren. Lieber provisorisch einige Zeit umherziehen und lebendig bleiben, als sich am bösen Ort einrichten und absterben. – Josef überschätzt nicht in männlicher Überheblichkeit seine Kraft. Es wäre unrealistisch, wenn er es mit Herodes aufnehmen oder die arglosen Bethlehemer Bürger für sich gewinnen wollte. Aber er hat auch nicht nichts zu bieten. Er hat genug, um sich und seine Familie der Macht des Herodes zu entziehen und so ein wenig Leben zu retten. – Josef stellt sich dem Bösen nicht. Er zieht sich vor ihm zurück in dem Vertrauen, daß nicht nur er, sondern auch die Macht des Bösen begrenzt ist. Eines Tages wird sein Sohn zurückkehren und sich dem Bösen stellen, wenn er an Leib und Seele gewachsen ist. Auch an dem Ort der Flucht läßt sich die Familie ja nicht häuslich nieder. – Auch wir brauchen nicht stärker zu sein, als das Kind in uns ist; auch als Christen nicht jeder Situation gewachsen zu sein und immer die Wahrheit zu wissen und zu vertreten. Auch einmal Angst haben, sich in die Innerlichkeit zurückziehen und sich Zeit zur Besinnung in Gottes Nähe lassen, als sich selbstüberheblich zu stellen und vom Bösen einfangen zu lassen. Gott wird uns schon zum Handeln zurückrufen, wenn es an der Zeit ist, sich dem Bösen zu stellen.

Möglicher Schluß

Wir kommen von Weihnachten her. Ob mit den Weihnachtstagen alles zu Ende ist oder ob das Neugeborene unter uns überleben darf, entscheidet sich in den Tagen danach, entscheidet sich jetzt. Ob das Jesuskind unter uns lebt und wächst, entscheidet sich daran, ob wir das Kind in uns und die Kinder unter uns leben lassen. Gott hat damals das Jesuskind vor dem Morden des Herodes bewahrt und will auch die heutigen Kinder bewahren. Vertrauen wir seiner bewahrenden Liebe wie Maria und Josef und umgeben wir die Kinder mit einer umsichtigen, bergenden Liebe wie sie.

Kontexte

Die tiefsinnigsten Predigten zu diesem Text halten mir bildhafte Darstellungen, so vor allem die von Josef und auch von dem im Traum erscheinenden Engel in der Kathedrale von Autun und die Darstellungen von der Flucht vom Kölner Meister und an der Holztür der Kölner Kirche St. Maria im Kapitol.

Bei der in der Predigt verwandten Erzählung handelt es sich um Dino Buzzati: Wenn es dunkelt, abgedruckt bei Jörg Zink: Lichter und Geheimnisse. Gedanken zur Menschwerdung Gottes. 2. Aufl. Stuttgat 1976, S. 43–52.

Eure Kinder sind nicht eure Kinder. Es sind die Söhne und Töchter von des Lebens Verlangen nach sich selber: Sie kommen durch euch, doch nicht von euch; und sind sie auch bei euch, so gehören sie euch doch nicht. Ihr dürft ihnen eure Liebe geben, doch nicht eure Gedanken, denn sie haben ihre eigenen Gedanken. Ihr dürft ihren Leib behausen, doch nicht ihre Seele, denn ihre Seele wohnt im Haus von Morgen, das ihr nicht zu betreten vermöget, selbst nicht in euren Träumen. Ihr dürft euch bestreben, ihnen gleich zu werden, doch suchet nicht, sie euch gleich zu machen. Denn das Leben läuft nicht rückwärts, noch verweilet es beim Gestern.
Kahlil Gibran

Nachweihnacht

Text: Gerhard Valentin
Musik: Ogo Blarr

2. Der Wanderstern verglühte,
kein Engel spricht, kein Schäfer rennt,
und niemand beugt sich und erkennt
die Größe und die Güte.

3. Wie läßt sich das vereinen:
der Stern war da, der Engel rief,
der Schäfer mit den Weisen lief
und kniete vor dem Kleinen.

4. Auch sie sind nicht geblieben,
die beiden mit dem kleinen Kind.
Ob sie schon an der Grenze sind,
geflüchtet und vertrieben?

5. Was soll ich weiter fragen?
Ich habe manches mitgemacht –
wem trau ich mehr: der einen Nacht
oder den vielen Tagen?

menschverlassenheit

text: wilhelm willms
musik: oskar gottlieb blarr

Altjahrsabend

Predigttext: Jesaja 30,8–17
Beate Stierle

Theologisch-homiletische Skizze
Ich soll eine Predigt für den Altjahrsabend entwerfen. Ich stelle mir die kleine Schar der Gottesdienstbesucher vor, die an diesem Abend zur Kirche kommen: Es werden wenig junge Leute und Konfirmanden sein. Eher werden Ältere, Familien und Alleinstehende kommen; Leute, von denen ich annehme, daß sie Besinnung suchen, Atem holen wollen; Leute, die die Zeit zwischen den Jahren nutzen, um einmal innezuhalten, die ihren Standort bedenken wollen ...
Jes. bietet dafür einen auf den ersten Blick eher verstörenden Text. Da ist ein Volk in die Sackgasse gelaufen. Das, was verkehrt gelaufen ist, wird jetzt aufgezeichnet. Es soll als ein Mahntext für kommende Zeiten aufbewahrt werden, um die Wahrheit des Gotteswortes zu belegen. Das Volk – in dieser speziellen Situation um das Jahr 701 v. Chr., angesichts der Assyrergefahr im Norden und eines bündnisfähigen, starken Ägyptens im Süden – läßt sich nicht von der Weisung Gottes leiten. Es setzt auf die eigene Rüstung, spielt mit der Opportunität des Augenblicks, gaukelt sich verwegen eigene Stärke vor. Nicht aus dem Glauben heraus werden politische Entscheidungen getroffen. Die Zukunft wird optimistisch gezeichnet. Aber diese Verkehrtheit, die ins Politische hineingreift, wird sich verheerend auswirken, sagt Jes. In zwei ursprünglich selbständigen Drohworten wird die Vernichtung des Volkes angesagt: Wie eine schlecht fundamentierte Mauer plötzlich zum Einsturz kommt, so wird das Volk zusammenbrechen. Bzw. diejenigen, die auf schnelle Rosse und Stärke vertrauen, die werden ihrerseits von schnellen Rossen und starken Mächten zerrieben werden.
Ich habe den Text in der Vorweihnachtszeit 1985 mit südafrikanischen Freunden gelesen. Für mich war spannend, wie sie diesen Text sogleich im Blick auf den politischen Kontext ihres Lebens gelesen haben: Die Weisung Gottes wird mißachtet von der Politik unserer Regierung, sagten sie. Obwohl sich die Verfassung des südafrikanischen Staates auf die Bibel beruft, hat sie das Wort Gottes zur Lüge gewendet. Es wird benutzt, um die politischen und wirtschaftlichen Privilegien einer kleinen Gruppe zu sichern, während die Mehrheit des Volkes dem Hunger, der Armut und der Rechtlosigkeit ausgeliefert ist. – Aber die Freunde haben nicht nur eine Anklage an ihr Land aus dem Text herausgelesen. Sie haben auch ihre eigenen Hoffnungen kritisch an diesem Text geprüft: Wohin weist das Wort Gottes, wenn der Widerstand gegen eine menschenverachtende Regierung durchgefochten werden muß? Welche Mittel des Widerstandes sind erlaubt? Ist auch Gewalt erlaubt? Oder verlieren wir durch Anwendung von Gewalt unsere Menschlichkeit, die doch das Zeichen unserer Ebenbildlichkeit Gottes ist? Aber können wir diese Eben-

bildlichkeit Gottes in einer solchen Krisenzeit wirklich unversehrt bewahren, wo doch jeden Tag Menschen sterben, getötet durch die Gewalt von Polizei und Militär? Müssen wir uns gegen diese Gewalt nicht wehren?
Mir ist in diesem Gespräch die Brisanz des Textes deutlich geworden. Mir ist deutlich geworden, daß ich, wenn ich über diesen Text predigen will, meinen eigenen politischen Kontext und meine eigenen Vorhaben in ähnlicher Weise durchleuchten muß wie diese Freunde. Ein Fixpunkt bleibt mir dabei wichtig: Trotz des drohenden Gerichtes vertraut Jes. darauf, daß Gott diejenigen, die sich auf seine Weisung einlassen und sich in Gelassenheit und Vertrauen stark machen, mit Kraft begabt (Vers 15). Die politischen Drohungen werden damit nicht beiseitegeschoben. Das gerade machen die falschen Seher (Vers 10). Der Effekt wird nicht sein, daß der, der auf den Glauben setzt, ungebrochen zur Erfüllung seiner Wünsche und Hoffnungen gelangt. Aber vielleicht lernt er, neue Wege, auch dunkle Wege, zu gehen. Vielleicht kann er Spannungen und Risiken besser durchhalten, weil er entdeckt, daß Gott in einer unerwarteten Weise mitgeht: Ich trage hier die Theologie des Kreuzes ein!
So sehr mir einerseits die verstörende Botschaft des Jes. Angst macht, so kann sie mir andererseits helfen, den Blick zu schärfen und bewußte Entscheidungen zu treffen. Der Glaube muß der Angelpunkt meines Lebens sein; das Vertrauen, daß nicht Menschen die Geschicke der Welt regieren, sondern Gott, der größer ist als alle. Dies gilt für alles, was ich mir im neuen Jahr vornehme; auch für meine politische Verantwortung. Dies macht mich nicht blind für die Welt um mich herum. Im Gegenteil: Es macht mich wach. Ich werde mit allen Möglichkeiten meines Verstandes und Herzens entscheiden und handeln. Und ich werde mich dabei an der Menschlichkeit, dem Glauben und der Liebe orientieren, die ich im Leben Jesu verbürgt und gelebt sehe. Und vielleicht gewinne ich daraus dann tatsächlich ein Stück Gelassenheit und Vertrauen.

Zur liturgischen Gestaltung

Ich werde am Altjahrsabend die Liturgie nicht sehr verändern. Vielleicht setze ich vor das Eingangsgebet ein tröstendes Votum, z.B. Bonhoeffers: »Von guten Mächten wunderbar geborgen ...« (falls ich dies nicht an anderer Stelle im Gottesdienst singen lasse: Hannoversches Kirchentagsliederbuch Nr. 724). – Den *Segen* leite ich mit eigenen Worten ein. Etwa so: ›Wenn wir nun über die Schwelle des neuen Jahres treten, so möge Gottes Liebe und sein Friede uns und alle Menschen in der Welt begleiten und tragen und stark machen ...‹.

Gebete

(1) Gott, der du die Zeit in deinen Händen hältst, begleite uns an diesem Altjahrsabend. Laß uns jetzt in deinem Haus zur Ruhe kommen. Laß uns einen Augenblick lang still werden. Laß uns dir in der Stille sagen, was uns umtreibt, was wir hoffen und was uns angst macht. (Stilles Gebet).

(2) Herr, wir schauen noch einmal zurück auf das zu Ende gegangene Jahr 1986. Wir legen in deine Hand, was in diesem Jahr gewesen ist. Unser kleines Leben legen wir in deine Hand mit all seinen Freuden, Sorgen und Kümmernissen. Und die Nöte unserer Welt legen wir in deine Hand. Herr, es bekümmert uns, wieviel Ungerechtigkeit, Unfrieden und Unterdrückung es in der Welt gibt. Es bekümmert uns, daß Angst und Not das Leben von so vielen beschweren. Herr, wir sind für vieles mitverantwortlich und mitschuldig an so vielem. Vergib uns, Herr, unsere Schuld. Herr, laß uns aus deiner Hand nehmen, was das neue Jahr für uns bringt. Laß uns mit wachen Augen in das neue Jahr gehen. Laß uns nicht ängstlich sein, sondern gib uns Kraft zu tragen und zu verantworten, was du uns zu tragen und zu verantworten aufgibst. Wir befehlen dir all unsere Lieben an. Wir befehlen dir auch diejenigen an, die wir vergessen und übersehen. Wir befehlen dir diejenigen an, die auf der Schattenseite des Lebens stehen und unter Hunger, Ungerechtigkeit, Krankheit und Tod leiden. Wir befehlen in deine Hände unsere ganze große und unruhige Welt. Herr, laß Menschlichkeit, Gerechtigkeit und Frieden für alle Menschen auf dieser Erde wachsen im neuen Jahr wie einen großen Strom. Laß uns teilhaben daran. Darum bitten wir dich.

Lieder
42; 45; 28,2–4+8; 208

Predigt
Möglicher Beginn
Sie sind heute am letzten Tag des Jahres 1986 in die Kirche gekommen, und vielleicht geht es Ihnen dabei wie mir: Ich gehe an diesem Abend gern in die Kirche. Ich brauche ein wenig Ruhe. Ich möchte einen Augenblick lang innehalten, nachdenken ... Es ist dies ja eine merkwürdige Zeit, diese Zeit »zwischen den Jahren«. Es scheint fast so, als ob die Zeit für einen kurzen Augenblick zum Stillstand gekommen wäre: Ein altes Jahr vergeht. Ein neues Jahr fängt an. Wir stehen auf der Schwelle dazwischen. Und wir erleben dies bewußter und wacher als alle anderen Übergänge sonst im Jahr. – Ich schaue an diesem Abend gerne zurück: Wo komme ich eigentlich her? Was ist gewesen in diesem Jahr? – Und ich schaue voraus: Worauf gehe ich zu? Was mag das neue Jahr verschlossen halten – für mich; für die Menschen um mich; für die Welt, auf der ich lebe? Ja, manchmal atme ich einen Moment lang tief durch bei dem Gedanken: Was umschließt dies neue Jahr? Und spüre die Fülle von Hoffnungen, die mich bewegen, aber auch die Befürchtungen ...

Weiterführung

a) Ich werde einen Augenblick noch beim Rückblick verweilen. Ich werde ein paar Ereignisse des vergangenen Jahres noch einmal benennen. Ich werde dann vorausblicken und meine Beklommenheit äußern, die mich im Blick auf ein, zwei ganz konkrete Probleme bewegt, die im neuen Jahr anstehen. Ich werde dabei versuchen, beide Dimensionen: die individuellen Erfahrungen der Gemeindeglieder und auch den politischen Kontext unseres Lebens anzusprechen, weil mir beides zusammen wichtig ist: Ich möchte die Kompliziertheit unseres Lebens bedenken mit seinem kleinen und großen Kontext; mit seiner Innen- und Außenseite; mit dem, was mir von außen entgegenkommt, und dem, was mich im Herzen bewegt.

b) An der Wende vom Jahr 1985 zu 1986 beunruhigt mich vor allem der vordergründig optimistische Tenor vieler politischer Äußerungen. Typisch für solche Stellungnahmen ist z.B. der zynische Text aus Capital 12/85 (s. Kontext). Aber auch eine Rede von Ministerpräsident Albrecht ging in diese Richtung. Albrecht sagte im April 85 in etwa folgendes: ›Laßt uns doch nicht immer auf das Negative starren. Laßt uns nicht immer nur die Arbeitslosenzahlen ansehen. Laßt uns die positive Seite betrachten: Laßt uns sehen, wieviele Menschen bei uns Arbeit haben!‹ – In unserem Land wird z.Zt. (und das dürfte auch in einem Jahr noch nicht wesentlich anders sein) lautstark und optimistisch der wirtschaftliche Aufschwung hervorgehoben, die Steigerung des Bruttosozialproduktes und die Außenhandelsbilanz gelobt. Gleichzeitig aber wird oft verschwiegen, daß dieser Aufschwung die Opfer der kleinen Leute verlangt. Es gilt offenbar als selbstverständlich, daß bei uns auch in Zukunft eine hohe Zahl von Arbeitslosen und Sozialhilfeempfängern aus dem sozialen Wohlstandsnetz herausfallen werden. (Die reale Ziffer dürfte etwa das 1 1/2fache der offiziellen Zahlen umfassen). Mit dem Profitdenken und dem Anpreisen der Marktwirtschaft geht die Marginalisierung, die Unsichtbarmachung, d.h. die Verachtung derer Hand in Hand, die bereits Opfer dieses Systems geworden sind. Man muß sie ertragen; es gibt sie, heißt es. Mehr Aufwand um sie bedarf es nicht. Hier erkenne ich das Problem von Jes. 30,10 wieder. Die Wahrheit, von der Jesaja spricht, zielt auf eine Menschlichkeit, die ihren Maßstab bei den Schwachen nimmt. Die Situation der Witwen und Waisen, der Rechtlosen und Armen im AT, der Zöllner, Sünder und der kleinen Leute in den Evangelien ist Richtpunkt der Bibel für das Nachdenken über Recht und Gerechtigkeit im Namen Gottes. Eine Gesellschaft also, die sich einseitig an technischem Fortschritt, an Wirtschaftlichkeit und Profit orientiert und die Schwachen, Armen und Rechtlosen beiseite läßt, kann sich nicht auf die Bibel, kann sich nicht auf Gottes Wort berufen. Wer das Problem der arbeitslosen Jugendlichen, der neuen Armen, der Ausländer ... an den Rand drängt und die Kapitalinteressen zum

höchsten Wert erklärt, der gehört zu den falschen Propheten, die ins Verderben führen.
c) Ich werde diese Linie auszuziehen versuchen und komme dabei dann auf den Glauben zu sprechen, den Jesaja zum Mittelpunkt seines Denkens macht und in Vers 15 entfaltet.
Hier erzähle ich vielleicht von meinen südafrikanischen Freunden. Es sind Weiße und Schwarze, kirchliche Mitarbeiter. Sie arbeiten in den schwarzen townships, mitten in den Krisen- und Widerstandsgebieten von Südafrika. Ich weiß, daß sie jeden Morgen sehr sorgfältig eine kleine Tasche packen, die sie ständig bei sich tragen. In dieser Tasche ist eine Reserveration untergebracht: eine Bibel, sonstige Lektüre, Zahnbürste und andere wichtige Dinge, die man braucht, wenn man verhaftet wird. Dinge, die helfen, die erste Zeit der Einsamkeit im Gefängnis und die Belastung durch die Verhöre physisch und psychisch zu bestehen. Mit dieser Tasche und einer großen Gelassenheit gehen sie an ihre Arbeit, tun ihr Tagwerk, das oft schwierig und menschlich aufreibend ist. Politisch aktive Christen im Einsatz für Gerechtigkeit!
Vielleicht erzähle ich hier von der Bibelarbeit mit ihnen. Vielleicht erzähle ich hier auch, was sie als Christen bei dieser Arbeit trägt. Sie haben mir gesagt, daß es der Glaube ist, der sie trägt bei ihrem Tun. Die Gelassenheit sei nicht immer da, sagen sie. Sie müßten sich immer wieder zwingen zu Einkehrpausen, wo sie sich vergewissern könnten, wo sie stehen und was jetzt geboten sei. Man brauche auch Freunde dazu, mit denen man reden könne, sagen sie. Freunde, die kritisch mit einem umgehen und einen zugleich stärken im Grundanliegen des Vertrauens zu Gott, der einen den richtigen Weg doch führen werde. Dies sei besonders wichtig, gerade wenn die Zweifel kommen oder wenn die Schwierigkeiten unüberwindlich werden und man gezwungen werde, Wege zu gehen, die man eigentlich nicht gehen möchte ...

Möglicher Schluß
Der Glaube, auf den Jesaja verweist, ist nicht Tatenlosigkeit. Er besteht auch wohl nicht einfach in dem großen politischen Durchblick, den einer hat. Ich denke, daß dieser Glaube einfach ein Stück Standhaftigkeit ist, die uns beim Tun des Alltäglichen leitet. Standhaftigkeit, die nicht erschüttert wird, wenn Kritik geboten ist. Standhaftigkeit, die auch Selbstkritik zuläßt. Ja, ich denke, der Glaube ist so etwas wie Gelassenheit, die uns die Angst um uns selbst nimmt und uns hilft, uns und die eigenen Pläne auch einmal aufzugeben im Vertrauen darauf, daß die Welt und ihr Geschick immer noch in den Händen eines Größeren liegt, der vollenden wird, was wir selber nicht schaffen. Solche Gelassenheit möchte ich gerne gewinnen. Solche Gelassenheit wünsche ich mir und Ihnen allen für das neue Jahr 1987.

Kontext

»Alle Jahre wieder, wenn die ersten Rauschgoldengel hinter den Schaufensterscheiben glitzern und die großstädtischen Einkaufsstraßen im Adventslicht funkeln, treten auch jene Gestalten massiert auf den Plan, die dem Gefunkel und Geglitzer am liebsten ein Ende bereiten und das ganze Land in tiefe Finsternis tauchen möchten: Bußprediger und Kulturkritiker, Konsumverächter und Kohlrabi-Apostel, Missionare des asketischen Lebens ... Ihr wollt feiern, während in Afrika die kleinen Kinder verhungern? fragen sie im Brustton der Überzeugung ... Und es wird ausgerechnet, wieviel hungernde Kinder ernährt, gekleidet und erzogen werden könnten für das Geld, mit dem der Topmanager seiner Frau einen Nerz oder einen Brillanten schenkt. Der Festtagsbraten des Facharbeiters, der Schnaps und die Zigarre werden aufgerechnet gegen die Medikamente, die man dafür kaufen und in die Dritte Welt schicken könnte. ... Der arbeitende Teil der Bundesbürger hat in diesem Jahr ein Sozialprodukt von schätzungsweise 1,78 Billionen Mark erwirtschaftet – genug, um auch jene mit durchzufüttern, deren hauptsächliche Leistung darin besteht, den Leistungsträgern die Freude am Genuß der Früchte ihrer Arbeit zu vermiesen und deren Produktivität und Leistungsbereitschaft lächerlich zu machen. Wer aber ein Jahr lang hart gearbeitet hat, darf am Ende desselben beanspruchen, die Früchte seiner Arbeit ohne Rechtfertigungszwang zu genießen und von jenen verschont zu werden, die ihm diesen Genuß vergällen möchten. ... Zu schlemmen, wenn die halbe Menschheit hungert oder leidet, mag vielen als anstößig und unmoralisch erscheinen. Aber Not, Krankheit, Elend und Katastrophen begleiten die Menschen, seit es sie gibt, und das wird auch so bleiben ...«
Christian Nürnberger in: Capital 12/85, S. 308 f.

Neujahr

Predigttext: Johannes 14,1–6
Wolfram Braselmann / Rainer Bungenstock

Exegetisch-homiletische Skizze
W. Pratscher schreibt in seiner Exegese zum Predigttext: »Der Sitz im Leben ist die seelsorgerlich akzentuierte Predigt.« (In: Gottesdienstpraxis III, 4 z.St.)
Was heißt »Euer Herz erschrecke nicht!« für uns und unsere Gemeinden zwischen den Jahren?
Wir möchten die »Übergangsstimmung« unserer Hörerschaft (Befürchtungen, Erwartungen, Hoffnungen auf Erfüllung im alten Jahr und Schmerz über Verluste und Unfertiges aus dem alten Jahr) aufnehmen. Der Text leitet nicht zu gut gemeinten Vorsätzen an. Das Bild vom Vaterhaus, in dem viele Wohnungen sind, macht Mut, sich auf das neue Jahr, mit dem, was immer auch kommt, einzulassen im Vertrauen, daß Jesus es ist, der die »Stätte bereitet«.
Thomas bezweifelt, daß die Verheißung Jesu stimmt. Er kann sich nicht vorstellen, wie sie in Erfüllung geht. Dieser Zweifel wird im neutestamentlichen Text zugelassen, deckt er sich doch mit einer Erfahrung der Gemeinde durch die Zeiten hindurch: Glaube und Vertrauen könnten vergeblich sein, Reden und Handeln der Kirche könnten sinnlos sein, die Zukunft der Welt könnte das Nichts und das Chaos sein.
Dem wird entgegengehalten: Einzelne Aussagen über das »Wie« der Zukunft werden nicht gemacht. Die Verheißung lautet: In einem Lebenszusammenhang mit dem Christus wird der Glaubende die Erfahrung machen: Er ist Weg, Wahrheit und Leben.
So bleibt das neue Jahr eben auch nur ein anderes Jahr in der Gebrochenheit menschlicher Erfahrung. Wirklich neu für uns wird es, wenn wir in ihm die Zeichen der Gegenwart des lebendigen Gottes entschlüsseln und wahrnehmen, mit ihnen rechnen und mit ihnen leben und so zu der Erfahrung kommen: »Denn der Herr, dein Gott, ist mit dir, in allem, was du tun wirst.« (Jos. 1, alttestamentliche Lesung für den Neujahrstag.)

Zur Liturgie
Lieder
Zu Beginn und zum Schluß des Gottesdienstes wird gesungen »Ausgang und Eingang, Anfang und Ende, liegen bei dir, Herr, füll du uns die Hände« (Beiheft zum EKG, Ausgabe Niedersachsen, Nr. 679)
Lied des Tages: EKG 45,1–6 »Der du die Zeit in Händen hast«

Nach der Predigt: EKG 284,1–3 »Wer Gott vertraut, hat wohl gebaut«
Dankopferlied: EKG 274,1–4 »Jesu, geh voran, auf der Lebensbahn«

Kollektengebet
Herr Jesus Christus, am ersten Tag dieses neuen Jahres kommen wir zu dir.
Wie ein neues Haus liegt dieses neue Jahr vor uns. Wir freuen uns auf manches, was geschehen mag: auf die vielen Möglichkeiten, die wir im neuen Jahr haben. Und wir haben Angst vor manchem, was uns zustoßen könnte. Vieles aus dem alten Jahr beschäftigt uns noch, Gutes und Böses.
So bitten wir dich: Begegne uns in diesem neuen Haus, das dies neue Jahr ist nach deiner Verheißung. Amen.

Fürbitte
Herr, du hast uns dies neue Jahr geschenkt und du hast uns verheißen, uns im neuen Jahr zu begegnen. Kein Raum in dem neuen Haus, das wir betreten, wird ohne Zeichen deiner Gegenwart sein. Du bist der Weg durch dieses Haus, du bist die Wahrheit dieses Hauses und du bist das Leben, das dieses Haus erfüllt. Das wollen wir jetzt dankbar sagen und für uns hören und dich dafür preisen. Wie gut bist du, Gott, daß du uns diese Zeit schenkst.
Herr, du weißt, daß wir dir das oft nicht zutrauen. Unser Glaube zerrinnt uns unter den Händen. Unser Vertrauen wird klein und mickrig. Deshalb nähre unseren Glauben, stärke die Kraft unserer Hoffnung. Zeig uns die Zeichen deiner Gegenwart im neuen Jahr.
Wir bitten dich, gnädiger Gott, behüte unser Leben. Bewahre uns vor innerem und äußerem Schaden. Dein heiliger Engel sei mit uns, daß der böse Feind keine Macht an uns findet.
Laß uns im neuen Jahreshaus Zeit haben für Begegnungen mit dir, mit anderen und mit uns selber.
Wir bitten dich für alle, die Verantwortung tragen für das Leben im neuen Jahr, für die Frauen und Männer in der Politik und in der Wirtschaft. Laß sie ihre Worte ehrlich meinen und durch Taten bekräftigen.
An vielen Stellen unserer Erde ist große Not, Krieg und Verfolgung, Flüchtlingselend und Hunger. Schenke du allen menschlichen Bemühungen um Frieden und Hilfe deinen Segen und erlöse uns an deinem Tag von allem Bösen, damit diese Welt ganz dein Haus wird, in dem kein Leid und Geschrei mehr sein wird. Erhalte und bewahre deine Kirche. Laß sie klar sein in ihren Worten und wahr in der Verkündigung. Stärke besonders die Schwestern und Brüder, die wegen ihres Glaubens an dich Nachteile erleiden oder verfolgt werden. Für uns alle, die wir zu deiner Gemeinde gehören, erbitten wir fürs neue Jahr, daß dein Wort unseren Glauben wei-

ter fördert und stärkt; daß es uns hindert, wenn wir unrecht tun, und uns bestätigt, wenn wir Gutes tun. Amen.

Zur Predigt

Liebe Gemeinde, als Jesus sich von seinen Jüngern verabschiedete, so haben wir es eben gehört, da sagte er zu ihnen: Jetzt gehe ich in das Haus meines Vaters, und ich gehe euch auf dem Weg dorthin voran, um euch einen Platz vorzubereiten in meines Vaters Haus.

Wir alle, liebe Freunde, stehen heute auch auf der Schwelle eines neuen Hauses. Ich meine die Schwelle des neuen Hauses, das das neue Jahr ist. Und wenn es auch nicht jenes Vaterhaus ist, von dem Jesus redet, so liegt es doch vor uns, wie ein neues Haus vor uns stehen kann, in dem wir noch nie gewohnt haben, in dem wir uns einrichten müssen, mit dem wir uns vertraut machen müssen.

Das neue Haus deines und meines Lebens, dies neue Jahr, da liegt es vor dir und vor mir: Da sind die Feste, die wir feiern werden; da sind die Sorgen, die wir haben werden; da ist die Ruhe, und da ist Mühe und Arbeit, all das. Da liegt es vor uns, wie ein Haus mit vielen Räumen. Manches läßt sich abschätzen und einplanen, manches, was sein wird, ahnen wir nur, und es werden da auch Ereignisse sein, die über uns hereinbrechen, ohne daß wir es vorhersehen können – wie es auch in einem neuen unbekannten Haus Zimmer gibt, von denen wir nicht wissen, wie es in ihnen aussieht.

Das neue Haus steht uns offen, und wir *werden* es beziehen. Wir werden nicht gefragt, ob wir wohl gerne einziehen *möchten*. Manche von uns haben ja ganz gern in dem Haus gelebt, das das alte Jahr war, haben dort Freude und Glück erlebt, haben sich dort wohlgefühlt, haben sich eingerichtet und würden wohl gerne bleiben. Und das ist auch gut so, denn ein Haus brauchen wir, in dem wir uns zu Hause fühlen, wo wir uns auskennen, wo wir Heimat haben. Und jetzt ziehen wir in das neue Haus, um dort Heimat zu finden, um uns dort auszukennen und um dort zu Hause zu sein.

Einige von uns sehnen sich nach dem neuen Haus. Das alte Haus ist ihnen zur Last geworden. Sie haben Bedrückendes erlebt und Sorgen gehabt, Last und Mühe, Tränen und Schmerzen. Dann kann es gut sein, in ein neues Haus zu ziehen und einen neuen Anfang zu machen. Denn auch das brauchen wir: daß wir nicht festgelegt sind ein für allemal, daß unsere Zukunft offen ist und daß es besser werden kann.

Auch wir als Gemeinde stehen vor einem neuen Haus, vor dem Haus des neuen Jahres. Da sind die Gottesdienste, die wir feiern werden. Da sind die Anlässe, die uns unter dem Wort Gottes zusammenbringen werden: freudige und schmerzvolle, da sind Pläne, die uns gelingen mögen, und

solche, die scheitern ... (Konkretionen können aus der jeweiligen Situation der Gemeinde hier eingefügt werden).
Auch uns als Gemeinde geht es ja so, daß wir als Gemeinde das Haus des alten Jahres verlassen können. Da sind ja auch Belastungen gewesen für unsere Gemeindearbeit und Probleme (Konkretionen!). Ja, und es ist gut, daß wir auch für unsere Gemeinde neu anfangen können.
Da sind auch Dinge, die wir nicht so gerne verlassen: Gelungenes und Bewährtes (Konkretionen!). Gern habe ich mit Euch die Familiengottesdienste gefeiert und mit den Konfirmanden die Freizeit erlebt. Doch nun ziehen wir in ein neues Haus und werden sehen, daß wir auch dort Heimat finden.
Und ist es nicht auch so mit unserer ganzen Welt, die heute vor dem Einzug in dies neue Haus steht? Das alte Haus ... wir kennen es. 1986, was war da nicht alles? (Konkretionen!)
Ja, auch in unserer Welt: Mühsal und Plage, Freude und Glück. Enttäuschte und bewährte Hoffnung. Und es ist gut, daß diese Welt beides erlebt im alten Haus und daß sie jetzt in ein neues geht und einen neuen Anfang macht.
Wir gehen in das Haus des neuen Jahres. Wir tun es mit Freude und auch mit Sorge, und da hören wir, daß Thomas damals zu Jesus sagte: Herr, wo gehst du hin? Wir wissen nicht, wo du hingehst. Wir ziehen jetzt ein in dies neue Jahr, ein Jahr, wie alle anderen Jahre waren. Wo bist du denn in diesem neuen Jahr? Bist du überhaupt in diesem neuen Jahr?
Wir werden unsere Freude erleben und unser Glück, unsere Muße und unsere Gemütlichkeit, unsern Erfolg und unsere Kraft. Bist du dabei?
Wir werden scheitern und resignieren, krank werden und weinen, sterben und hergeben müssen. Bist du dabei?
Unsere Gemeinde wird wachsen und leben, wird 95 Konfirmanden haben, und der Basar wird 10.000 Mark für Brot für die Welt bringen. Wirst du da sein?
Es werden viele aus der Gemeinde austreten. Einige werden sagen, es ist alles umsonst. Nach der Konfirmation werden wir kaum einen von den jungen Leute im Gottesdienst sehen. Wirst du in unserem Scheitern da sein?
Diese Welt wird einige ihrer Konflikte einer Lösung näherbringen. Und anderswo wird neuer Krieg sein. Bist du dabei?
Kurz: Herr, wo gehst du hin? Wo gehst du hin, wenn wir in dies neue Haus gehen?
Und Jesus antwortet:
Ich gehe euch voraus in dies neue Haus. Jetzt bin ich nicht da, aber ich gehe euch voraus. Vielleicht kommt ihr euch verlassen vor, aber ich werde da sein. Ich gehe euch voraus, euch die Stätte zu bereiten, ich gehe euch

voraus, das Haus einzurichten, und meinen Spuren werdet ihr dort begegnen.
Und ich höre das so: In dem neuen Haus, das das neue Jahr ist, gibt es kein Zimmer, durch das der Herr nicht schon gegangen ist. Überall wird er seine Spuren hinterlassen haben, Zeichen, daß er da war, Zeichen, daß er sein Versprechen hält. So gehe ich nicht in ein fremdes Haus, sondern in ein Haus, das dem Herrn gehört.
Und seine Spuren in diesem Haus? – Vielleicht so:
Im neuen Jahr merkst du, wie du dann und wann mit deinem achtzehnjährigen Sohn reden kannst, und ihr beide merkt: Wir verstehen uns, immer noch oder endlich wieder einmal, wer weiß. Und du sagst: Dank dir, Herr, daß das möglich ist in dieser Zeit, das ist ja nicht mehr selbstverständlich. Dank dir, Herr, daß du Gelingen schenkst.
Oder so: Du denkst dir, die alte Sache mit dem Nachbarn, die will ich in Ordnung bringen, und dann geht dir auf, wie der Herr an dir handelt, auch so, daß du dich änderst.
Oder es geht dir schlecht, und du denkst, er ist nicht da, und du betest zu ihm, und es ist dir, als tröste er dich und nehme dich bei der Hand. Ja, das gibt es, und das sind seine Spuren im Haus eines Jahres, solche Spuren und noch viele mehr, an denen wir merken: Er ist vorausgegangen, uns die Stätte zu bereiten, er hat uns einen Weg gezeigt, er hat uns die Wahrheit gesagt, er hat uns sein Leben gegeben.
Im neuen Jahr merkt unsere Gemeinde: Der Bibelkurs, den wir planen, wird zu einem Treffpunkt von Menschen, die sich auf Gottes Wort einlassen und erfahren, wie er durch sein Wort wirkt. Sie werden sagen: Der Herr ist uns nahe.
Oder: Wir feiern das Abendmahl, und wir erfahren: Das ist mehr als eine alte Sitte, die wir nicht verstehen. Es ist Jesu Einladung, mit ihm zu essen und zu trinken. Und er ist dabei; denn er hat uns die Stätte bereitet.
Im neuen Jahr merkt diese Welt: Da ist einer uns vorausgegangen und hat seine Spuren hinterlassen. Menschen fangen an, behutsamer zu sein mit sich selbst und anderen, mit Gottes Schöpfung und der gegenseitigen Bedrohung, ein Konzil des Friedens findet statt, und wenn es das nicht ist, dann wenigstens Gespräche unter Politikern über den Frieden, über die Verständigung.
Und wohin ist er gegangen, unser Herr? Wohin, wenn wir im neuen Jahr auch nur seinen *Spuren* begegnen? Ach, es ist ja schon viel, seinen Spuren zu begegnen, und doch hat er uns noch mehr versprochen.
Er hat uns gesagt, daß er in seines Vaters Haus geht, daß wir ihm dort für immer begegnen werden und daß wir dort ganz zu Hause sein werden.
Ja, dort hat unser Weg, der Weg unserer Gemeinde und der Weg dieser Welt sein Ziel, und wir sind zu Hause. Ja, dort wird es wahr, daß wir bei

ihm zu Hause sind und daß er uns einlädt, für immer bei ihm zu bleiben. Und dort werden wir bei ihm bleiben, für immer.
Und auf den Tag warten wir, an diesem Morgen dieses neuen Jahres.

Kontexte

Spuren Gottes

Der alte Mann aus Afrika hieß Daniel.
Er glaubte an Gott.

Jemand wollte sich über ihn lustig machen.
Er fragte:
Woher weißt du, Daniel,
daß es einen Gott gibt?

Daniel antwortete:
Woher weiß ich, ob ein Mensch
oder ein Hund oder ein Esel
nachts um meine Hütte gegangen ist?
An den Spuren im Sand sehe ich es.
Auch in meinem Leben sind Spuren eingedrückt,
Spuren Gottes.
(nach Walter Ruf in: Leben entdecken, S. 32)

Weiß ich den Weg auch nicht, Du weißt ihn wohl; das macht die Seele still und friedevoll. Ist's doch umsonst , – daß ich mich sorgend müh, daß ängstlich schlägt mein Herz, sei's spät, sei's früh.
Du weißt den Weg ja doch, Du weißt die Zeit, dein Plan ist fertig schon und liegt bereit. Ich preise Dich für deiner Liebe Macht, ich rühm die Gnade, die mir Heil gebracht.
Du weißt, woher der Wind so stürmisch weht, und Du gebietest ihm, kommst nie zu spät; drum wart ich still, dein Wort ist ohne Trug, Du weißt den Weg für mich, – das ist genug.
(Hedwig von Redern 1866–1935)

2. Sonntag nach Weihnachten

Predigttext: Johannes 1,43–45
Joan Brüggemeier / Almut Kramm

Homiletisch-theologische Überlegungen

1. Lange finden wir keinen Zugang zum Text – er spricht einfach nicht zu uns. Jüngerberufungstexte scheinen uns recht weit weg von der Situation unserer Gemeinden und der Weise, wie wir unser Christsein leben. Der Aufbruch ins Ungewisse, das Wagnis, der radikale Bruch mit dem bisherigen Leben – stellt sich auf diesem Hintergrund unser Christsein nicht recht armselig und hausbacken dar? Muß so ein Nachfolgetext nicht umgekehrt beim durchschnittlichen Gemeindemitglied als steile Forderung ankommen, die höchstens ein schlechtes Gewissen bewirkt (»Das kann ich nicht leisten.«), aber zugleich so weit weg ist, daß er auch keine Herausforderung mehr enthält, die mein Leben betrifft.

2. Auf den zweiten Blick entdecken wir, daß uns der Text sympathischer ist als die synoptischen Jüngerberufungstexte (Mk. 2,13 ff. parr.) – dort sagt Jesus nur ein Wort, und die Jünger lassen alles stehen und liegen, um mit ihm zu gehen. Bei Joh. geht es anders zu: Gespräche, Nachfragen, Diskussion, Skepsis – all das begegnet uns, bevor sich einer zur Nachfolge entscheidet, wobei jedoch festzuhalten ist, daß es letztlich nicht die guten Argumente sind, die Nathanael überzeugen; der Grund für seinen Entschluß ist nicht rational einsichtig: der Glaube bleibt unverfügbar.

3. Wir meinen, daß die Ungleichzeitigkeit der Situation der ersten Jünger und unserer Realität nicht zu überspringen ist. Ein entscheidendes Element dieser Ungleichzeitigkeit ist, daß Jesus und seine Jünger als freie Wanderprediger durchs Land gezogen sind, unser Christsein sich jedoch in den mehr oder minder festen Strukturen der Institution Kirche abspielt. Das ist ein Faktum, an dem die Predigt nicht enthusiastisch vorbeigehen kann. Um so dringlicher stellt sich die Frage: Wo geschieht denn in der Kirche solches oder ähnliches, wie dem Nathanael passiert ist? Wo und wie geschieht Werben um neue Mitglieder, wo passieren Aufbrüche wie die der ersten Jünger? Die Frage nach dem Gemeindeaufbau stellt sich dabei nicht als eine nach den effektivsten Methoden, sondern als eine nach der inhaltlichen Zielrichtung. (Woher erwarten *wir* eigentlich »Gutes«? Vielleicht suchen wir – wie Nathanael – an der falschen Stelle.)

4. Nach Weihnachten ist die Gemeinde gottesdienstmüde – es kommen nur die »Treuen«. Andererseits besteht am Beginn eines neuen Jahres eine erhöhte Bereitschaft, über den eigenen Weg nachzudenken, über den zurückliegenden und den vor uns liegenden. Uns scheint, daß der Text unter dieser Fragestellung – Aufbruch, Sich-auf-den-Weg-machen, Unterwegssein – gerade die Kirchentreuen anspre-

chen kann: Ist unsere Nachfolge eigentlich einladend? Ist uns »Werbung von Jüngern« überhaupt noch ein Anliegen oder haben wir uns im Altbewährten längst gemütlich eingerichtet und beobachten alles Neue, Ungewohnte in der Kirche mit Skepsis? Die Kirche Jesu Christi lebt von Aufbrüchen.
5. Wir möchten die im Gottesdienst versammelte Gemeinde einladen, nachzudenken über ihren Weg zur, mit und in der Kirche – über die je individuellen Wege, die so unterschiedlich sein werden wie die Wege der ersten Jünger zu Jesus (vgl. auch die voraufgehenden Verse Joh. 1,35–42). Wir möchten die Gemeinde in drei Schritten mit auf den Weg nehmen:
a) Wie bin ich zur Kirche gekommen? Bei den meisten dürften nicht Bekehrungs- oder Berufungserlebnisse ausschlaggebend sein, sondern volkskirchliche Sitte. Das unterscheidet unsere »Anfänge« wesentlich von denen der ersten Jünger. Gerade für das durchschnittliche Gemeindemitglied, das über Taufe, Religionsunterricht und Konfirmation zur Kirche gekommen ist, für das dieser Weg also in der Regel keine Entscheidung bedeutete, schließt sich die Frage an:
b) Warum bin ich dabei geblieben? Was hat mich fasziniert, überzeugt, begeistert? Sowenig der Text als steile Forderung zu predigen ist, so wenig kann er als Legitimation des Althergebrachten gelesen werden. Von daher stellt sich die Frage:
c) Wohin sind wir unterwegs? Hat unser Unterwegssein wenigstens Elemente von Mut, Wagnis, unkonventionellem Handeln, ungewohnten Schritten?

Liturgische Vorschläge

Lesung
Gen. 12,1–3

Eingangsgebet
Guter Gott, das neue Jahr liegt noch fast unberührt vor uns. Wir wissen nicht, was wir zu erwarten haben, welche Wege wir gehen werden. Wir wissen nur eins: Heute ist der erste Tag der Zeit, die uns noch zum Leben bleibt. Es ist der letzte Tag der Zeit, die wir bisher gelebt haben. Laß uns beides leben – den neuen Anfang und das Ende, frisch und unbefangen wie am Anfang, und so bewußt, als stünden wir an unserem Ende. Deine Liebe wird bei uns sein in allem, was wir tun. Amen.
(nach: Wege entdecken, 10)

Glaubensbekenntnis nach einer Formulierung der United Church of Christ (USA)
Wir glauben an Gott, den ewigen Geist, der uns bekanntgeworden ist in Jesus, unserem Bruder, und dessen Taten wir bezeugen.
Gott ruft die Welten ins Dasein, schafft Menschen nach göttlichem Bild und zeigt uns die Wege des Lebens und des Todes.
Gott sucht in heiliger Liebe alle Menschen zu retten von Ziellosigkeit und Sünde.

Gott richtet die ganze Menschheit und alle Nationen nach jenem Willen der Gerechtigkeit, wie er verkündet wurde durch Propheten und Apostel. In Jesus Christus, dem Mann von Nazareth, unserem gekreuzigten und auferstandenen Herrn, ist Gott zu uns gekommen und hat unser Los geteilt, indem er Sünde und Tod überwindet und die ganze Schöpfung versöhnt mit ihrem Schöpfer.
Gott verleiht uns den heiligen Geist, schafft und erneuert so die Kirche Jesu Christi und vereint im Gottesbund glaubende Menschen aller Zeiten, Sprachen und Rassen.
Gott ruft uns in die Kirche, damit wir Opfer und Freude der Nachfolge bejahen, damit wir Diener sind im Geist an der ganzen menschlichen Familie, damit wir das Evangelium aller Welt verkünden und den Mächten des Bösen widerstehen, damit wir teilhaben an Christi Taufe und an seinem Tische essen, damit wir ihm verbunden sind in Leid und Sieg.
Gott verspricht allen, die dem Evangelium vertrauen, Vergebung der Sünden und Gnade die Fülle, Mut im Kampf für Gerechtigkeit und Frieden, die Gegenwart des heiligen Geistes in Anfechtung und Freude und ewiges Leben in dem Reich, das kein Ende hat. Gott sei Lob und Ehre, Ruhm und Macht. Amen.

Segen

Gott schickt uns in die Welt,
damit wir ihren Preis auf uns nehmen
und die Freude in der Nachfolge erfahren.
Darum: geht – und nehmt mit euch
den Frieden Christi, die Liebe Gottes
und die Stärkung des heiligen Geistes
in aller Anfechtung und Freude. Amen.
(aus: Wir sind keine Fremdlinge mehr. Frauen halten Gottesdienst, 68)

Lieder

Jesus Christus, das Leben der Welt ... (Verlag Singende Gemeinde, Wuppertal)
Selig seid ihr, wenn ihr einfach lebt (P. Janssen, uns allen blüht der Tod, 1979)
Wer bringt dem Menschen, der blind ist, das Licht? ... (Friedensliederbuch Aktion Sühnezeichen), Ihr seid das Volk, das der Herr sich ausersehn ...

Predigt

(Der ganze Text Joh. 1,35–51 wird gelesen.)

Möglicher Anfang

Bericht davon, wie man selbst zur Kirche gekommen ist.

Als ich ein Kind war, besuchte ich sonntags nachmittags eine freikirchliche Sonntagsschule. Ein Nachbarskind lud mich dazu ein und drängte immer wieder darauf, daß ich mitging. Bald verstand ich aber: Jedes neue Mitglied bekam Punkte fürs Mitkommen. Wenn man zehn Sonntage hintereinander die Gruppe besuchte, gab es einen Preis: eine kleine Brosche mit einem Kreuz darauf. Nach fünfundzwanzig Besuchen bekam man eine Bibel geschenkt. Diejenigen, die neue Mitglieder mitbrachten, bekamen wiederum selber einen Preis, wenn diese zehn Wochen dabeiblieben. So lernten wir alle sehr schnell, daß das Christsein etwas mit dem Werben um neue Mitglieder zu tun hat. Bald schleppte auch ich Freunde mit zur Gruppe, in der Hoffnung auf einen Preis.

Nachdem ein persönlicher (oder fremder) Bericht gegeben wird, sollen die Zuhörer gefragt werden, wie sie dazu gekommen sind, regelmäßig am Gemeindeleben teilzunehmen. Die Möglichkeit zur Beteiligung der Gemeinde bietet sich hier an: z.B. das Einbringen von Berichten der Konfirmanden nach einer Gemeindebefragung.

Wir kommen auf unterschiedliche Weisen zur Kirche, aber fast immer auf Empfehlung (oder Befehlung, siehe Eltern) anderer. Ähnlich wird es bei den Jüngern in diesem Bericht geschildert. Sie sind nicht direkt von Jesus berufen worden, sondern kommen zu ihm aufgrund des Zeugnisses anderer: Johannes erzählt seinen Jüngern von Jesus; Andreas holt Simon; Philippus holt den Nathanael.

Zum weiteren Verlauf

Bei jedem Hörer wird die erste bewußte Begegnung mit Kirche jeweils anders sein. Ebenfalls sind die Begegnungen der Jünger mit Jesus sehr unterschiedlich verlaufen: Andreas verbringt einen Abend mit Jesus, um die Aussage des Johannes zu überprüfen, bevor er bereit ist, Jesus nachzufolgen und für ihn zu werben. Simon kommt bereitwilliger mit als Nathanael, ist aber von Jesu Vorhersage über ihn längst nicht so beeindruckt wie Nathanael. (Petrus gibt kein Glaubensbekenntnis ab, im Gegensatz zu Nathanael, der sogar für Jesus überraschend schnell seine Skepsis verliert. Die leise Ironie in Jesu Antwort ist nicht zu überhören.) Wie bei den Jüngern ist unsere Begegnung mit dem Glauben und mit der Kirche je verschieden. Hingekommen sind wir meistens durch andere, aber dabeigeblieben sind wir, weil wir etwas Überzeugendes daran gefunden haben, worauf wir bereit waren – und sind – uns einzulassen. Johannes, Andreas und Philippus fanden etwas Überzeugendes an Jesus und erzählten deshalb von ihm weiter. Sie ließen sich auf eine Glaubensreise mit ihm ein.

Nachdem diese Gedanken entfaltet worden sind, kann man die Zuhörer auffordern, darüber nachzudenken, wieso sie dabeigeblieben sind, was

sie heute noch überzeugend finden. Wie stellt sich unsere Gemeinde dar? Würden Sie andere zur Kirche oder zu einer Gemeindegruppe einladen und deren Skepsis mit der Bemerkung beantworten: Komm mit und überzeuge dich selbst? Fragen Sie sich manchmal, ob der Weg richtig war, oder wünschen Sie sich eine andere Richtung?
Ich frage mich, ob Nathanael – obwohl oder gerade weil er so schnell seine Zweifel über Bord wirft – sich nicht später manchmal gefragt hat, ob sein Entschluß wohl richtig gewesen ist. Seine anfängliche Skepsis rührte daher, daß er als Schriftkundiger genau wußte, woher das Heil zu erwarten ist. Jedenfalls nicht aus Nazareth – was kann aus diesem Provinznest schon Gutes kommen? Was kann aus dem Kleinen Großes werden? Ich sehe Nathanael förmlich vor mir, wie er – Wochen und Monate nach seinem Aufbruch – frustriert, murrend und schimpfend mit den anderen Jüngern hadert: »Ich hab doch gleich gesagt, was kann aus Nazareth Gutes kommen?« Und sicher traf er damit auf offene Ohren bei den anderen. Der Zweifel packte sie alle, ja, das Mißverständnis über den Weg Jesu zieht sich wie ein roter Faden durch die Evangelien. Immer wieder suchen sie Jesus, den Größten, den Sieger, den mächtigen König der Ehren, und immer wieder erleben sie Jesus bei den Geringgeachteten. Sicher hat Nathanael das nicht geahnt, als Jesus ihm zusagte, er werde Größeres sehen. Das Größere ist nicht Ruhm, Macht, Erfolg – es ist die Größe der Liebe.
Das Mißverständnis der Jünger, der Zweifel, ob aus dem Kleinen Großes werden kann, ist auch unser Mißverständnis, unser Zweifel. Auch wir erwarten oft Großes, z.B. im Sinne von großen Zahlen. Wir lassen uns attraktive Methoden einfallen, um mehr Menschen in die Kirche zu locken (Familiengottesdienste ...), aber die besten Tricks und die ansprechendsten Methoden werden die Menschen nicht dazu bringen, dabeizubleiben, wenn wir nicht wissen, in welche Richtung es gehen soll. Jedes Jahr gibt es Statistiken über die Zahl von Gottesdienstbesuchern, Kirchenein- und -austritten, Taufen etc.; zum Schluß wird befriedigt festgestellt, daß die Volkskirche noch stabil ist. Haben wir nicht oft wie Nathanael eine verkehrte Blickrichtung? Der Weg Jesu führt zu den Niedrigen. (Beispiele für unkonventionelle Wege von Christen: Im Fernsehen wurde über die »Sanctuary Movement« in den USA berichtet: Kirchengemeinden stellen ihre Kirchen zur Verfügung als »heilige Zufluchtsorte« für Flüchtlinge aus Mittelamerika, denen die Abschiebung in ihre Heimatländer droht – viele müssen dort mit dem Tod rechnen. Die Gemeinden verstoßen mit ihrem Handeln aus Barmherzigkeit gegen bestehende Gesetze, riskieren Anklagen und hohe Gefängnisstrafen. Evtl. wären Beispiele aus der eigenen Gemeinde anzufügen.) Sind wir dahin unterwegs, eine Kirche der Kleinen zu werden, eine Kirche, die aus der Zuversicht lebt, daß aus Nazareth

Gutes kommt, daß aus Kleinem Großes wächst? Nur dann wird Kirche überzeugend und einladend sein können, wenn sie überzeugende Arbeit tut, ohne auf vermeintliche Größe zu schielen.

Schluß

Der Anfang des Glaubensweges ist bei jedem verschieden. Einige werden sofort angesprochen, einige fangen als Zweifler an, andere sind von Kindheit an dabei. Wie können wir denn neue Mitglieder für unsere Arbeit in der Nachfolge (Gemeindearbeit) gewinnen? Ansprechende Methoden, die die Leute locken, sie aufmerksam machen, können in unserer Gemeindearbeit sehr hilfreich sein. Aber dabei können wir es nicht belassen und darauf dürfen wir uns nicht verlassen. Denn die tollsten Tricks helfen nicht (wie die Preise in meiner Sonntagsschule), wenn der Rest unserer Arbeit nicht überzeugt. Die tollsten Tricks helfen nicht, wenn keine Gemeinschaft herrscht. Wenn wir neue Mitglieder werben wollen, müssen wir zuerst wissen, wo wir hin wollen, wir müssen uns interessante Sachen einfallen lassen, aber bleiben werden sie nur, wenn sie sich bei uns wohlfühlen, wenn unsere Gemeindearbeit für ihr Leben Bedeutung gewinnt.
Jesus hat Nathanael beim ersten Mal imponiert, geblieben ist Nathanael, weil er von Jesus überzeugt wurde, trotz aller Zweifel. Gemeindeaufbau können wir nur betreiben, indem wir werben und indem wir überzeugen; Gemeindeaufbau wird jedoch nur Erfolg haben, wenn jeder seinen Beitrag leistet mit den Gaben, die Gott ihm geschenkt hat. Und letztlich können wir nur Gemeindeaufbau im Vertrauen darauf betreiben, daß unser Herr Jesus Christus uns begleitet und unserer Arbeit Gelingen und Segen schenkt. Dann dürfen wir, wie Jesus Nathanael versprach, erwarten, daß auch wir Großes erleben werden. Amen.

Alternative

Predigt in Form eines Dialogs zwischen Philippus und Nathanael, die viele Jahre später auf ihren Weg mit Jesus zurückblicken.

Kontext

1. »Als Petrus den ersten Christen sagte, sie sollten bereit sein, auf Fragen nach ihrem Glauben zu antworten, setzte er dabei voraus, daß Christen konkret gefragt würden: ›Warum lebt ihr so, wie ihr lebt? Das ist uns unbegreiflich. Das steht im Widerspruch und ist anders als unser Lebensstil und unsere Lebensweise. Was motiviert euch?‹ Die Vollmacht heutiger Verkündigung hängt von der Beantwortung dieser Frage ab: ›Was haben wir der Welt über unsere Lebensweise zu erklären?‹ Aber diese Frage wird den Christen längst nicht mehr gestellt. Weshalb? Weil die meisten Leute schon die Antwort kennen: Christen leben ihren Lebensstil aus densel-

ben Gründen wie jeder andere auch. Das Leben unserer Kirchen ist voll und ganz aus der Gesellschaft heraus verstehbar. Dieselben Faktoren (z.B. Klassenzugehörigkeit oder Geschlecht) bestimmen das Leben der Christen wie das Leben aller anderen. Keiner erwartet auch nur, daß bei Christen irgend etwas wesentlich anders ist. Die Gleichschaltung des christichen Lebensstils oder noch genauer, der Verlust eines spezifisch christlichen Lebensstils, hat die Verkündigung des Evangeliums schwer beeinträchtigt.«
(aus: Jim Wallis, Bekehrung zum Leben, Nachfolge im Atomzeitalter, 1983, S. 41)

2. »Wenn Jesus dazu aufruft, zu kommen und ihm zu folgen, dann sagt er damit: ›Ich möchte dich einladen, zu meiner Gemeinschaft zu gehören. Ich würde mich freuen, wenn du dein Leben und deine Sachen packst, um das alles mit uns zu teilen. Komm zu uns, erlebe die neue Sicherheit, die wir darin gefunden haben, daß wir gemeinsam Gott vertrauen. Du wirst bei uns Leute treffen, die dir sehr ähnlich sind, Leute mit denselben Ängsten, Problemen und Lebensgeschichten, aber Leute, die gemeinsam lernen wollen, anders zu leben, Freunde, die dich an der Hand nehmen, um sich gemeinsam mit dir zu etwas Neuem führen zu lassen. Komm, um mit uns zu leben und dabei zu lernen, wie die neue Ordnung des Reiches Gottes aussieht.‹«
(a.a.O., S. 87)

Epiphanias

Predigttext: Johannes 1,15–18
Jürgen Frank

Theologisch-homiletische Skizze

Epiphanias bietet die – vermutlich selten genutzte – Chance, die volkskirchlich eingebürgerte Szenerie des weihnachtlichen Geburtsfestes zu weiten. Das Geschenk des Ostens an die abendländische Kirche erschöpft sich keineswegs darin, daß die Magier dem Stern folgen, Vorboten aller Lichtsucher durch die Zeiten und über die Grenzen hinweg (Mt. 2,1–12), und damit die ökumenische Dimension öffnen. Alter kirchlicher Tradition entsprechend, können nämlich am »Fest der Erscheinung des Herrn« die beiden weiteren Evangelien gelesen werden, die jetzt dem 1. und 2. Sonntag nach Epiphanias zugewiesen sind. Die »Herrlichkeit des eingeborenen Sohnes« geht über dem Menschen Jesus auf, der sich in der Jordantaufe solidarisch allem menschlichen Leben einfügt (Mt. 3,13–17). Und auch die Schöpfung erscheint in einem anderen Licht, wenn exemplarisch und »zeichenhaft« auf der Hochzeit zu Kana Wasser zu Wein wird (Joh. 2,1–11). Um der Figur des Täufers für die Predigt größere Plastizität zu geben und das Wüstenmotiv stärker zu verankern, möchte ich die Jordantaufe in jedem Fall als Lesung einbeziehen.

Liefern die Lesungen Anschauungsmaterial zum Stichwort »Fülle« in unserem Text, so spannt das Täuferwort den Bogen auf seine Weise aus: »Nach mir wird kommen, der vor mir gewesen ist.« Den Johannesprolog im Ohr, verstehen wir, was gemeint ist: Beim Präexistenten einsetzend und mit dem Auferstandenen sich in alle Zukunft erstreckend, ist hier von einer Geschichte die Rede, in die nicht nur das Ich des Täufers verwickelt ist. Vielmehr kann uns im Spiegel seines Zeugnisses paradigmatisch unsere eigene Existenz durchsichtig werden. Lassen wir uns auf die Denkbewegung dieses Zeugnisses ein und vollziehen sie in Liturgie und Predigt nach, so kommen wir zu dem Eingeständnis, daß auch wir aus einer Fülle leben, die uns durch die Kette der Zeugen nicht nur vermittelt ist, sondern die selbst Teil dieser Fülle sind. Wir haben viele Väter und Mütter, auf deren Schultern wir stehen und für die der Täufer nur beispielhaft benannt wird. Wenn wir uns am Anfang eines neuen Jahres unserer Geschichte vergewissern und die Erinnerung an die »Fülle« beleben wollen, wenn wir versuchen zu bestimmen, woher wir sind und worauf es mit uns hinaus soll, werden wir zunächst zu dem Rufer in der Wüste geführt. Hier nimmt die Predigt ihren Anfang. Die Suche nach einem von Jesus »begeisterten« Lebensentwurf ist die Suche nach Verbündeten und Zeugen für unsere Hoffnungen und Wünsche, die der Täufer klärt und schärft.

Das Täuferzeugnis ist Verlockung zu einem Leben, das noch aussteht: Leben aus geschenkter, überkommener Fülle. Erst angesichts der Fülle erkennen wir die Wüste. Die Wüste ist die Aussicht auf ein Leben ohne Zukunft – oder jedenfalls nur mit

einer Zukunft, die nur gedacht werden kann als die Wiederholung und Befestigung dessen, was immer schon war. Es ist der um sich selbst kreisende, aus sich selbst nach eigenem Gesetz lebende Mensch, sich selbst als Programm genug, der zum Wüstenwanderer wird. Hingegen wird der nicht im eigenen Wüstensand versikkern, der sich von der ›Wolke der Zeugen‹ tragen läßt. Diesen Zusammenhang von Fülle, Gnade, Gesetz wird die Predigt meditierend und erzählend entfalten.
Jesus und Johannes sind Teil meiner eigenen Geschichte. Reihe ich mich in diese Tradition ein, die von Anfang an immer neue Geschichten aus sich entließ, versichern mich diese Gefährten darin, daß Leben gelingen kann. Existentiell bedeutsam wird diese Geschichte nur für den, der sich auf sie einläßt, sich von ihr her definiert, sich an ihr orientiert. Nur wer sich tragen läßt, kann die Erfahrung der Tragfähigkeit, die Erfahrung der Wahrheit des Zeugnisses machen. Darum klingt die Predigt aus mit einer Ermutigung, den Deckel vom Brunnen der Geschichte zu heben, um den Anschluß an die quellende Fülle zu gewinnen.

Vorschläge für die Liturgie

Lieder

EKG: 48,1.4.(6)7; 50; 53,1,4,6,7,8; 337,1–5

Sündenbekenntnis

Herr, wir hören die Botschaft
vom Frieden und Heil für alle Völker,
wir hören die Verheißung vom Licht,
das sich durchsetzen will, trotz unserer Dunkelheiten.
Der Fülle, die von dir kommt, verschließen wir uns;
wir beharren darauf, mit unseren Armseligkeiten selbst die Zukunft auszustatten.
Unser Leben wird trocken und starr,
weil die Kreise enger werden, die wir um uns ziehen,
und zu harten Trampelpfaden wird der Acker, auf dem unser Leben blühen könnte.
Wir bitten dich: Vergib uns, Herr.

Aufforderungen zu Bittruf und Lobpreis

Unterwegs sind wir, / suchen ein Ziel, / finden uns nicht zurecht – / mit unserem Leben, / mit unseren Zeitgenossen, / auch mit den Allernächsten; / wissen nicht, / wo es hingeht / mit unserer Welt. /
Unterwegs sind wir – / ohne Ruhe, / und manchmal wissen wir nicht, / wohin. / Darum bitten wir: ...
Gott sagt: / Mein Angesicht / soll dich begleiten; / an einen Ort des Friedens / will ich dich führen. – (Agende I, Die Sonn- und Feiertage, Hg. Landeskirchenamt der Evang. Kirche von Kurhessen-Waldeck, S. 56)

Fürbitten
Gott, laß uns die Fülle entdecken, die durch den Strom der Zeugen in unser Leben fließen will. Dann werden wir auch weitergeben können, was uns selbst zum Leben hilft.
Gefährten wollen wir sein für die Menschen, denen die Freude gestorben ist und die Hoffnung verwelkt.
Gefährten wollen wir sein für die Menschen, die sich die Zukunft nur noch vorstellen können als die Wiederkehr des Bekannten. Verlocke uns gemeinsam zur Gestaltung noch nicht erschienenen Lebens.
Gefährten wollen wir sein für die Menschen, die in einer Krise stecken und vor sich nur noch Wege sehn, die über Wüstenstrecken führen. Wir bitten dich, hilf uns die Neuanfänge zu entdecken, die in solchen Zeiten keimhaft schon vorhanden sind.

Vorschlag für die Predigt
Die Wünsche zu Weihnachten und zum neuen Jahr waren die üblichen. Ein Wunschgewitter, das sich bald verzogen hat und nicht viel austrägt, wenn man wieder Tritt faßt und die Normalität sich wieder einstellt in unserem Leben. Sie greifen hoch, die üblichen Wünsche, und klingen dabei merkwürdig banal: Erfolg, Geld, Glück, Frieden und natürlich und vor allem Gesundheit. Es sind eben die Träume und Wünsche unseres Herzens. Wir kennen sie. Wie bei einem Spiegel begegnen wir uns in ihnen, schauen nicht über den Rand. Gleichmütig, fast gelangweilt, stimmt man diesen Wünschen zu und versucht im übrigen mit dem zurechtzukommen, was die nächste Stunde, der nächste Tag von einem fordert. Darum ist es gut, wenn uns jemand mit unüblichen Wünschen in den Weg tritt.
Unüblich wäre gewesen, hätte uns jemand Wüstenzeiten gewünscht im neuen Jahr, Zeiten der Einsamkeit, Krisenzeiten, in denen sich ankündigt, daß etwas Neues entsteht. Das sind dann Zeiten, in denen ungewöhnliche Stimmen, wie zum Beispiel die Täuferstimme, auf ein empfängliches Ohr treffen. Zwar werden wir sie nicht suchen, diese Zeiten – aber wenn sie kommen, wäre es gut, wir könnten sie annehmen und die Chance erkennen, die in den Wüstenzeiten liegt.
Ein Fluß, so erzählt eine alte Geschichte, hatte auf seinem Weg eine Wüste zu durchqueren. Er fühlte, daß er sie nicht umgehen könne, obwohl er keinen geeigneten Weg sah und fürchten mußte, im unendlichen Sand auszutrocknen. Da hörte er, wie ihn eine verborgene Stimme aufforderte, sich dem Wüstenwind anzuvertrauen, der ihn zu seinem Bestimmungsort hinübertragen könne, ohne daß das Wasser von der Wüste aufgesogen würde.

Der Fluß aber hatte Angst, dabei sich selbst zu verlieren – nicht mehr er selber zu bleiben, nicht mehr Fluß zu sein. Er wollte sich nicht lösen vom eigenen Gesetz, nach dem es Sache des Flusses ist zu strömen. Aber die Stimme erklärte ihm, daß der Wind das Wasser aufnehmen, es über die Wüste tragen und es danach als Regen wieder fallen lassen werde. »In keinem Fall kannst du dich behalten, kannst bleiben, was du bist«, flüsterte es. Und der Fluß vertraute sich den Armen des Windes an und erkannte nach seiner Verwandlung in Wolken, Regen und wieder in einen strömenden Fluß: »Es gehört zu mir, daß ich mich immer wieder wandeln muß – und daß ich dies nicht aus mir selber kann. Ich muß mich aussetzen und mich anvertrauen, nur so bin ich wirklich, was ich sein kann.«
Wüstenzeiten gehören zu unserem Leben. Es sind Zeiten der Beklemmung, des Zweifels und der Hoffnungslosigkeit, Perioden der Ratlosigkeit, die immer dann auftreten, wenn wir unsicher genug sind, um innerlich wachsen zu können. Johannes, nicht flüsternd, sondern am Rande der Wüste stehend rufend, verlockt uns zum Leben aus der Fülle – für die wir allerdings erst Raum haben, wenn wir die in uns von uns selbst erzeugte Wüste erkennen und akzeptieren. Das Kraftloswerden unserer bisherigen eigenen Sicherheiten, das Haltloswerden, weil unsere eigenen Gesetze nicht mehr halten, macht uns bereit, neuen festen Boden zu suchen. Aber wenn das eine vergeht, ist das andere oft erst undeutlich zu erkennen. Ich wünsche mir und wünsche Ihnen, daß wir dieses Gefühl des Unbehagens und der Verstörtheit immer als Chance betrachten, das Wachstum zu wählen – und nicht ängstlich in den alten Sicherheiten Schutz suchen. Die mögliche Fülle unseres Lebens ist uns in der Fülle der Geschichten vor Augen gestellt, die von Jesus erzählen, und die er selbst erzählt hat, um uns zum noch nicht erschienenen Leben zu verlocken. Unser tiefer Wunsch, uns in diese Geschichten zu verwickeln und innerlich zu wachsen, ist die wichtigste Antriebskraft, auf der Suche nach einem Leben aus dieser Fülle auch vor Zeiten der Einsamkeit nicht zurückzuschrecken. Der Fluß vertraute sich dem Wüstenwind an – wir können uns tragen lassen von der Wolke der Zeugen, denn es ist ja nicht nur die Stimme des Täufers, die uns Mut macht, aus der Fülle Jesu zu leben. Wir verzehren uns, werden innerlich zur Wüste, wenn wir alle Kraft und alle Hoffnung aus uns selber ziehen wollen. Es ist eine falsche Scham, das Geschenk nicht anzunehmen, das in unserer Geschichte liegt, und es ist eine tödliche Eitelkeit, sich für die Gnade zu stark zu fühlen.
Daß wir uns eingestehen, nicht aus eigenen Quellen unser Leben zu speisen, mag den Deckel von dem Brunnen heben, der versiegt, wenn man nicht aus ihm schöpft. Nur wer sich einläßt auf die angebotene Fülle, wird erfahren, daß man aus ihr leben kann.
In der Nähe eines alten Bauernhauses lag ein alter Brunnen. Sein Wasser war ungewöhnlich kalt und rein und köstlich zu trinken. Aber das Besonderen-

dere war: er trocknete nie aus. Selbst bei der größten sommerlichen Hitze und Dürre, wenn schon überall das kostbare Naß rationiert wurde, gab er getreu sein kühles, klares Wasser.
Dann kam die Zeit, wo alles modernisiert wurde. Das Haus wurde umgebaut; es wurde auch eine moderne Wasserleitung gelegt. Den alten Brunnen brauchte man nicht mehr. Er wurde verschlossen und versiegelt. So blieb es mehrere Jahre.
Eines Tages wollte ein Hausbewohner aus Neugierde noch einmal in die dunkle und feuchte Tiefe des Brunnens sehen. Er deckte den Brunnen ab und wunderte sich: Der Brunnen war total ausgetrocknet. Der Mann wollte herausbekommen, wie das geschehen konnte. Aber es dauerte lange, bis er den Grund wußte: Ein solcher Brunnen wird von Hunderten winziger Bäche gespeist, die unter der Erde für den ständigen Wasservorrat sorgen. Die winzigen Öffnungen der vielen Bächlein bleiben rein und offen, wenn immer wieder Wasser abgeschöpft wird. Wird ein solcher Brunnen aber nicht mehr benutzt, dann versiegen die Bäche. (Nach John A. Sandford. Alles Leben ist innerlich, Olten 1974.)
Es mag Neugier sein oder Durst, ein Mensch neben mir oder von weit her, wie der Täufer: wichtig ist, daß wir den Brunnen finden. Seine Fülle wird sich wieder zeigen, wenn wir beginnen, aus ihm zu schöpfen.

Kontexte

»Erwachsenwerden und Altwerden heißt sich eingestehen können, daß man selbst und aus sich heraus nicht so viel hat, wovon man sich ernähren kann. Die Hoffnung, die wir aus uns selbst schöpfen, ist zu gering. Der Mut, den wir allein aufbringen, reicht nicht. Die Träume unseres eigenen Herzens sind zu banal und kurzfristig. Wir sind Bettler. Wir können uns nicht allein ernähren, trösten und ermutigen.
Das Eingeständnis der Kärglichkeit des Subjektes ist schmerzlich, und es ist eine Erleichterung. Der zentrale christliche Satz ist, daß wir unser Leben nicht selbst rechtfertigen müssen. Keine Schwäche, keine Kärglichkeit und keine Armut verdammt dieses Leben. Das heißt aus der Gnade leben. Ich brauche es nicht mit mir allein zu versuchen. Ich brauche mich nicht mit meiner eigenen Armut zufriedenzugeben. Das ist der Satz, der mich am meisten erleichtert. Wir können ernten, was wir nicht gesät haben. Wir können uns Sätze des Mutes sagen, die wir uns nicht selber ausgedacht haben.« (Fulbert Steffensky: Feier des Lebens. 1984, S. 37)

»›Laß dir an meiner Gnade genügen.‹ Ich haßte dieses Wort schon lange, es war für mich der Ausdruck einer durch nichts gemilderten Brutalität ... Ich wußte wirklich nicht, was das theologische Wort ›Gnade‹ bedeuten könnte, wenn alle Realität meines Lebens nichts damit zu tun hätte. Aber ›Gott‹ hatte mir gerade diesen Satz ›gesagt‹ ... Ich war am Ende, und Gott hatte den ersten Entwurf zerrissen. Er hatte mich nicht getröstet, wie ein Psychologe, der mir erklärte, daß dies vorauszusehen gewesen sei, er bot mir nicht die gesellschaftlich üblichen Beschwichtigungen an. Er warf mich mit dem Gesicht auf den Boden. Es war nicht einmal der Tod, den ich mir wünschte, geschweige denn das Leben. Es war ein anderer Tod. – Später habe ich gemerkt, daß alle, die glauben, ein wenig hinken, wie Jakob, nachdem er mit dem Engel gekämpft hat. Sie sind schon einmal gestorben. Man kann es niemandem wünschen, aber auch nicht versuchen, es ihm durch Belehrung zu ersparen. Die Erfahrung des Glaubens ist ebensowenig ersetzbar wie die Erfahrung der physischen Liebe. Daß die Gnade tatsächlich ›genügt‹ zum Leben und daß ›nichts‹ uns scheiden kann von der Liebe Gottes, auch der eigene Tod nicht, das sind Erfahrungen, die wir nacherzählen, aber nicht im Plan, im Konstrukt vorwegnehmen können.« (Dorothee Sölle: Die Hinreise, 1975, S. 43 f.)

Stichwort: ›teure Gnade‹:
»Teuer ist sie, weil sie in die Nachfolge ruft; Gnade ist sie, weil sie in die Nachfolge *Jesu Christi* ruft; teuer ist sie, weil sie dem Menschen das Leben kostet, Gnade ist sie, weil sie ihm so das Leben erst schenkt; teuer ist sie, weil sie die Sünde verdammt, Gnade, weil sie den Sünder rechtfertigt. Teuer ist die Gnade vor allem darum, weil sie Gott teuer gewesen ist, weil sie Gott das Leben seines Sohnes gekostet hat – ›ihr seid teuer erkauft‹ –, und weil uns nicht billig sein kann, was Gott teuer ist ... Teure Gnade ist Menschwerdung Gottes.« (Dietrich Bonhoeffer: Nachfolge, [9]1967, S. 15)

»Hoffnung ist paradox. Sie ist weder ein passives Warten noch ein unrealistisches Erzwingen von Umständen, die nicht eintreten können. Sie gleicht einem kauernden Tiger, der erst dann losspringt, wenn der Augenblick zum Sprung gekommen ist ... Hoffen heißt, in jedem Augenblick für das bereit zu sein, was noch nicht geboren ist – und trotzdem nicht zu verzweifeln, wenn es in unserer Lebensspanne zu gar keiner Geburt kommt ... der, dessen Hoffnung stark ist, erkennt und begrüßt alle Anzeichen eines neuen Lebens und ist jederzeit gerüstet, dem zur Geburt zu verhelfen, was zum Geborenwerden bereit ist.« (Erich Fromm: Revolution der Hoffnung. 1974, S. 16 f.)

1. Sonntag nach Epiphanias

Predigttext: Matthäus 4,12–17
Harald Pfeiffer

Theologisch-homiletische Skizze

Bei der Predigtvorbereitung ist mir deutlich geworden, daß Nachhilfestunde in Bibelkunde, exegetische Belehrungen und dogmatische Richtigkeiten und Belanglosigkeiten meinen Zuhörern (im größten Berufsförderungswerk der BRD) ihren Alltag nicht bestehen helfen. Dagegen ist den (überwiegend jungen) Hörern eine klare, verständliche Redeweise von Nutzen, die durch menschliche Erfahrungen gedeckt ist.

Die Verständlichkeit des Predigttextes beginnt mit der Auswahl der Übersetzung. Ich entscheide mich für ›Die gute Nachricht – Das NT in heutigem Deutsch‹, besonders im Hinblick auf Vers 17, in dem ich den Tenor des Predigtabschnittes sehe. »›Tut Buße!‹ ist eine schlechte Übersetzung. Denn Buße bezieht sich ja nur auf die Vergangenheit.« Es geht darum, »daß wir uns abkehren von alten, falschen Wegen, und daß wir neue, ganz andere Wege einschlagen, auch in der Politik ... Es ist eine Umkehr, die das ganze Leben, alle unsere Weltbeziehungen umfaßt und ergreifen soll ..., was dem besseren Zusammenleben der Menschen dient; denn nur so werdet ihr jetzt schon das Herrschen Gottes heute und den endgültigen Sieg der Liebe Gottes bezeugen.« (H. Gollwitzer)

Die prophetische Voraussage (Verse 15 f.), jenen ›garstigen Graben der Geschichte‹, versuche ich zu aktualisieren als unseren status quo 1986. Wir gleichen den gottfernen Menschen in Galiläa.

Folgende Gedanken erschienen mir für den Predigtentwurf wichtig:

1. Jesu Auftreten, wo auch immer, erwärmt Menschen, läßt über sie die Sonne aufgehen.
2. Unsere Schwierigkeiten mit dem Befolgen seiner Botschaft: Ändert euch!
3. Nicht nur Gesinnungsänderung ist gefragt, sondern immer neue verhaltensprägende Konsequenzen.
4. Umkehr geschieht da, wo der Mensch eine Grenzsituation in seinem Leben durchmacht; diese existentielle Erfahrung kann die Sicht für Gottes Herrschaft öffnen.

Liturgische Vorschläge

Eingangsspruch

Jesus Christus spricht: »Ich bin in die Welt gekommen als ein Licht, damit, wer an mich glaubt, nicht in der Finsternis bleibe«. (Joh. 12,46)

Liedvorschläge

EKG 52,1–4; 216,4+5; 218,1–4; sowie das Lied »Gott gibt die Zeit in unsre Hand« von Dieter Frettlöh, in: Neue Lieder nach alten Melodien, Texte: Dieter Frettlöh, Druck: Vollzugsanstalt Mannheim o.J. – Melodie: »Allein Gott in der Höh sei Ehr ...«:

1. Gott gibt die Zeit in unsre Hand, daß wir die Zukunft bauen, daß wir sein Reich nicht nur allein in Visionen schauen, sondern zu leben sind bereit für Frieden und Gerechtigkeit, für Glück und Freiheit aller.
2. Gott schuf in Christus den Entwurf, wie wir zu leben hätten, damit sich Menschlichkeit erfüllt, um Menschen zu erretten von Unterdrückung, Angst und Not, von Krankheit und vom Hungertod, daß alle glücklich werden.
3. Gott gibt mit jedem neuen Tag vielfache Möglichkeiten, wenn wir mit wachen Augen sehn, wie Menschen um uns leiden, daß wir die kleinen Schritte tun und daß wir eher nicht mehr ruhn, bis sich die Welt verändert.

Lesung

Epheser 4,17–24 (Das neue Leben der Christen) oder: Philipper 2,1–11

Eingangsgebet

Herr, unser Gott! Sei du in diesem Gottesdienst mitten unter uns mit deinem Geist! Gib uns Einsicht in dein Wort. Laß Orgelspiel, Gesang, Gebet und Predigt ineinanderwachsen, daß wir dein Lob verkündigen. Mach uns aus Nachbarn auf der Kirchenbank zu Schwestern und Brüdern in deiner Gemeinde. Laß uns von deinem Geist etwas spüren. Sei du bei uns, heute und in der kommenden Woche. Amen.

Schlußgebet

Herr Jesus Christus, du bist zu uns gekommen und willst bei uns bleiben. Wir brauchen dich in unserem Alltag. Wir möchten in deine Spuren treten, die uns Menschen wieder zueinanderführen, die uns menschliche Wärme spüren lassen. Wir alleine schaffen das nicht; wir sind zu sehr mit uns selbst beschäftigt, mit unseren Plänen und Zielen. Hilf uns mit deinem Geist, umzukehren, umzukehren aus der Sackgasse des Egoismus und des Stolzes auf den Weg der Menschlichkeit und Liebe. Zeige uns die Richtung in unserem Leben, damit es ein Leben unter deinem Schutz und Segen wird. Amen.

Zur Predigt

Möglicher Anfang

Ein Rabbi fragte einen gläubigen Juden: »Wann weicht die Nacht dem Tag? Woran erkennt man das?« Der versuchte eine Antwort: »Vielleicht wenn man den ersten Lichtschimmer am Himmel sieht? Oder wenn man einen Busch von einem Menschen unterscheiden kann?« »Nein«, sagte der Rabbi, »die Nacht weicht dem Tag, wenn der eine im Gesicht des anderen den Bruder und die Schwester erkennt. Solange das nicht der Fall ist, ist die Nacht noch in uns.«

In einem fremden Menschen das vertraute, mir liebgewordene Gesicht meines Bruders und meiner Schwester zu sehen, ist gar nicht so einfach. Das hieße ja, daß ich dem anderen, dem Fremden so offen und vertrauensvoll begegne wie meinen Familienangehörigen, ganz vorbehaltlos und vorurteilsfrei. Wie oft gelingt mir das schon?

Ich kenne einen, dem gelang das, als wäre es selbstverständlich: es war der Mann aus Nazareth. Dieser Jesus schaffte es in seinen dreiunddreißig Lebensjahren, den vielen Kindern, Jugendlichen, Frauen und Männern, mit denen er zu tun hatte, mit großem Vertrauen und einer beneidenswerten Offenheit gegenüberzutreten. Diese menschliche Wärme und Zuwendung waren das Wichtigste für ihn und charakterisierten ihn. Wo er auftrat, da ging für sie alle die Sonne auf. Sein Ziel war, möglichst vielen einen Lichtblick in ihrem oft dunklen Leben zu verschaffen. So verließ er seine gewohnte heimatliche Umgebung, machte sich auf den Weg ins Land Galiläa, zu den Fremden, zu den gottlosen Zeitgenossen, die ihr Herz an Geld und Erfolg hingen und ihr Leben selbst in die Hand nahmen, die meinten, alles im Griff zu haben, und keine Ahnung von Glaube, Liebe und Hoffnung hatten. Diesen Menschen galten seine Worte: Ändert euch! Gott will jetzt seine Herrschaft aufrichten.

Gut, sagen wir, aber wo kommen wir darin vor? Wir leben nicht im Land von Sebulon und Naftali, wir wohnen nicht an der Straße zum Meer und jenseits des Jordans. Was davon gilt uns? – Kürzlich las ich folgenden Lehrauftrag an uns: »Es ist Zeit, hat Jesus gesagt, die Gleichgültigen und Friedlosen zu wecken, die Mächtigen und Ohnmächtigen zu lehren, die Gefangenen und Traurigen zu trösten. Ohne Zweifel, jetzt sind wir dran.« (Kurt Wolff)

Ja, jetzt sind wir dran und werden angesprochen, etwa so: Du Land von 60 Millionen Bundesbürgern, an der Straße zum Meer der nuklearen Potentiale, du Land der Götzen, Gurus und Glücksgötter! Die Menschen, die in Sucht, Frust und Depressionen leben, werden ein großes Licht sehen. Auch denen, die im Wohlstand wohnen, geborgen, sorglos und geordnet, wird das Licht aufleuchten!

Zum weiteren Verlauf

Aufzeigen unserer Schwierigkeiten mit dem Befolgen der Botschaft Jesu: Ändert euch! Der graue Alltag schiebt uns immer wieder in die Sackgasse des Egoismus, des immer mehr Habenwollens, in die Sackgasse der Produktion, des Profits und der Prozente.

Wenn Jesus sagte: Ändert euch! – meinte er damit nur Gesinnungsänderung? Wie oft haben wir das schon gehört! Das ist uns so geläufig, daß der Journalist Thomas Schmidt in seinem Gedicht »Diskussion« schreibt:

»Man spricht so viel von Hungersnot.
Man spricht so viel von der Verzweiflung.
Man spricht so viel von Drogentod ...
Man spricht so viel von Kriegsgefahr.
Man spricht so viel von Umweltschutz.
Man spricht so viel von Nuklear.
Man spricht so viel von Überfluß ...
Man spricht so viel.«

So ist es doch. Man spricht so viel von einer Gesinnungsänderung in Gedanken und Worten, aber wo bleibt die Tat? Jesus wollte Taten sehen. Beispielsweise Taten des Friedens, von denen André Heller in einem seiner Lieder singt:

»Vom Schrei nach dem Frieden ist hier die Luft ganz schwer. Der Friede, der Friede, wo kommt denn der Friede her? Der kommt nicht vom bloßen Fordern, der kommt nur, wenn wir ihn tun, und wenn in unseren Seelen die Mörderwaffen ruhn. Wenn wir Gewalt verweigern, in Sprache, Not und Streit, wenn wir als Haltung lieben, Zeit unserer Lebenszeit. Die Hölle sind nicht nur die andren, die Hölle, das bin zuerst ich. Nur wer bereit ist zur Wandlung, macht sich nicht lächerlich. Lasset uns also leben, was unsere Forderung ist, und daran auch jeden erinnern, der's irgendwann vergißt« (Heller, STIMMENHÖREN, Schallplatte LP 1C066-46748).

Die Tat ist also gefragt, meine Tat. Bin ich bereit ›zur Wandlung‹, zur Umkehr meines Handelns? Umkehren, sich wandeln, sich ändern ist deshalb so schwer, weil uns so vieles beherrscht, einengt und gefangenhält, weil wir unter der totalen Herrschaft unseres wirtschaftlichen Systems leben, »weil wir nicht ohne Rüstung leben können, aber an der Rüstung zu sterben drohen«, weil »wir gut sein möchten und doch das Böse tun« (Heinz Zahrnt).

Ich habe den Eindruck, daß Umkehr da geschieht, wo der Mensch eine Grenzsituation durchmacht. Diese existentielle Erfahrung kann die Sicht für Gottes Herrschaft öffnen. Gott richtet seine Herrschaft offenbar nicht zuerst bei den Satten, Zufriedenen und Gesunden auf, sondern bei denen, die im Schatten leben, bei den Versagern, Ängstlichen, Traurigen, Frustrierten, Schwierigen, Kranken. So auch bei Jürgen F., der nach einem folgenschweren (selbstverschuldeten) Verkehrsunfall sechs Stunden schwer verletzt in seinem PKW lag, seine Leber und beide Lungenflügel waren gerissen, alle Rippen gebrochen, Milz und Niere außer Funktion. Ein Rettungswagen brachte ihn in das Krankenhaus nach B. Dort lag er über ein Vierteljahr auf der Intensivstation. Und dann schrieb er mir in einem Brief:

»Mein Leidensweg dort war lang und schwer, und man wollte das Bein amputieren. Jedoch ein guter Professor, Herr M., rettete durch viele Operationen mein Bein. Wenn es auch noch immer nicht in Ordnung ist, so kann ich aber damit gehen. Bei all den vielen Leiden fand ich wieder zum Glauben an Gott zurück. Ich lernte wieder beten, und der Glaube gab mir Halt und linderte meine Schmerzen. Er half mir auch die Trennung meiner Frau zu verkraften, die nach dem Unfall nichts mehr mit mir zu tun haben wollte. Ein Mensch hielt bis heute zu mir: meine Mutter! So möge der liebe Gott bei der hoffentlich letzten 30. Operation, die in H. an dem steifgewordenen Knie gemacht werden muß, wieder helfen, die Schmerzen zu ertragen, damit ich wieder arbeiten und froh werden kann.«

Möglicher Schluß

Es scheint so, daß wir Menschen erst dann zur Umkehr zu Gott fähig werden, wenn wir an unsere eigenen persönlichen Grenzen gestoßen sind. Wir müssen offensichtlich erst eine Grenzsituation durchlebt haben, in der wir am eigenen Leibe zu spüren bekommen, daß wir unser Leben nicht im Griff haben. Wir müssen anscheinend erst in eine Lage kommen, in der uns deutlich wird, daß wir letztlich über unser Leben doch nicht verfügen. Erst dann, wenn wir ganz unten sind, völlig hilflos, anderen Händen ausgeliefert, sind wir offenbar imstande umzukehren. Umzukehren von unserem bisherigen Leben im Streß, der Oberflächlichkeit und Gedankenlosigkeit. Es bedarf wohl erst solcher Grenzsituationen, in denen wir leise auf unsere Schultern getippt werden und erfahren, was trägt und hält in diesem Leben. Dann können wir uns wieder aufrichten, sehen nicht nur einen neuen Lebenssinn, sondern werden selber neu. Unsere Augen nehmen dann weniger das ›Wichtige‹ wahr als vielmehr das ›Wesentliche‹ im Leben. Zu dem Wesentlichen gehören dann nicht Geld, Besitz, Geschäfte, Umsatz, Reisen und Kilometer, sondern wesentlich ist dann, daß ich meine völlige Abhängigkeit erkenne, mein Dasein als unverfügbar erlebe und einsehe, daß ich meine Existenz nicht mir selbst verdanke, sondern dem, der mir mein Leben geschenkt hat. Vielleicht kann ich so mit diesem neuen Bewußtsein das menschliche Klima im neuen Jahr mitgestalten. Dann würde ich in die Fußspuren Jesu treten und die Herrschaft Gottes bezeugen, und meine Umgebung sähe menschlicher aus. Das wäre ein schöner Beitrag für das vor uns liegende Jahr.

Kontext

neue richtung
wie oft muß ich anhalten
und
umkehren

weil ich nicht weiterkomme
oder weil leer ist
was ich tue
beim umkehren merke ich
angst und glück
denn umkehren heißt:
sich abwenden von seinen träumen
vorstellungen als illusionen erkennen
und frei werden
umkehren heißt:
dem nochmal zu begegnen
was man schon längst hinter sich meinte
was man schon längst gemeistert glaubte
umkehren heißt:
plötzlich ganz andere menschen und situationen
zu gesicht bekommen
und endlich falsche verpflichtungen aufzugeben
umkehren heißt:
die spur seines eigenen lebens zu sehen
und neu beginnen
auf dem Weg der einen weiterführt
(Ulrich Schaffer, Umkehrungen. Gedanken, Gebete, Gedichte, Oncken-Verlag, Wuppertal [8]1975)

2. Sonntag nach Epiphanias

Predigttext: 2. Mose 33,17b–23
Wolfgang Gerlach

Theologisch-homiletische Skizze

Der Predigttext, der in früheren Reihen teils dem Sonntag Reminiscere, teils dem Sonntag Estomihi zugeordnet wurde, hat sicherlich einen guten Ort in der Epiphaniaszeit, auch wenn es letztlich nicht zur Epiphanie kommt. Gott und Mose reden miteinander, und Mose will ihm immer mehr Terrain abhandeln, um ihn endlich von Angesicht zu Angesicht zu sehen. Aber genau genommen kommt es nicht dazu. Das soll in der Predigt ebenso deutlich gemacht wie die seit Paulus (2. Kor. 3, besonders auch Vers 18) aufgestellte Behauptung abgewehrt werden, die Christen hätten durch die Menschwerdung Gottes in Jesus Christus nun gleichsam freies Blickfeld zur Herrlichkeit Gottes erhalten. Auch scheint mir bedenklich (was in Kommentaren hie und da anklingt), zu argumentieren: So wie die Herrlichkeit und damit Anwesenheit Gottes an die Bundeslade gebunden gewesen sei, so habe sich Gott seit Jesus an die Elemente von Brot und Wein »realpräsentisch« gebunden – mit dem theologischen Seitenhieb: Bundeslade ist heidnisches Rudiment, Brot und Wein sind die wahren Heilstat-Sachen. Ich möchte es mir aus grundsätzlichen Erwägungen versagen, alttestamentliche Texte, also jüdisches Erfahrungs- und Gedankengut, vorschnell heidenchristlich umzuschmelzen in neutestamentliche Begriffswelten. Dabei kommen dann eben solche befremdlichen Folgerungen heraus, zu denen Paulus entgleist (2. Kor. 3,18), daß Mose und sein Volk im Dunkeln belassen wurden, den Christen aber »das Angesicht aufgedeckt« wurde. Wodurch denn? Selbst wenn Paulus in Damaskus eine Christus-Epiphanie gehabt hätte, hätte er damit noch nicht Gott gesehen. Selbst von Jesus wird nirgend berichtet, daß er Gott gesehen habe. Und wir Christen? Selbst wenn jemand behauptete, er habe den Christus gesehen, so gilt sicherlich, was K.G. Steck (in G. Eichholz, Herr, tue meine Lippen auf, Bd. 5, S. 185 f.) sagt: »Unsere Schau Gottes in Christus ist noch viel indirekter, stärker verhüllt als je die Schau Gottes durch Mose war. Wir sind dafür auf das Zeugnis der Propheten und Apostel angewiesen, auf das keineswegs direkt zugängliche und einfach deutbare Handeln Gottes in Christi Kreuz und Auferstehung.«
Die dreigeteilte Predigt könnte sich an drei Stichworten des Textes orientieren:
1. Der Name. Der Name Gottes und wie er hier in Ergänzung zu Ex. 3,14 expliziert wird. Der Name des Mose, der Gott bekannt ist. Und was bedeutet das, wenn zwei voneinander den Namen kennen; und was bedeutet es, *wie* sie sich nennen?

2. Das Angesicht. In der amerikanischen Bibel steht in Vers 14 für Angesicht (panim) »My *presence* will go with you«. Es wäre in der Predigt auszuführen, daß die Gegenwart Gottes, the presence, seine Präsenz immer nur außerhalb dieses Präsens zu erfahren ist: entweder in der Vergangenheit, nämlich dann, wenn er »vorübergegangen« ist, wenn man ihn nur noch von hinten, im nachhinein sehen kann, oder aber in der Dimension der Zukunft dessen, der von sich sagt (Ex. 3,14): »Ich werde sein, der ich sein werde«. Hier stellt sich Gott als der Zukünftige, als der Kommende vor, als der, der künftig erfüllt, was heute verheißen ist.
3. Herrlichkeit. Entgegen allen feministischen Versuchen, Gott zugunsten einer Fraulichkeit seiner Herrlichkeit zu entkleiden oder diese zu relativieren (wie Dorothee Sölle in St. Katharinen zu Hamburg den Gottesdienst begann: »Im Namen des Vaters und der Mutter, des Sohnes und des Heiligen Geistes«, vgl. Hamburger Universitätsgottesdienste, Bd. 2, hg. v. P. Cornehl, S. 27), ist hier von Gottes Glanz und Strahlkraft (kabod – doxa) zu reden, die jenseits von geschlechtlichen Unterscheidungen zu formulieren ist.

Vorschläge zur Liturgie

Eingangspsalm
Ps. 73,25–28 oder Ps. 19,4 f. oder Ps. 139,3f.7–12; Ps. 62,2–3.

Eingeständnis (anstelle des sog. Sündenbekenntnisses)
Ps. 106,6 f.

Gnadenspruch
Exodus 33,19

Kollektengebet
Unser Gott, wir fragen nach dir,
laß uns nicht ohne Antwort bleiben.
Wir suchen deine Nähe,
komm du uns entgegen.
Wir möchten gerne mehr von dir sehen,
laß uns nicht im Dunkeln tappen. AMEN.

Lesung
Exodus 3,13–18 oder Exodus 33,7–17

Lieder
EKG 294,7–9; 349; 50,1+4–6; 48,4; 128.

Vorschläge für die Predigt

Möglicher Anfang
Was ist das für ein Mensch! Zum Führen eines ganzen Volkes berufen und begabt, willensstark und durchsetzungsfähig, dazu sensibel für die Zwischentöne, ein Mann, der allein auf seinen Füßen stehen kann, ausgerüstet mit gesundem Selbstbewußtsein. Derselbe Mensch tritt auf mit eben-

so gesunder Selbsteinschätzung, die ihn wissen läßt: Mit meiner Macht *allein* ist nichts getan. Ich kann nichts machen, wenn nicht du, mein Gott, mit mir ziehst. Ich brauche dein Geleit, dazu deinen Fingerzeig, der mich die Wege weist. Was ist das für ein Mensch, der Gott in den Ohren liegt, sein Herz weich, sein Antlitz leuchten zu machen, der nicht eher Ruhe gibt, bis Gott ihm Ruhe dadurch schafft, daß er ihn wissen, sehen und erfahren läßt: ich, Gott, gehe mit dir?
Das klingt nach Tönen aus einer Zeit, als die Menschheit religiös noch nicht trocken hinter den Ohren war. In einer Zeit aber des Aufgeklärtseins, des mündigen Menschen, haben solche mosesähnlichen, freiwillig gewählten Abhängigkeiten wenig Platz. »Selbst ist der Mann.« »Mein Bauch gehört mir.«
Dem leidenschaftlich nach Gott fragenden, Gott suchenden, Gott bedrängenden Menschen, der Gottes Namen wissen, sein Antlitz sehen, seine Herrlichkeit erfahren will, steht der Mensch der Moderne gegenüber, der auf Nutzen und Erfolg aus ist. Dieser Mensch sucht egoman Sachen, die er *haben* möchte. Er sucht nicht Gott. Das entspricht der Geschichte von Rabbi Baruch und seinem Enkel. Der Knabe spielte einst mit seinem kleinen Freund Verstecken. Er verbarg sich gut und wartete, daß sein Gefährte ihn suche. Nach langem Warten kam er aus seinem Versteck heraus, um zu sehen, wo sich sein Freund befände. Er war nirgends zu sehen. Erst jetzt ging ihm auf, daß jener ihn von Anfang an überhaupt nicht gesucht hatte. Weinend lief er zu seinem Großvater und beklagte sich über den Spielverderber. Da flossen Rabbi Baruch die Augen über, und er sagte: »So spricht Gott auch: ›Ich verberge mich, aber keiner will mich suchen‹«.

Zum weiteren Verlauf

I. Wenn Gott sagt: Ich kenne dich mit Namen – dann ist damit gesagt: er hat sich mit Mose in Beziehung gesetzt, ist ihm vertraut. ›Mose‹ sagt ihm etwas. Name ist noch nicht Schall und Rauch. Name sagt etwas aus über seinen Träger. »Der Name gibt der Macht, dem Willen deutliche Gestalt und festen Gehalt« (van der Leeuw). Wenn Gott sagt: ich kenne dich mit Namen, dann mag das im Blick auf Mose bedeutet haben: Ich kenne deine Geschichte; du bist ein wandernder Aramäer, wie dein Vorfahr Abraham, du »ziehst« durch die Lande, vom Fronland ins verheißene Land. Dein Name bedeutet: du bist ein Ziehender, ein Wanderer zwischen zwei Welten, zwischen der Welt der Knechtschaft und der Welt der Freiheit. Und du bist zugleich ein »Herausgezogener«, das Kind, das man aus dem Wasser zog, auf dem es, ausgesetzt in einem Körbchen, schwamm und umhertrieb. Du bist der aus dem Wasser Gezogene. »Ich kenne dich mit Namen« – das bedeutet: Ich kenne deine Geschichte; ich weiß, was du an Vergangenheit mit dir herumschleppst.

Und das Volk Israel hat nicht eher Ruhe gegeben, bis es seinem Gott einen Namen gegeben hatte. Jetzt konnte man mit ihm reden, ihn erkennen, weil er sich zu erkennen gegeben hatte (Ex. 3,14). Der Name ist das, was man entgegen-»nahm«, das Zugeteilte, die Gabe, die zu einem gehört, die einem zugehört (analog zum griechischen ónoma, das von némein = nehmen, erhalten abgeleitet ist.). »Name ist das, was man nimmt, zur Gabe empfängt« (Grimmsches Wörterbuch). Jeder Mensch »bekommt« einen Namen. Gott ist der einzige, der sich selbst einen Namen gibt und zugleich dahinter verbirgt. Gott macht sich dadurch »unübersetzbar«. Er ist nur umschreibbar. So wie seine »Vorstellung« (Ex. 3,14) im Undeutlichen und Undeutbaren in der Verhüllung verbleibt, so auch hier noch einmal in Vers 19, den Buber übersetzt: »Daß ich gönne, wem ich gönne, daß ich erbarme, wes ich erbarme«.
Es lohnt sich nachzudenken und nachzufühlen, welche »Geschichte« ich mit meinem Namen habe und wer mich wie nennen darf. Mein Bedürfnis nach Verbergen und Distanz spiegelt sich in solcher Phänomenologie des Namens wider: Der bürgerliche Vorname ist für die »normale« Welt des Duzens freigegeben. Ein zweiter ist nur der Familie und engeren Freunden vorbehalten. – Ein früherer Freund von mir sollte nach Wunsch der Mutter ›Peter‹ und nach Wunsch des Vaters ›Wolf-Jasper‹ heißen. Im Stammbuch setzte sich der Vater durch, in der täglichen Benennung »siegte« die Mutter. Hier hatte sich der Kampf der Eltern Raum geschaffen. Und so mag auch manch ein Namensträger mit seinem Namen hadern. Auch läßt sich manches sagen über das berechtigte Interesse von Frauen, ihren Mädchennamen nicht mehr ohne weiteres aufgeben zu wollen und damit ein Stück Identität in der Ehe zu verlieren. Denn der Name ist »ein Stück von mir«. Und zugleich kann er Beziehungen ausdrücken in Kose- oder Spitznamen. »Ich kenne dich mit Namen« – das ist hier Gottes Zusage an Mose: Du bist mir vertraut, und ich will mich dir vertraut machen. In diesem Vertrauen beginnen wir auch Gottesdienste: »Im Namen ...«.
II. »Und Mose sprach: Laß mich deine Herrlichkeit sehen.« Der Sinn des Sehens ist von allen fünf Sinnen wohl der gierigste. Und gerade in der Epoche des Fern-Sehens wird dem Menschen suggeriert, es habe nur noch das in der Welt Gültigkeit, was fotografierbar und ins Bild zu setzen ist. So ist es wohl kein Zufall, wenn in dieser Zeit einerseits so viel Glaubensschwund beklagt wird, andererseits die Sehnsucht nach Glaubensvergewisserung zunimmt. – Es genügt Mose nicht, daß Gott nur seinen Namen kennt. Er möchte mehr, er möchte schlechthin alles, nämlich auch das Letzte. Er möchte hinter den Vorhang, durch die Verhüllung hindurchschauen können. Er möchte nicht nur auf Worte angewiesen sein, die das Ohr hört. Sein Auge will Nahrung haben, indem es Ihn sehen, besser: Ihn schauen kann. Es liegt wohl eine Ahnung dessen vor, wie man sich

damals die »Herrlichkeit Gottes« vorzustellen hatte: als Feuer nämlich, das wie ein Dornbusch brennt, als Feuersäule, die nachts als wegweisende Fackel Spuren markiert, wo die Schwärze der scheinbaren Ausweglosigkeit den wandernden Flüchtling umgibt. Der Romancier Manès Sperber, ein Auschwitz-Überlebender, schreibt: »Wenn das ganze Himmelsfirmament, wenn alle Bäume dieser Erde Federn wären, wenn alle Meere und Wasser Tinte wären und alle Bewohner der Erde Schreiber, und sie schrieben Tag und Nacht, es würde ihnen niemals gelingen, die Erhabenheit und Herrlichkeit des Schöpfers der Welt zu beschreiben« (in: Wolkensäule und Feuerschein, hg. v. M. Brocke/H. Jochum, München 1982, S. 88 f.). Ähnlich äußert sich Abraham Joshua Heschel (Gott sucht den Menschen. Eine Philosophie des Judentums, Neukirchen 1980, S. 64): »Uns fehlen die Worte, um die Herrlichkeit zu beschreiben; wir wissen keinen geeigneten Weg, sie zu erkennen. Das Entscheidende ist aber nicht, daß wir sie erkennen, sondern die Gewißheit, daß wir von ihm erkannt sind«. (Siehe Ps. 139 sowie 1. Kor. 13,12b) Und Baal Schem sagt: »Voll ist die Welt von geistlichem Glanz, voll von erhabenen und wunderbaren Geheimnissen. Aber eine kleine Hand über das Auge gelegt, verdeckt alles ... Gerade wie ein kleines Geldstück, das man vor das Gesicht hält, den Blick auf ein hohes Gebirge verdecken kann, so können auch die Nichtigkeiten des Lebens das unermeßliche Licht verdecken« (Heschel, a.a.O., S. 65).

III. »Ich will vor deinem Angesicht all meine Güte vorübergehen lassen ... aber mein Angesicht kannst du nicht sehen; denn kein Mensch wird leben, der mich sieht.« Gottes Herrlichkeit, also nicht er selbst, gleichsam nur der Widerschein soll an Mose vorbeiziehen in Gestalt von »Schönheit« oder »Güte«. Es wird sein wie ein Vorbeihuschen: du kannst den Augenblick nicht festhalten. Es ist wie das Blitzlicht, das dir ein Bild versagt. Was Marcel Proust von der Geliebten sagt und den Freuden, die man mit ihr teilen möchte, könnte hier auf das Gotteserlebnis übertragen werden: »Was man in Gegenwart der Geliebten aufnimmt, ist nur ein Negativ, man entwickelt es später, wenn man zu Hause ist und wieder über die Dunkelkammer im Innern verfügt, deren Eingang, solange man andere Menschen sieht, wie zugemauert ist.« Damit ist das Problem der Zeit angesprochen. So kann wohl niemand sagen: Gott ist jetzt hier oder da, sondern wir sind nur imstande zu sagen: Gestern, als ich mit dem Wagen auf der Straße noch einmal davon gekommen bin bei dem Unfall, war Gottes Nähe spürbar; oder vorgestern, als mir ein Brief ins Haus kam, gerade im richtigen Augenblick, wie der Brief eines Engels, – das war wie eine »himmlische Botschaft«.

In der unmittelbaren Gegenwart blendet die Herrlichkeit Gottes. So kann er an Mose nur vorüberziehen, indem er ihn in eine Felskluft stellt und seine Hand wie einen abblendenden Schirm darüberhält. Und erst, wenn er vorübergegangen ist, kann er ihm nachschauen. Dasselbe umschreibt Heschel sogar von den Dingen: »Für den frommen Menschen ist es, als ob die Dinge ihm den Rücken zukehrten und ihr Gesicht Gott zuwenden; als ob ihre Herrlichkeit darin bestünde, daß sie Gegenstand göttlicher Gedanken sind« (ebda).

So lesen wir in der amerikanischen Bibel den Vers 19: »My presence will go with you«. Hier schimmert wohl die Erfahrung durch, daß man die Gegenwart auch von Menschen spürt, auch wenn sie nicht in der Nähe sind oder sich redend bemerkbar machen. Wie es umgekehrt auch andere gibt, die ständig vorhanden sind, aber man wird ihrer nicht gewahr. Wenn wir singen: Gott ist gegenwärtig (EKG 128,1), dann lassen wir uns zugleich empfehlen: »schlag die Augen nieder«, sonst verbrennt sich die Iris, und wir erblinden. Erstaunlicherweise ist in der Gottesbegegnung des Mose nicht einmal behauptet, daß Mose nun wirklich Gott – und sei es nur vom Rücken her – geschaut habe. Sollte nicht einmal dieses Äußerste dem Mose zuteil geworden sein? Sollte es ihm mit dem Schauen der Herrlichkeit Gottes, mit dem *Nach*schauen so ergangen sein wie mit dem Betreten des Gelobten Landes: er konnte gleichsam nur eine Vor-schau erleben, der blasse Schimmer wurde ihm auch hier nur par distance gewährt. Er durfte den Boden des Verheißenen ebenso wenig betreten, wie er das Angesicht, die Präsenz Gottes schauen durfte. Er hatte nicht einmal das Nach-Sehen. Sollte ihm dann das Wort doch wichtiger gewesen sein als der Blick? So wie den zweifelnden Thomas (Joh. 20) das Wort des Auferstandenen überzeugte und er auf Berührung verzichten konnte?

Eine ähnliche Erfahrung gibt Helmuth James Graf Moltke in seinem Abschiedsbrief an seine Frau wieder, kurz bevor er zum Galgen geführt wurde, als er sich »vor Dankbarkeit und Erschütterung über diese Dokumentation Gottes« der Ehefrau liebevoll erklärt: »Uns ist es nicht gegeben, ihn von Angesicht zu Angesicht zu sehen, aber wir müssen sehr erschüttert sein, wenn wir plötzlich erkennen, daß er ein ganzes Leben hindurch am Tage als Wolke und bei Nacht als Feuersäule vor uns hergezogen ist, und daß er uns erlaubt, das plötzlich in einem Augenblick zu sehen. Nun kann nichts mehr geschehen« (in: Du hast mich heimgesucht bei Nacht, hg. v. Gollwitzer/Kuhn/Schneider, München 1955, S. 223). Auch hier ist die Überzeugung ausgedrückt, daß Gott sich uns nur im nachhinein, in der Rückschau offenbart. Andererseits gibt sich Gott als der Kommende zu erkennen – in der Vorschau, in der Verheißung, in der Zusage, die etwas in Aussicht stellt.

Das ist die Kraft der Hoffnung, die im Kreuz und in den Krematorien von Auschwitz nicht verloschen ist. Ohne sich billiger Hoffnung verschreiben zu wollen, wagt der Rabbi Irving Greenberg ein biblisches Bild jüdischer

Hoffnung zu entwerfen: »Die Rauchwolke der verbrannten Körper bei Tage und die Feuersäule der Verbrennungsöfen bei Nacht könnten die Menschheit vielleicht doch zu dem Ziel führen, daß eines Tages die Menschen einander verbunden sein werden und so sehr gegenseitigen Anteil an ihrem Schmerz genommen und sich solch reinigender Kritik unterzogen haben, daß nie wieder ein Holocaust möglich sein wird« (in: Wolkensäule und Feuerschein, a.a.O., S. 176).
Solche Hoffnung, im Angesichte Gottes vorgetragen, damit das menschliche Antlitz vor neuerlicher Schändung bewahrt werde, mag uns Christen anstacheln zu neuer Sensibilität für die Herrlichkeit Gottes, die uns mit Augen besser sehen, mit Ohren besser hören lehrt. Denn auch uns gilt der Tadel des Exilspropheten: »Er sieht viele Dinge und beachtet sie nicht; mit offenen Ohren hört er nicht« (Jes. 42,20). Auf den Gebrauch der Sinne kommt es an. Darum: Wer Ohren hat zu hören, der höre. Wer Augen hat zu sehen, der sehe, was ihm Gott zu sehen und einzusehen gibt.

Gebet
Unser Gott / dein Name werde geheiligt. / Wir nennen dich Vater, weil wir uns in deiner Väterlichkeit geborgen fühlen; / wir sehen dich als Sohn, weil du sein kannst wie unsereiner: weglaufender und wiederkehrender Sohn, Mensch in der Tiefe und auf der Höhe; / wir heiligen deinen Namen, indem wir in deinem heiligen Geist handeln. – /
Dein ist die Kraft und die Herrlichkeit. / Gib uns Anteil an dieser Leuchtkraft deines Glanzes, / damit unsere Worte und Taten etwas von deiner Güte widerspiegeln. /
Verwirf uns nicht von deinem Angesicht. / Richte deine Augen, deine Gegenwart auf unsern Geist, damit wir leben lernen in deines Geistes Gegenwart.

3. Sonntag nach Epiphanias

Predigttext: Johannes 4,46–54
Arno Schmitt

Theologisch-homiletische Skizze
»Mehr als Tradent denn als Theologe« habe sich der Evangelist an der Geschichte von der Heilung des Sohnes des herodianischen Hofbeamten betätigt: so die Interpreten. (Einschlägige Belege dafür finden sich u.a. im exegetischen Ergänzungsband III/4). Theologisch *selbst* initiativ sei Joh. nur durch die Eintragung der Verse 48f und 50b geworden: »Wenn ihr nicht Zeichen und Wunder seht, glaubt ihr nicht ...« Im übrigen, so die dürre Quintessenz, komme der Perikope »innerhalb des Evangeliums keine besondere Funktion« zu.
Umso nachhaltiger allerdings, so möchte ich meinen, die Funktion des Evangeliums in der Perikope! Denn aufs äußerste reduziert, ganz »unjohanneisch«, ganz unter Verzicht auf seine sonstige Vorliebe, Reden zu komponieren und in ihnen seine Botschaft zu entfalten, ganz an der »naiven Wundererzählung« (Rudolf Bultmann) entlang, diese allerdings in der Mitte entscheidend *störend*, ist da alles vorhanden: die ganze Doxa Theou. Da kommt es zur Entscheidung. Da bleibt es nicht beim »Vorletzten« (Dietrich Bonhoeffer). Da bleibt der Himmel nicht oben, sondern macht sich auf, die Erde zu berühren. Der Bauer aus Nicaragua sagt das so: »Du bist der Gott der Armen, der Einfache, der Menschliche, der Gott mit dem sonnengegerbten Gesicht. Mit dir kann ich sprechen ...« In der Begegnung des Todes mit dem Leben muß dieser sich sagen lassen, daß es im weiteren Verlauf des Weges keinen Platz für ihn gibt. Der da mit Jesus zusammentrifft, der Vater, die Krankheit und den möglichen Tod des Sohnes auf der Seele tragend und »am Ende« auch er selbst: er bleibt nicht, der er ist; sein Leben *weitet* sich; da mag ihm eben noch gewesen sein, als sei alles blockiert und zugesperrt wie durch einen großen Stein, so wird er »jetzt« zum Zeugen, wie ihn das Leben »zurückhaben« möchte, ihn nicht sich selbst überläßt und den Bedingungen, in die er »hoffnungslos« verstrickt ist.
Davon wird zu predigen sein am 3. Sonntag nach Epiphanien: Daß da einer »in die Welt gekommen ist«, dem Leben »einen neuen Schein zu geben«, es in einen Zusammenhang zu stellen, der es *Leben* überhaupt erst *werden* läßt ... Manchmal sehe ich das Fieber ja wirklich nur beim anderen, komme aber nicht auf die Idee, die Ursache bei *mir* zu suchen, die *eigene* Temperatur zu messen. Da bedarf es schon des entsprechenden »Arztes« und der entsprechenden »Medizin«, gesund zu werden. Auf Wegen freilich, auf denen es keine Patentrezepte, nicht die mirakulöse Inszenierung gibt: ein »Chauffeur« ist da nicht (das zu »glauben« ist ja gerade Ausdruck der Krankheit, die es zu heilen gilt), ich muß sie schon *selbst* ge-

hen, die 26 Kilometer von Kapernaum unten am See nach Kana hoch in die Berge (und wieder zurück). In ihrem Tagebuch 1982–1985 (»Im Dunkeln singen«) erzählt Luise Rinser dazu eine schöne Geschichte: »Ein Mensch, jung, betritt einen Laden. Er fragt den Verkäufer: Was verkaufen Sie? Die Antwort: Alles, was Sie wünschen. Ja, dann, sagt der junge Mensch: Dann möchte ich das Ende aller Kriege und daß kein Kind mehr hungert und daß die Menschen miteinander reden, statt sich totzuschlagen, und daß mehr Freude ist und ... Der Verkäufer sagt: Aber wir verkaufen keine Früchte, nur *Samen* ...«

Aber auch Jesus, der es verweigert, das »falsche« Wunder, um dem »richtigen« die Chance zu geben, geht lange Wege: ist, so die Geschichte, von Jerusalem gekommen, von der Metropole in die Provinz, hat sie hinter sich gelassen, die »Stadt der endzeitlichen Königsankunft«, zurückgelassen auch das große »Fest der Befreiung« – denn der *Befreier* wurde »jetzt« wo anders dringender gebraucht, ebendort, wo für »den Menschen« (Vers 50b), den Vater also und Mann und Beamten des gehobenen Dienstes bzw. den Beamten des gehobenen Dienstes und Mann und Vater, in diesem Augenblick *alles* auf dem Spiele stand. Nein, um den *Sohn* geht es nicht: der ist, so krank er sein mag, zu Hause. Wichtig ist der und sein beängstigend schlechter Gesundheitszustand »nur« insofern, als er Jesus wahrnehmen läßt, was dem *Vater* »fehlt«. So ist es vor allem der *Vater,* von dem die Geschichte handelt, die zu erzählen sein wird: der Vater allerdings bezogen auf sein spezifisches Umfeld, und dieses ist, wie anzunehmen, in beträchtlichem Maße durch sein Verhältnis zum *Sohn* definiert.

In der Predigt möchte ich (soweit das geht) den Linien der ursprünglichen Erzählung folgen und diese im Gefälle der johanneischen Rezeption als Geschichte *heute* weitererzählen. Möchte also den Weg des Vaters von damals noch einmal gehen: mit *meinem* Gepäck allerdings, doch erwartet und zur Seite genommen (in den Arm auch) von der *gleichen* angstnehmenden Wahrheit, die auch damals schon Wunden gewirkt hat. Und möchte mich dann (das vor allem) auf den »Weg zurück« schicken lassen, Erfahrungen zu machen mit dem *Schalom: meine* Erfahrungen, und irgendwann auch ankommen dort unten in Kapernaum: *meinem* Kapernaum ... und keinen Moment *der* fort von meiner Seite, der auch damals »mitgegangen« ist und den Vater auf seiner Suche nach dem Leben nicht allein gelassen hat.

Vorschläge zur Liturgie

Lieder

EKG 53,1–4 / EKG 233,1.4 / EKG 293,1–3. Gut geeignet erscheinen mir aus »Umkehr zum Leben« (Kirchentagsliederheft ’83): »Fürchte dich nicht« 700, »Wo ein Mensch Vertrauen gibt« 723, »Herr, deine Liebe« 705 und als Einübung gewissermaßen in gemeinsame Schalomschritte der Kanon »Herr, gib uns deinen Frieden« 655. Wem aus dem tvd-Verlag Düsseldorf »Mein Liederbuch« zugänglich ist, der möge es doch einmal mit B 88 versuchen: »Entdeck bei dir, entdeck bei mir den nächsten Schritt, der weiterführt ...«

Psalm

Anstelle des vorgesehenen Psalms (86,1–11.17) folgende Kurzmeditation zu Psalm 18:

Wellen der Verzweiflung schlugen über mir zusammen.
Ich hatte keinen Boden mehr unter den Füßen.
Mir wurde angst, und ich schrie.
Doch meine Schritte gingen ins Leere.
Dann erlebte ich mich plötzlich gefaßt:
Konnte wieder atmen,
War heraus aus dem Sog.
Die mich ausschalten wollten, kamen nicht zum Zuge.
Kalt haben sie mit meinen Schwächen kalkuliert.
Unbarmherzig sprangen sie mit mir um.
Schon rieben sie sich die Hände.
Doch:
Sie haben ihr Ziel verloren.
Bin ihnen entkommen:
Kam frei und fand wieder Lust am Leben.
Die Angst – hinter mir.
Und vor mir – weites Land.
Gott, ich danke dir.
(Nach: Friedrich K. Barth/Peter Horst)

Lesung

Römer 1,16.

Unmittelbar danach könnte der Text eines Liedes gesprochen werden, das im Peter-Janssens-Musikverlag auf Platte erschienen ist:

Dein Wort, mein Freund, ist meine Speise.
Deine Hände, mein Freund, sind meine Kraft.
Deine Güte, mein Freund, ist mein Versteck.
Deine Augen, mein Freund, sind meine Aussicht.
Deine Klarheit, mein Freund, ist mein Rückgrat.
Deine Beine, mein Freund, sind meine Krücken.
Deine Liebe, Jesus, ist mein Leben.

Gebet am Schluß

Mach mich, Herr, zu einem Gefährten deines Friedens, damit ich nicht mehr damit beschäftigt sein muß, mein Gesicht zu wahren, damit ich vielmehr meine Hände und meine Füße und meine Sinne freibekomme, das Gesicht und die Würde anderer Menschen zu wahren.

Mach mich zu einem Gefährten deines Friedens, damit ich aufhören kann, die Welt in gut und böse einzuteilen und in schwarz und weiß und in arm

und reich und in Kommunisten und Demokraten und in links und rechts, damit ich vielmehr überall um mich her und in der weiten Welt Menschen wahrnehme, die auf meine Liebe warten.
Mach mich zu einem Gefährten deines Friedens, damit ich zwischen Menschen hinüber und herüber Brücken schlagen kann, damit ich Zeichen der Versöhnung sein kann, wirksames Zeichen, und so schwarz nicht mehr schwarz und weiß nicht mehr weiß und arm nicht mehr arm und reich nicht mehr reich bleiben muß.
Mach uns, Herr, die wir uns auf dich berufen, zu Gefährten deines Friedens, damit überall in dieser Welt die Liebe alles verwandelt, was erstarrt ist in der Kälte des Herzens.
(Nach: Klaus Bannach in »Gebete gegen die Angst«)

Segen
Gott schickt uns in die Welt,
ihren Preis auf uns zu nehmen
und die Freude in der Nachfolge zu erfahren.
Darum: Geht und nehmt mit euch
den Frieden Jesu Christi
und die Liebe Gottes
und die Stärkung des Heiligen Geistes
in alle Anfechtung und alles Glück!
(Nach: Ruth C. Duck, USA)

Vorschläge für die Predigt
Möglicher Anfang
Wie eine *fremde* Spur durchzog es sein Leben. Lange schon. Nichts, was er nicht schon versucht hätte, der Mann im Dienste des Königs, von dem Johannes da erzählt. Von Anfang an hatte er sich an die besten Ärzte gewandt, nicht an die einheimischen nur, auch an die römischen, denn die Beziehungen waren gut zwischen dem Hof des Herodes und den Kaiserlichen: man brauchte einander, die Zeiten waren unruhig, dem Volk nicht zu trauen.
Doch umsonst: die Krankheit war stärker. Für das Leben des Jungen gab es nicht mehr viel zu prognostizieren. Schon bald würde alles sein Ende haben, nichts mehr, leider, »zu machen«, die Hoffnungen gleich null.
Da entschloß sich der Vater zum Letzten: sie reden zu lassen, die Klugen und gewöhnlich gut informierten Kreise seiner Umgebung und sich durchzufragen zu dem, von dem die Leute sagten, er heile anders als die anderen, schwer zu beschreiben, wie, doch in einer Vollmacht, die die einen aufrichte und zu einem Leben kommen lasse, wie die es kaum für möglich gehalten hätten, einer Vollmacht, die anderen jedoch über die Maßen verdächtigt vorkomme. Und er fand ihn: nicht in Kapernaum, denn dort war ja

längst ausgemacht, wer krank war und wer nicht und wo noch Hoffnung und wo »der Fall« hoffnungslos. Fand ihn in Kana, knapp einen Tagesweg fort vom See, in den Bergen. »Beeil dich ...«, so seine Bitte: »Mein Sohn ist schwerkrank. Komm in mein Haus und tu, was du kannst!« Und Jesus? Es rührt ihn nicht. Nimmt kaum Notiz von ihm. Will auch gar keine Einzelheiten wissen. Unterbricht ihn einfach: »Wenn ihr nicht Zeichen und Wunder seht ...«

Zum weiteren Verlauf

Ich sehe ihn vor mir, den Vater. Die *fremde* Spur durch sein Leben: nie ist sie ihm fremder gewesen als in diesem Augenblick. Welten zwischen ihm, der am Ende ist, und dem, durch den so viel noch hätte werden können. Schon einmal ja hatte sich Jesus quer gestellt. Schon einmal in Kana. Als Hochzeit gefeiert wurde und so viele kamen, daß der Wein ausging und Maria sich an Jesus wandte, herauszuhelfen aus der Verlegenheit – und der sich weigerte. Nicht weil er den Mangel nicht gesehen hätte, doch aus Mangel, so seine Erfahrung, flink versteckt, werde nicht Fülle, sondern nur immer neuer Mangel, schlimmer womöglich als zuvor.

Vielleicht, so überlege ich, ist es das, was Jesus widerstehen läßt, als der Vater ihn drängt: Die Sorge, daß da wieder einmal einer die »schnelle Lösung« sucht ... daß da einer in die Krise geraten ist, aber davonmöchte und sein Heil in der Flucht sucht ... eine ganze Menge guter Absichten hat gegen das Fieber, doch sich selbst aus der Therapie ausklammert und sie so verhindert. Das Mirakel interessiert ihn, die große Geste, die virtuose Inszenierung unter fremder Regie. Und *er*? Der Zuschauer im Publikum: darauf aus, daß sich der Vorhang endlich hebt und das Spiel beginnt. Das Spiel der Experten, der Spezialisten, der Zentren und Zentralen, der Programme und Systeme, der Apparaturen und Präparate. »Gott« in diesem Wunderwerk hat viele Namen ...

Nein, sagt Jesus.

Nicht mit mir. Ich bin nicht der in der Livree, zu dessen Geschäft es gehört, »dort draußen« darüber zu wachen, daß sich »hier drinnen« nichts ändert, am geölten Gang der Dinge keine Störungen auftreten und du dich nur immer weiter verkriechen kannst und die Verantwortung für das Leben anderen zuweisen. Der »honigsüße Jesus« (Thomas Müntzer), der mit der wohlfeilen Himmelsware im Korb und dem Gnadenvorrat zu Trödlerpreisen: ich bin es nicht, so sehr du mir das auch zutrauen magst in deiner frommen Phantasie (und dabei doch nur an dich selber denkst). Als »Licht« (Joh. 8,12) komme ich in die Welt, und der Weg, den ich gehe, ist *Gottes* Weg, und seit den Tagen Israels, als es Sklave war in Ägypten, ist dieser Weg nie einer gewesen »jenseits« der Bedingungen, die das Leben strangulieren, nie einer mit dem Blick »in die Sterne« und der Tendenz

»darüberhinaus« und »daranvorbei«, sondern immer der ans *Kreuz*, der »mittenhinein«: hinein ins Kranke und Krankmachende, hinein in die Gewalt, den Hunger, die Tortur, die Rechtlosigkeit, die Lüge, die Sattheit und wie sie sonst daherkommt, die »Finsternis«, die es lieber mit dem Tod hält als mit dem Leben. Nicht wie die Welt gibt, gebe ich (Joh. 14,27). *Mein* Schalom ist: daß ich dem *Leben* auf der Spur bin, ihm auf den Grund gehe (denn dort ja liegen seine Schätze), mich durch Fassaden und Maskeraden nicht davon abhalten lasse und ihm im Tausch gegen die Angst (Joh. 14,27) die *Wahrheit* (Joh. 14,6) gebe, denn »nichts mehr soll den Tropfen trennen vom Strom, in den er gehört« (Dorothee Sölle).
Und so denn auch, verstehst du, geht es mir gar nicht so sehr um die Krankheit deines Jungen. Nicht darum zuerst, die Symptome zu beseitigen und den Patienten so rasch wie möglich wieder »gesund zu schreiben«. Zu *heilen* bin ich gekommen, nicht zu reparieren. *Dein* Fieber macht mir mehr zu schaffen! Denn so sehr schon »hat« es dich, daß es dir den Sinn für deine Wurzeln genommen hat: daß du »aus Erde gemacht« bist, mit jeder Faser teilhast an dem, was auch Leben, auch »aus Erde gemacht« ist, zu leben also einmal anfängt und zu leben einmal wieder aufhört und es ganz und gar nicht feststeht, wieviel dem einen und wieviel dem anderen bleibt von hier nach dort, und eigentlich sind es immer beide, die dir begegnen – *Simeon*, der Alte vom Tempelplatz, zum Sterben längst bereit, und auf der anderen Seite *Lennart,* gerade 15, Leukämie, Monate später tot ... Du hast es dir abhandeln lassen, dein Leben. Hast es nicht ertragen in deiner »Hütte«: begrenzt durch Raum und Zeit, beschränkt in deinen Möglichkeiten und Kräften, verletzlich und voller Widersprüche, gebunden an deine biologische Konstitution, ausgestattet mit eng bemessenen Entscheidungsspielräumen ... Hast dich von alledem losmachen wollen. Hast dich dem *Bild* überlassen, das du dir entworfen hast von deinem Leben. Hast es mit einer Hilfskonstruktion versucht wie die damals in Babylon, die einen Turm bauten, weil sie »hoch hinaus« wollten.
Und nun? Auf den du gesetzt hast, Vater und Mann des Hofs: der es fortsetzen sollte, dein Werk, deine Karriere lohnend machen und deinem Leben, kurzatmig, wie es immer gewesen ist, und unfähig, sich zu freuen und traurig zu sein, ein klein wenig Glanz und Ewigkeit zu verleihen ... dein *Sohn*, der Kronzeuge deines Lebens – er wird krank, und die Aussichten sind schlecht.
Ich kann euch sagen: durch Mark und Bein ist's mir gegangen dort oben am Weg.
Eine ungeheure Spannung durchzog die Begegnung der beiden ja gleich von Beginn an – und sie steigerte sich noch. Wie eine Mauer muß der eine auf den anderen gewirkt haben: keiner kam auch nur einen Schritt weiter. Meine Sympathien derweil lagen eindeutig beim Vater. Seine Enttäu-

schung war groß, und als sie sich im Zorn entlud, verstand ich ihn gut – und hätte mich nicht gewundert, wenn es zuletzt noch zum Eklat gekommen wäre ... Doch seltsam: der Vater erwiderte nicht, mit keinem Wort, keiner Geste, stand nur da und starrte auf den Boden. Nie habe ich einen Menschen müder gesehen.

Jesus ließ ihn, tat gar nichts eine Zeitlang ... ging dann leise auf ihn zu, legte seinen Arm um seine Schultern, half ihm sein Weggepäck abzulegen, und sie setzten sich und schwiegen ... lange.

»Weißt du, woran ich gerade denke?« begann der Vater, irgendwann und von sehr weit her, den Faden wieder aufzunehmen. »Als mein Junge eines Tages vor der Frage stand, was lernen, sagte ich: Sieh zu, daß du gut verdienst ... Ich sah die Frage in seinen Augen, doch er hielt sie zurück: Du verdienst nicht schlecht, Vater, aber sag', wie fühlst du dich? Ich gab keine Antwort ... Die Jahre vergingen, und wie kein anderer befolgte er mei-Rat. Doch manchmal, wenn ich die Fragen in seinen Augen sah ...?« (1)

»Hätte er sie aussprechen sollen? Ist es das, was du meinst?« fragte Jesus zurück. »Hättest du sie denn ausgehalten? Wärst geblieben, nicht wieder auf- und davongegangen? Meinst du, dein Junge hat dich nicht gekannt? In so vielen Antworten, die du gegeben, Bilanzen, die du gezogen, dich nicht kennengelernt? In deinen Fragen auch ... in denen vor allem, die du *nicht* gestellt hast, die du gemieden hast, weil sie dir so gar nicht ins Konzept paßten, sich so gar nicht fügen mochten deinen mühsam zusammengehaltenen Kompromissen oder, schlimmer noch: dich hätten *ahnen* lassen, wie brüchig das alles ist, worauf du deine Türme aus Eisen und Beton, Produktion und Profit, Einfluß und Erfolg, Macht und Abschreckung stationiert hast und wie sehr es letztlich die *Angst* ist, die dich treibt in deinem kalt und grob und eng und einsam gewordenen Leben der einen gegen die anderen und der Großen gegen die Kleinen: die alte Angst, zu kurz zu kommen und *vor* sich nur immer den Tod zu haben, den großen Verweigerer ... Sag', mein Freund: Wenn das auf einmal, vielleicht nur einen Tag lang, alles ganz anders wäre? Wenn es *vor* dir nicht der Tod wäre und die Angst, die sich ausbreiteten, sondern das *Leben* – was dann? Wie – nichts würde dich halten können, auch deine Erschöpfung nicht? Du würdest alles zurücklassen und hingehen, gleich jetzt und so, wie du bist, und in die Arme nehmen, woran du schon gar nicht mehr hast glauben können? Gut, dann geh'! Geh' – dein Sohn *lebt!* Der Weg zurück ist nicht einfach, aber keine Bange: Flügel werden dir wachsen, und du wirst dich getragen fühlen, denn der dich liebt – bis heute ja hast du dich nur immer weiter von ihm entfernt, doch bringt dich jetzt jeder Schritt, den du machst, ihm näher.«

Jesus brauchte es dem Vater nicht zweimal zu sagen. Im Nu war er auf den Beinen. Und während Jesus und die anderen zurückblieben, schloß ich mich ihm an, denn auch ich wollte nach Kapernaum hinunter.
Ich werde unseren Weg von dort oben nie vergessen. Wie in einen Menschen, aus dem schon alles gewichen war, etwas zurückkam, was seinem gebundenen Leben die Fesseln nahm ... ich hab' das noch nie so hautnah mitbekommen: gerade so, als sei da endlich miteinander in Verbindung gekommen, was getrennt war die ganze Zeit, mit Bedacht voneinander ferngehalten. Jeder Baum, jede Blume, jeder Bach, die Vögel, die Wolken, der Wind, die Sonne, die Menschen, die uns begegneten, die sich wund tretenden Füße auch ... alles einfach dort auf dem Weg zurück schien ihm zu einem Gleichnis zu werden für die Unverbrauchtheit, den *weiten* Raum, den sein Leben gewonnen hatte, seit ihm einer den Fluchtweg verstellte dort oben vor Kana. Feststehe jetzt gar nichts mehr ... Das letzte Wort würde sich ein anderer vorbehalten ...
Bilder kamen ihm:
»Siehe, einen neuen Himmel und eine neue Erde will ich schaffen ...« Oder: »Das geknickte Rohr wird er nicht zerbrechen und den glimmenden Docht nicht auslöschen ...« Oder: »Seht, die Wohnung Gottes unter den Menschen. Ganz in ihrer Mitte wird er wohnen, und sie werden sein Volk sein und er ihr Gott. Von ihren Augen wird er die Tränen wischen, und kein Tod wird mehr sein, keine Trauer, keine Klage, keine Mühsal. Was war, wird vergangen sein ...«
Auch das war auf einmal wieder da dort auf dem Weg, was sein Junge ihm gesagt hatte (kurz bevor sie sich nichts mehr zu sagen hatten): »Weißt du, Vater, es werden Menschen kommen, denen das Zeitauf Zeitab eurer Fabriken und das Horten eurer Konten gleichgültig ist ... die nicht einkaufen wollen auf euren Märkten, kein Interesse haben an den Tempeln eures verödeten Lebens ... sondern sich nach dem Millionen Jahre alten Wind erkundigen und ob ihr noch Sumpfdotterblumen habt. Und wenn anderswo die Wälder zerstückelt und die Städte über die Ränder getreten sind und vom Müll die Täler überquellen: ob ihr dann noch Wetterbuchen, einen unbegradigten Fluß, Mulden ohne schwelenden Abfall, Hänge ohne Betongeschwüre und Seitentäler liefern könnt ohne Gewinn ... und was aus euch selbst geworden ist und euren Kindern in dieser Wüste.« (2)
Vielleicht ... vielleicht könne auch aus diesen Steinen noch einmal Brot werden: *ausgeschlossen* jedenfalls sei's seit dort droben nicht mehr ...

Möglicher Schluß
Pausen machten wir jetzt keine mehr bis hinunter zum See; seine Ungeduld war jetzt einfach zu groß ... »Wie ein Fest wird es sein, wie im Traum, wenn erst Friede sein wird – *Schalom*!«, hörte ich ihn improvisieren von Mal zu Mal. Und je näher wir ans Ziel kamen, desto besser begriff er:

»Lebt wie die Axt, fahrt nieder, schlagt euch durch ... hat man euch gesagt. Ich aber sage euch: Lebt wie der Sproß, geht hinein, wartet und sprießt dann und grünt!«
»Bricht dir einer einen Zahn aus, dann brich ihm zwei aus ... Ich aber sage euch: Ändert eure Ziele, schafft statt der Vernichtungsmittel Mittel zur Heilung, ersetzt die Eskalation zum Tod durch die Eskalation zum Leben!«
»Lebloser Stoff, machbares Material ist die Erde ... Ich aber sage euch: Die Erde lebt, sie atmet, sie empfindet Freude und Schmerz!«
»Das Leben ist hart, ihr könnt euch Spiele nicht erlauben ... Ich aber sage euch: Treibt euren Kindern nicht die Kindheit aus, lernt von ihnen, lockert die Erstarrung auf, spielt euch frei, tanzt das Leben aus seinen Zwängen heraus!«
»Jugend ist Trumpf, betet die glatte Haut an ... Ich aber sage euch: Achtet die Runzel, Alte sind Edelmetall, sie haben den Glanz der Erfahrung!«
»Gott und die Seele, Hauptsache sie kommt durch, nach mir die Sintflut ... Ich aber sage euch: Gott und das Leben, du also und alle anderen und noch viel mehr, niemand lebt für sich, entweder kein Leben oder Leben gemeinsam!«
»Haltet euch heraus, zeigt euch ahnungslos, verderbt es mit keiner Partei ... Ich aber sage euch: Mischt euch ein, schärft den Blick für das Unrecht, fragt nach, nehmt Partei für die, um die sich die Parteien nicht kümmern!« (3)
Weiter kam er nicht, denn von Kapernaum kamen uns Leute entgegen, Bedienstete und Freunde und Nachbarn – und jeder wollte der erste sein mit der Nachricht, daß alles gut sei und das Fieber, seit gestern, so gut wie weg.
Das aber wußte er ja schon.
Und so denn konnte das Leben beginnen, das Wunder seinen Lauf nehmen: die Spur war gelegt. (Für die anderen übrigens auch, wie Johannes erzählt: zu leben steckt an, schon damals ...)

Anmerkungen
Beispiel (1) liegt Rudolf Schlabachs »Ich sage nichts« zugrunde, Beispiel (2) Margarete Hannsmanns »Aber es werden Menschen kommen«, Beispiel (3) Wolfgang Dietrichs »Antithesen im Sinne Jesu«.

Kontexte

Ein ruhiges Haus (Marie-Luise Kaschnitz)
Ein ruhiges Haus, sagen Sie? Ja, jetzt ist es ein ruhiges Haus. Aber noch vor kurzem war es die Hölle. Über uns und unter uns Familien mit kleinen Kindern, stellen Sie sich das vor. Das Geheul und Geschrei, die Streitereien, das Trampeln und Scharren der kleinen zornigen Füße. Zuerst haben wir nur den Besenstiel gegen den Fuß-

boden und gegen die Decke gestoßen. Als das nichts half, hat mein Mann telefoniert. Ja, entschuldigen Sie, haben die Eltern gesagt, die Kleine zahnt, die Zwillinge lernen gerade laufen. Natürlich haben wir uns mit solchen Ausreden nicht zufriedengegeben. Mein Mann hat sich beim Hauswirt beschwert, jede Woche einmal, dann war das Maß voll. Der Hauswirt hat den Leuten oben und den Leuten unten Briefe geschrieben und ihnen mit der fristlosen Kündigung gedroht. Danach ist es gleich besser geworden. Die Wohnungen hier sind nicht allzu teuer, und diese jungen Ehepaare haben gar nicht das Geld umzuziehen. Wie sie die Kinder zum Schweigen gebracht haben? Ja, genau weiß ich das nicht. Ich glaube, sie binden sie jetzt an den Bettpfosten fest, so daß sie nur kriechen können. Das macht weniger Lärm. Wahrscheinlich bekommen sie starke Beruhigungsmittel. Sie schreien und juchzen nicht mehr, sondern plappern nur noch vor sich hin, ganz leise, wie im Schlaf. Jetzt grüßen wir die Eltern wieder, wenn wir ihnen auf der Treppe begegnen. Wie geht es den Kindern, fragen wir sogar. Gut, sagen die Eltern. Warum sie dabei Tränen in den Augen haben, weiß ich nicht.

Entwaffnen durch die Liebe (Michel Quoist)
Ich habe mit einem Kind gespielt. / Es lachte die ganze Zeit. / Ich auch. / Wir gewannen einander lieb. / Wir waren im Frieden. / Ich fragte mich: Warum werden die Menschen von dem Lächeln eines kleinen Kindes entwaffnet? / Und ich antwortete: Weil sie keine Waffen brauchen, um sich gegen das Kind zu verteidigen. / Vor einem starken Mann fürchten wir uns. / Er könnte seine Stärke gegen uns einsetzen! / Wir müssen daher stärker sein als er. / Wir müssen uns bewaffnen. / Das kleine Kind läßt die Liebe in uns entspringen, / denn wir stehen ihm ohne Waffen gegenüber, / und daher sind unsere Hände / und unser Herz fähig zu lieben. / »Wenn ihr nicht wie Kinder werdet ...«

Sanftes Sterben (Anne-Marie Tausch)
»Es ist mir in den letzten Monaten so klar geworden, daß die wirklichen Entscheidungen nicht in meiner Hand sind. Ich habe einen gewissen Spielraum, den kann ich nutzen. Aber was mit mir geschieht, das habe ich nicht in der Hand ... Und wenn ich dann annehme, was ist, dann ist das eine ungeheure Hilfe. Sich immer mehr diesem Fluß des Geschehens anvertrauen können und denken: Du brauchst das Ruder nicht in der Hand zu halten, wenn du dich dem Strom anvertraust. Das ist noch schwer, da möchte ich noch viel stärker hinkommen, denn dann brauche ich überhaupt vor nichts mehr Angst zu haben ... Natürlich möchte ich meine Bücher noch fertigschreiben, aber ... ich erwarte es nicht, ich lasse es auf mich zukommen ...«

4. Sonntag nach Epiphanias

Predigttext: Matthäus 14,22–33
Helmut Siegel

Theologisch-homiletische Skizze

Ein schöner Text und doch voller Probleme für den Prediger. Das beginnt mit der von *A. Lindemann* (Gottesdienstpraxis III,4 z.St.) herausgearbeiteten Zweigipfeligkeit des Textes: Die von Mt. vorgefundene Geschichte einer Epiphanie der Göttlichkeit Jesu wird durch den Einschub von Vers 28–31 zu einer Glaubensgeschichte mit paränetischem Akzent. Was also in den Mittelpunkt stellen: Den sich seiner bedrängten Gemeinde offenbarenden Herrn, der Herr ist auch über die bedrohenden Mächte? Oder Petrus als exemplarisch Glaubenden *und* Kleingläubigen?
Weiter: Alle exegetischen Bearbeitungen des Textes stellen heraus, daß Mt. 14,22 ff. nicht Reflex einer historischen Begebenheit ist, sondern eine Glaubensaussage abbildet, das Seewandeln zu entschlüsselndes Symbol ist. Die Hörer des Textes werden bestenfalls fragen: »Ist das wirklich passiert?«, im Normalfall aber meinen: »Einfach unmöglich!« Wie sie von der diese Geschichte verschließenden Frage nach der historischen Wahrheit wegführen zu existentieller Betroffenheit?
Der Motivreichtum des Textes stellt den Prediger vor die Qual der Wahl. Was soll er aufgreifen: Die Jünger im Sturm als Bild für die bedrängte Kirche (heute?)? Der Herr, der abwesend ist und doch die Not seiner Gemeinde sieht und sie nicht verderben läßt? Christus als den, der gerade im Chaos auf uns zukommt, als »Licht über den Wassern« (J. Zink)? Die Gemeinde, die in ihrer Angst den Herrn nicht erkennt, sondern für ein Gespenst hält? Soll er die Bitte des Petrus als wagemutige Tollkühnheit oder als Vertrauen deuten? Den Ton mehr darauf legen, daß der Glaubende nicht untergeht, solange er auf den Herrn blickt? Oder mehr die rettende Hand des Christus predigen, der den Kleingläubigen nicht untergehen läßt? – Jedes Motiv ein möglicher Mittelpunkt der Predigt, wenn nicht gar genug Inhalt für eine Predigt!
Die mir vorliegenden Predigten zum Text sind überwiegend homilieartig aufgebaut und versuchen durch Allegorese deutlich zu machen: Hier geht es um uns! (Am beeindruckendsten P. Beiers Predigt in: H. Nitschke (Hg.), Zeichen und Wunder, S. 123 ff.).
Ich möchte einen anderen Weg gehen. Die Umkehrung des Motivs von M. Frisch in »Mein Name sei Gantenbein« ist m.E. unser Hauptproblem. Heißt es bei Frisch: »Ein Mann hat eine Erfahrung gemacht, jetzt sucht er die Geschichte dazu.«, so ist unser Problem: »Wir haben eine Geschichte. Jetzt suchen wir die Erfahrung dazu.« – Nun kann ich in einer Predigt keine Erfahrung vermitteln. Ich kann aber versuchen, aus Mt. 14,22 ff. wieder eine Lebensgeschichte zu machen, möchte den Hörern den

Text als Schlüssel zur Deutung eigener Erfahrung deutlich machen. Durch Ineinanderfügen einer heutigen Geschichte mit dem Text will ich die Frage nach der Historizität gar nicht erst aufkommen lassen, sondern deutlich machen, daß dieser Text der meist nicht wahrgenommene Unterstrom unserer Lebenserfahrung ist. – Diese Predigtidee verlangt, daß ich dem Leser meine *ausgeführte* Predigt darbiete. Ich fühle mich dabei eher wie der sinkende Petrus und möchte den Leser bitten, es nach seinen Kräften besser zu machen als ich. – Es wäre gut, wenn die beiden Geschichten, die im Kopf des Hörers zu einer werden sollen, von zwei Sprechern dargeboten werden, wobei der Predigttext nicht als ganzes zu Anfang, sondern jeweils nach dem entsprechenden Teil der anderen Erzählung teilweise gelesen wird. Eine kurze Pause zur Besinnung nach den Predigtteilen wäre sicher gut.

Vorschläge zur Liturgie

Lesungen

Als Eingangspsalm möchte ich Ps. 69,1–4+30 vorschlagen. Die altkirchliche Epistel aus 2. Kor. 1 eignet sich als weitere Lesung, da sie ebenfalls das Thema Bedrängnis und Bewahrung anschlägt.

Liedvorschläge

EKG 205; 250; 283,1,3,4; 293,1–3; 306; 309,1

Kollektengebet

Gott, der Du Dich in Jesus Christus geoffenbart hast: In allen Ängsten bist Du uns nah. – Wir bitten Dich: Rede Du zu uns, dann werden wir still und können aufatmen, sind wir geborgen in allem, was uns bedrängt. (Nach: Liturgieentwürfe für das Kirchenjahr, Beratungsstelle f. Gestaltung, Frankfurt, S. 74.)

Gebet nach der Predigt

Herr, gib allen, die dich suchen, / daß sie dich finden, / und allen, die dich gefunden haben, / daß sie dich aufs neue suchen, / bis all unser Suchen und Finden / erfüllt ist in deiner Gegenwart (Hermann Bezzel).

Schlußgebet

Herr, die Welt ruht in deiner Hand und mit ihr auch wir. In deiner Hand ändert sich die Welt. – Gib uns den Glauben, daß wir das Unmögliche wagen. Gib uns die Hoffnung, daß wir nicht nach rechts oder links sehen, sondern auf dich. Gib uns dein Wort, damit wir nicht verlassen sind. – Du gehst neben uns auf den Wellen. Wem sollen wir uns sonst anvertrauen? Wem sonst gehorchen? Von wem den Sinn unserer Mühe erwarten? – Du gehst neben uns auf den Wellen; darum vertrauen wir uns dir an, der du Macht hast über die Wellen. Ohne Grund unter den Füßen können wir gehen, denn du bist der Weg. (nach: J. Zink, Wie wir beten können, Stuttgart 1970, S. 169)

Ausgeführte Predigt

Ich möchte heute etwas Ungewöhnliches versuchen. Ich möchte ausprobieren, ob die Geschichte, die der heutige Predigttext erzählt, eine nur vergangene Geschichte ist, oder ob sie heute geschieht, Ihnen und mir widerfahren kann. Ich vermute, daß diese alte Geschichte so etwas wie ein Schlüssel sein kann, der die tiefen Schichten unter unserem Erleben aufschließt. Ob ich Ihnen dies schlüssig aufweisen kann, das weiß ich nicht. – Ich werde Ihnen eine Geschichte von heute erzählen, und Herr/Frau X. wird nach jedem Teil ein Stück der alten Geschichte aus dem Matthäus-Evangelium vorlesen.

Ich mute Ihnen viel zu. Ich mute Ihnen zu, beide Geschichten miteinander zu verbinden, zu erkennen, wo und wie die alte Geschichte die andere Geschichte entschlüsseln, durchdringen, in einem ganz andern Licht zeigen kann. Ich traue Ihnen das zu und ich meine: Ihre Anstrengung lohnt!

Es lief für ihn in der letzten Zeit nicht gut. Die Aufträge wurden knapper und er mußte Arbeiten annehmen, die er früher zurückgewiesen hätte. Aber da waren die Banken mit ihren Forderungen. Es war schwierig, aber durchaus zu schaffen, das wußte er, nur: Er war jetzt oft so matt und seltsam kraftlos. Sicher, mit 42 war er nicht mehr der Jüngste, aber doch auch noch nicht alt. – Anita, seine Frau, hatte gemeint: »Geh doch mal zum Arzt!« Doch er hatte gelacht und geantwortet: »Dazu fehlt mir die Zeit! Das vergeht schon wieder!« – Aber heute hatte er sich doch angemeldet. Er brauchte jetzt doch etwas gegen den lästigen Husten, wahrscheinlich eine verschleppte Bronchitis, und dann: diese mangelnde Energie ...

Lesung Mt. 14,22+24:

Ob das wirklich notwendig war? Vermutlich hatte sein Hausarzt übertrieben. Er hatte ihn gründlich untersucht und dann gemeint, am besten wäre eine genaue Untersuchung in der Klinik: »Ein, zwei Tage, Herr Ohm – einfach um alles auszuschließen ...« hatte er gesagt. – Alles auszuschließen? Hatte er einen bestimmten Verdacht? Krebs? Lungenkrebs? Aber er war doch Nichtraucher, immer schon gewesen. – Nervös ging er im Krankenzimmer auf und ab, aufs Bett legte er sich nicht, hinein schon gar nicht. Er war ja nicht krank. Ganz im Gegenteil, er fühlte sich schon besser. Warum ließen sie sich bloß so viel Zeit mit den Untersuchungen? Warum morgen noch einmal zum Röntgen? Wenn er fragte, dann hieß es: »Sie müssen sich noch gedulden. Die Untersuchung ist noch nicht abgeschlossen!« Er hustete, horchte in sich hinein, alles in Ordnung?!?

Mt. 14,24

Die Besprechung mit dem Professor war am folgenden Nachmittag. Sie hatte lange gedauert, aber als er jetzt auf dem Bett lag, gingen ihm immer wieder nur ein paar Sätze durch den Kopf: »Ja, Herr Ohm, leider, Lungenkarzinom, im linken Hinterlappen. Sehr ernst, aber nicht hoffnungslos. Noch zu operieren, allerdings, keine einfache Operation, jedoch die letzte Chance ...« – Er war immer noch wie erstarrt. Schlaflos lag er auf dem Bett und hörte, wie die Schritte auf dem Gang «Kar-zi-nom« sagten oder einfach »Krebs-Krebs-Krebs«. – Die Vorhänge hielten das Licht der Autoscheinwerfer nicht ganz zurück, es fiel auf ein Kreuz an der Wand. Ein schmuckloses Ding, ohne Korpus, billiges Kunstgewerbe, Bronzeguß mit irgendeinem Spruch drauf.
– »Ein Grabkreuz« dachte er, »*Mein* Grabkreuz, etwas für meine Traueranzeige! – Was hat das Ding bloß in einem Krankenzimmer zu suchen?!« Als die Nachtschwester ihm eine Schlaftablette brachte, sagte er: »Bitte nehmen Sie das Kreuz dort ab, es stört mich!« Sie sah ihn erstaunt an, dann nahm sie es wortlos von der Wand und legte es auf den Tisch.
Mt. 14,24–26:
Endlich war es wieder Abend geworden, und er war allein. Er saß im Sessel am Tisch, die Einwilligungserklärung für die Operation lag weit weg, auf dem Nachttisch, noch nicht unterschrieben. Er wollte nicht. Und er wußte, warum. Nicht aus den Gründen, die er dem Professor oder seiner Frau genannt hatte. Er wollte nicht, weil er Angst hatte, ganz entsetzliche Angst. – »Du mußt leben! Du mußt Dich operieren lassen!« Seine Frau hatte gut reden. Gut, er mußte, aber: »Ich kann einfach nicht!« – Mechanisch nahm er das auf dem Tisch liegende Kreuz in die Hand. Wirklich: billigstes Kunstgewerbe. Er las den Spruch: »Siehe, ich bin bei euch alle Tage bis an der Welt Ende!« – »Und ich bin allein mit meiner Angst, Gott!« Er krampfte beide Hände um das Kreuz. »Ich will leben, lieber Gott! Laß mich leben! Laß mich nicht sterben! Laß mich nicht allein!« Wieder und wieder dieses Stoßgebet, bis sich das »Sei bei mir!« verwandelte und er hörte: »Ich bin bei dir, bin bei dir alle Tage ...« Da stand er auf und unterschrieb. Morgen konnten sie ihn operieren, gleich morgen. Er klingelte nach der Schwester. Das Kreuz legte er auf seinen Nachttisch.
Mt. 14,26–29:
Als er aus der Narkose erwachte, hörte er das Piepen und Rasseln. Er wollte atmen, aber es ging nicht. Er schnappte nach Luft, in Todesangst – jemand kam, sah nach den Schläuchen und ging wieder. Immer noch reichte ihm die Luft nicht, die die Maschine in seinen Lungenrest preßte. »So sieht das Ende aus«, ging es ihm durch den Kopf, »Jetzt erstickst du!« Mit einer gewaltigen Anstrengung richtete er sich auf, das Piepen wurde lauter und schneller. Wieder kam jemand und drückte ihn behutsam nach unten. Sein Kopf lag jetzt ein wenig anders, mehr zum Fenster hin.

Die Sonne stand genau hinter dem Fensterkreuz. »Hilf mir, Jesus, ich sterbe!« Dann versank er wieder in die Bewußtlosigkeit.

Mt. 14,28–31:

Die Angst kam auch später wieder, vor allem nachts. Er wehrte sich gegen sie, aber sie überschwemmte ihn, und er zitterte wie ein hilfloses Kind. Dann nahm er manchmal das Kreuz in beide Hände, klammerte sich daran wie ein Schiffbrüchiger an den Balken und murmelte den Spruch, der im Kreuz eingraviert war. – Von seiner Angst erzählte er niemandem, er schämte sich. Als er entlassen wurde, fragte er, ob er das Kreuz wohl mitnehmen könne, gegen eine Spende selbstverständlich. Sie ließen es ihm umsonst.

Mt. 14,29b–31

Sein Testament war seit ein paar Tagen fertig. Er tat noch so, als nähme er ihnen ihre barmherzigen Lügen ab, an die er tatsächlich selbst ein paar Monate geglaubt hatte. Er wußte es jetzt besser, er fühlte es einfach. – Wenn er allein war, dann tastete er nach dem Kreuz; die Kälte der Bronze tat ihm gut. Er wollte es mitnehmen, so hatte er es aufgeschrieben. Sie sollten es ihm in den Sarg legen. »Gerade dann brauche ich etwas zum Festhalten« dachte er.

Mt. 14,30b+31a

Der Arzt sagte: »Bis nachher dann!« In 3 Stunden würde er wiederkommen, zur nächsten Spritze. Als er fort war, sagte er: »Anita! Hier!« Er schob das Kreuz von seinem Nachttisch, seine Frau hob es auf. »Nimm du es. Eigentlich solltest du es mir mitgeben in den ... ach, du weißt schon. Aber ich brauche es nicht mehr. – Es ist leer, siehst du? Er ist schon mal vorgegangen und wartet, daß er mich herausziehen kann, endgültig. Ich will für ihn die Hände frei haben!« – »Es ist gut, Liebster!«, flüsterte sie und strich beruhigend über seine schweißnasse Stirn. Er wollte ihr noch sagen, daß er ganz klar im Kopf sei und nicht etwa fantasiere, aber es ging nicht mehr.

Mt. 14,32+33

Zwei Geschichten, liebe Gemeinde, eine alte und eine von heute. Oder doch nur eine in zwei verschiedenen Fassungen? – Mag sein, daß unser Leben eine ganz andere Geschichte erzählt als die Geschichte Peter Ohms. Aber ich bin sicher: Die alte Geschichte, die *wird* in unserem Leben erzählt. Und wie wahr sie ist – Gott lasse es uns erfahren, wenn wir in Angst sind und in Not!

Andeutung von Alternativen

Eine Predigt, die sich nach Aufbau und Thema an die von *M. Josuttis* (in: GPM 69. Jg., 1980, S. 107–112) herausgearbeiteten drei polaren Grunderfahrungs-Paare hält: die Spannung zwischen Bedrohung und Bewahrung (Vers 22–27); die Spannung zwischen Vertrauen und Unsicherheit (Vers 28–31) und die Spannung zwischen Ohnmacht und Allmacht (Vers 29–33). – Andere Möglichkeit: sich an der in der theologisch-homiletischen Skizze angeführten Predigt *P. Beiers* orientieren (s.o.).

Kontexte

Meine Hoffnung // In Deinem Alter, Kind, / hat jeder Mensch noch Gründe / anzunehmen / er könnte / fliegen wie laufen / lernen. / – Ich werde mich hüten, / Dich aufzuklären. / – Vielleicht / bin doch ich es, / der sich irrt. (K. Kahlau, Flugbrett für Engel. Gedichte, 1975).

»Der Spiegel sagt / Sieh du bist alt / – Ich kann fliegen / antworte ich / – Du fliegst und / fällst / sagt der Spiegel.« (R. Ausländer, Ein Stück weiter. Gedichte, 1979)

»Auf dem Wasser Gehen« – »Behauptung« // Das muß gewesen sein / als niemand mehr / unsern Standort / nach nautischen Meilen / zu ermessen vermochte / als selbst Radaraugen / nur Horizonte erspähten / und unser Durst / angesichts des Meeres / uns vorgaukelte / wir seien schon nah / am Ziel da muß ich / auf die Reling / geklettert sein / um Gottes willen / hat der Kapitän noch / geschrien aber ich / schon im Sprung / konnte nicht mehr zurückschreien: / entweder ich kann jetzt über das Wasser gehn / oder den Abgrund ermessen / in welchem wir alle untergehen.« (E. Zeller, Auf dem Wasser gehn. DVA, 1979, S. 5)

»Es hat wenig Sinn, an Erfahrungen dieser Art herumzufragen, ob sie denn möglich seien. Erfahrungen dieser Art kommen von außen, wo Nacht, Sturm und Meer sind. Und sie kommen von innen, wo ein Mensch in den Bildern von Sturm, Meer und Nacht seine Rettung erfährt. Am Ende ist unwichtig, was außen und was innen geschah, denn es ist tatsächlich alles anders geworden: Es ist einer da. Der Sturm ist nicht souverän. Das Schiff hält stand. Der Morgen kommt, und der Meerfahrer macht sein Boot fest. Die Seele geht nicht unter. Der Christus vermag auf dem Wasser zu gehen. Er geht über dem Chaos im Grund der Seele, frei über den Wassern und sagt: Ich bin das Licht der Welt. Das Licht über der Finsternis. ... »Ich bin's! sagt der Christus vom See Genezareth. Mitten in dem, was dir Angst macht, bin ich. Fürchtest du den Sturm? Ich bin's. Fürchtest du, was kommt? Ich bin's. Fürchtest du deine Krankheit? Ich bin mitten in ihr. Fürchtest du das Sterben? Es wird eine Begegnung mit mir sein. Du brauchst dich nicht gegen die Welt abschirmen. Du brauchst weder in dir selbst noch an irgendeinem anderen weltabgewandtem Ort Zuflucht suchen. Nimm die Herausforderung an, die in dieser Zeit liegt. Wenn diese Zeit von dir eine Änderung deiner Gesinnung verlangt – und sie tut es –, dann nimm ihre Forderung an. In dieser Zumutung begegnest du mir.« – ... »Nichts kann die Angst bannen, die heute durch die Welt geht, es sei denn das Wort, mit dem uns Gott mitten aus der Gefahr anspricht. Nichts kann uns helfen, als das eine, daß das Gebirge der Wellen in seiner Gegenwart in sich zusammensinkt ...« (J. Zink, Licht über den Wassern. Kreuz Verlag Stuttgart, 1978, S. 212 f.)

Letzter Sonntag nach Epiphanias

Predigttext: 2. Mose 3,1–10 (11–14)
Klaus Wende

Theologisch-homiletische Skizze

Die Gestalt des Mose ist dem Predigthörer nicht unbekannt; ein regelmäßiger Gottesdienstbesucher hat am 2. Sonntag nach Epiphanias die Predigt zu 2. Mose 33 gehört: Mose möchte Gottes Herrlichkeit schauen. Ich möchte versuchen, den Hörer in die Lebensgeschichte des Mose zu verwickeln. Die Scheidung des Textes in die Quelle J und E erscheint mir dabei weniger hilfreich zu sein als vielmehr die Beobachtung, daß zwei Themen ineinander verwoben sind: Gott erscheint – Mose wird berufen. Ich finde diese Doppelung in den österlichen Erscheinungsberichten des NT wieder: Wem der auferweckte Christus »erschienen« ist, der wird zum Boten des Erschienenen. Wer sich nicht der Methode einer erzählenden Predigt anschließen möchte, sei besonders auf Bezüge zu diesen ntl. Texten verwiesen.
Die Epiphaniaszeit veranlaßt mich, so zu predigen, daß dem Hörer ein Licht darüber aufgeht, was das »Phänomen« Gott in seinem Leben bewirken kann. Das Stichwort »Epiphanias« taucht in 2. Mose 3,18 auf: Gott ist uns erschienen, sagen die Ältesten und Mose. Ich möchte aufzeigen, daß Gott ein zuvorkommender, ein sich herablassender Gott ist (Vers 8), der unaussprechliches Erbarmen mit den leidenden Menschen hat. Das Problem des Leidens der Israeliten in Ägypten hatte Mose auf seine Weise zu lösen versucht. Er sah das »brennende« Problem seines Volkes, und als Helfer wurde er zum Mörder. Er hatte gemeint, Gott stehe dem Elend und der menschlichen Geschichte distanziert gegenüber. Nun kann er Gott aus der Nähe wahr-nehmen. Er erhält einen Anschauungsunterricht in der Sache: Gott, der Erbarmer und Liebhaber seines Volkes. Er erfährt Gottes Wesen in seiner Abwesenheit, der Leidenserfahrung. Gott wahr-nehmen heißt nicht, ihm in die Karten schauen zu können. Im Hintergrund von Ex. 3 steht für mich die Frage nach dem deus absconditus: Wie kann ich Gott wahr-nehmen, ihn erfahren, ihm glauben, wenn die Lebenswirklichkeit die Frage nach der Zuneigung Gottes zu durchkreuzen scheint? Mose erlebt Gott als ein für sich sprechendes Geheimnis, das man nicht lösen, mit dem man aber vertrauensvoll leben kann. Vgl. Mt. 28,20: Ich bin bei euch alle Tage (Anklang des Jahwenamens Vers 14). Dem An-Spruch Gottes wird Mose als Botschafter des Erbarmens gerecht. Dem Predigthörer sollte deutlich werden, daß Gott auch heute noch als Erbarmer in Erscheinung tritt. Mose entdeckt auf einem scheinbaren Umweg den Platz Gottes in seinem Leben. Er muß nun selbst seinen Standort beziehen. Daß er sich als Gesandter nicht geschickt genug fühlt, gibt eigentlich auch meine eigene Reaktion wieder: Wer bin ich, daß ich vor eine Ge-

meinde hintreten sollte? Die Berufung zum Apostel, zum konkreten christlichen Reden und Handeln, stößt bei uns Menschen auf Vorbehalte. Welche Vorbehalte könnten meine Zuhörer anführen?
Wie kann ich sie ermutigen, ihr Leben in der Begegnung mit Gott abzuändern, im Dialog mit ihm zu bleiben und seiner Geschichte als Verheißung zu vertrauen? Nicht jeder wird ein solch energisches Erscheinen Gottes erleben wie Mose oder die Stimme des Herrn Feuerflammen sprühen sehen (Ps. 29,7). Angesichts der Nöte unserer Welt scheint es eher so, daß Gott sich hinter dem Busch hält, als daß er aus ihm in Erscheinung tritt. Vielleicht fühlen sich meine Gemeindemitglieder am ersten mit den geplagten Israeliten solidarisch. Deshalb schlüpfe ich in der Predigt in die Haut eines verzagten, sich gottverlassen vorkommenden Menschen. Denkbar wäre auch eine Predigt aus der Sicht des Schwiegervaters Jetro, eines Hirten und Geistlichen! Pfarrerinnen könnten sich mit der Person der Mirjam, der Schwester des Mose, identifizieren. Weitere Anregungen zu einer Predigt in: Fuchs, Von Gott predigen, Gütersloh 1984, S. 88, und Nitschke (Hg.), Erzählende Predigten, Gütersloh 1976, S. 118.

Liturgische Vorschläge

Lieder

EKG 48,1+4; 51,1–3.5–6; 128,1–2.4+6; 409 (Licht, das in die Welt gekommen). Kirchentagsliederheft 1981 Nr. 104: Gott wohnt in einem Lichte; Kirchentagsliederheft 1983 Nr. 763: Lobt den Herrn; Liederheft Deutscher Evangelischer Kirchentag (o.J.) Nr. 80: Was wär ich ohne dich gewesen. Ein Kirchenchor könnte singen: When Israel was in Egyptsland (Negro Spirituals, Fischer Bücherei Nr. 472).

Begrüßung

Am letzten Sonntag in der Epiphaniaszeit wollen wir Gott bitten, daß er in unserem Leben mehr als bisher in Erscheinung tritt. Wir wollen ihm danken für seine Nähe, die wir immer wieder spüren dürfen. Aber wir wollen ihm auch klagen, daß wir oft wenig von ihm zu sehen bekommen. Wir wollen uns die Augen öffnen lassen für die eigene Schuld und für die Nöte anderer. In der Predigt möchte ich erzählen, wie jemand Gott zu Gesicht bekommt und dadurch einen neuen Lebensweg findet.

Epistel

Predigttext lesen mit Hinweis auf die dazugehörende Predigt; oder einen der folgenden Texte: Apg. 9,1–15; 2. Kor. 4,3–6; Eph. 2,1–10; 1. Pt. 2, 5–10.

Evangelium

Mk. 12,24–27 oder Mk. 16,9–16

Kollektengebet
Vater im Himmel, du trittst in unserem Leben so wenig in Erscheinung. Daran sind wir nicht unschuldig; denn wir spiegeln zuwenig wider von deiner geduldigen Liebe und grenzenlosen Barmherzigkeit. An uns kann man nur ungenau ablesen, wer du bist. Wir bitten dich: Zeige dich uns und mache uns zu Boten deiner Menschlichkeit. Wie du in Jesus Christus erschienen bist, so laß auch an uns etwas sichtbar werden von deiner Güte. Das bitten wir durch den Heiligen Geist, der unserem Leben Hoffnung macht für die Ewigkeit. Amen.

Fürbittgebet (in Anlehnung an »Höre uns, Herr!« Gütersloh 1982)
Gott, dessen Name unaussprechlich ist und den kein Mensch je gesehen hat: Wir beugen uns vor deiner Schöpfermacht. Wir erkennen deine Herrlichkeit in der Natur und bewundern deine Weisheit im Weltall. Auch die Geschichte der Menschheit lenkst du nach deinem Rat. Kein Schicksal bleibt dir verborgen. Deshalb klagen wir dir unsere Not: Wir möchten Einblick gewinnen in deine Pläne und begreifen nicht, warum viele so sehr leiden müssen (konkrete Beispiele aufzählen).
Wir bitten dich für die, die deinen Willen begreifen und unsere Welt auf den Weg des Friedens bringen wollen: für die Politiker in allen Staaten, daß sie dich erkennen und Verantwortung vor dir übernehmen.
Wir bitten dich für die, die meinen, sie könnten aus eigener Kraft ein Paradies auf Erden schaffen.
Wir bitten dich für alle, die unempfindlich geworden sind für die Nöte ihrer Mitmenschen, weil sie ständig für ihr eigenes Fortkommen und ihren Erfolg sorgen; für alle, die immer mehr leisten, um sich noch mehr leisten zu können.
Wir bitten dich für alle, die mutlos und verzweifelt sind, weil sie in ihrem Leben deine Herrlichkeit nicht zu Gesicht bekommen, weil ihr Blick getrübt ist von Krankheit, Unglück und Mißerfolg. Wir bitten dich für alle, die keine Hoffnung mehr haben und ihr Leben für sinnlos halten.
Wir bitten dich für die, die bereit sind, um ihres Glaubens willen zu leiden, die den Teufelskreis von Haß und Gewalt durchbrechen, die der Liebe mehr zutrauen als dem Aufrechnen von Schuld und Gerechtigkeit.
Wir bitten dich für alle, die für die Unterdrückten eintreten und den Menschenrechten in allen Ländern Geltung verschaffen möchten und die dabei ihr eigenes Leben riskieren.
Wir bitten dich für die, die sich von deiner Freundlichkeit haben anstekken lassen und einen hellen Schein in das Leben anderer bringen. Wir bitten dich für alle, denen du ein Licht aufgehen lassen möchtest und denen wir ihr Leben verdunkeln.

Schenke allen Menschen den Anblick deiner Gnade, damit wir dich gemeinsam loben und dir danken durch Jesus Christus, unseren Herrn. Amen.

Vorschlag für die Predigt

Möglicher Anfang

Nennen Sie mich einfach Jakob. Ich gehöre zu den hebräischen Fronarbeitern in Ägypten. Mein Rücken ist gebeugt von den schweren Lasten, die wir zu tragen haben. Mein Körper ist bedeckt von Striemen, die von den Peitschenhieben der unbarmherzigen Aufseher herrühren. Meine Hände sind schwielig von den rauhen Ziegeln und klobigen Steinen, mit denen wir dem Pharao die Stadt Ramses bauen müssen. Mein Leben ist wertlos, und ich frage mich, was ich noch auf dieser Welt soll. Kein Hoffnungsschimmer zeigt sich am Horizont. Es hat den Anschein, als würde echte Sympathie aussterben und die Unmenschlichkeit immer mehr in Erscheinung treten. Ich darf nicht einmal krank sein; das wird als Arbeitsverweigerung ausgelegt und hart bestraft. Einige unter uns meinen zwar, es sei Gottes Strafe, daß wir so geplagt werden. Man müsse deshalb alles geduldig ertragen. Doch meinen Kinderglauben an einen gnädigen, barmherzigen und liebevollen himmlischen Vater habe ich längst verloren. Mag sein, daß unsere Vorfahren Abraham, Isaak und mein Namensvetter Jakob seine gütige Hand zu spüren bekamen. Aber was nützt das mir heute? Ich spüre nichts von seinem helfenden Eingriff, sehe nichts von seinem Dasein in meinem Leben. In einer gottverlassenen Welt bin ich zu Hause. Seine Abwesenheit geht mir bis unter die Haut. Wo früher in meinem Herzen die feste Zuversicht war, daß Gott niemanden im Stich läßt, fühle ich jetzt eine leere Stelle, an der es schmerzhaft sticht: Wo bist du, Gott, in einer Welt, in der das Unrecht regiert, die Großen über die Kleinen herfallen, Menschen geknechtet und zu Arbeitstieren gemacht werden? Wo bist du, Gott, in einer Welt, in der die Lebenschancen und die Lebensmittel so ungleich verteilt und Kinder schon dem Tod ausgeliefert sind? Wie kann ich meinem Sohn glaubwürdig machen, daß sein Leben einen unendlichen Wert und einen tiefen Sinn hat, wenn ihm nur ein Sklavendasein blüht? Und soll ich ihm etwa sagen, daß er bei der Geburt ersäuft worden wäre, hätte unsere Hebamme dem Befehl des Pharao Folge geleistet? Vielleicht würde er mir später den Vorwurf machen, wir hätten ihn lieber in die Binsen gehen lassen sollen, anstatt ihn für ein Leben zu erhalten, das kein menschenwürdiges ist.

Zum weiteren Verlauf

Ich erzähle dann von Moses Jugend. Er versuchte auf seine Weise, unser Volk zu erlösen. Als ein Aufseher wieder einmal dreinschlug, hat Mose

zugeschlagen – tödlich. Wenn schon Gott unser Volk nicht behütete, so wollte er der gute Hirte sein. Diesen Gedanken könnte man noch etwas ausbauen, weil Mose später Schafhirte und dann Hirte seines Volkes wurde. Ihm wurde aber in Ägypten der Boden unter den Füßen zu heiß. Dann erzähle ich von der Rückkehr des Mose mit Frau und Kind auf einem Esel (vgl. im NT Flucht der heiligen Familie nach Ägypten). Die Entbehrungen sollen ein Ende haben, und Milch und Honig soll fließen. Es gäbe einen Lichtblick für uns alle; denn Gott selbst sei ihm erschienen. Für mich klingt das zwar unwahrscheinlich. Aber ich kann nicht bestreiten, daß Mose sich grundlegend verändert hat. Damals habe er die Sache falsch angepackt, meinte er. Mit Gott habe er nicht mehr gerechnet. Ihm sei unbegreiflich gewesen, wie Gott tatenlos habe zusehen können, wie unschuldige Menschen gequält und langsam zu Tode geschunden wurden. Deshalb habe er auf eigene Faust gehandelt. Er habe Gewalt angewendet und sein Heil in der Flucht suchen müssen. Jetzt versuche er, Gottes Willen zu berücksichtigen und ihm nicht vorwurfsvoll in den Arm zu fallen.
Ich möchte dem Predigthörer die Verwandlung des Mose deutlich vor Augen stellen und ihn damit einladen, sich in ähnlicher Weise von Gott verwandeln zu lassen. So erzähle ich:
Energisch wollte uns Mose verteidigen, hart durchgreifen, auf einen groben Klotz einen groben Keil setzen, auf unser Lebensrecht pochen. Im brennenden Busch hat Gott ihm *seine* Energie gezeigt, mit der man im Leben mehr erreicht: Leiden erdulden, Unrecht ertragen, auf Gewalt verzichten, die Feinde lieben, Gott die Rache überlassen. Die Not vieler Menschen in unserem Volk und in anderen Völkern ist ein brennendes Problem. Aber Gottes Geschichte verläuft manchmal anders, als wir sie uns wünschen. Sein Verhalten wird für mich ein Geheimnis bleiben. Aber ich habe erkannt: Mit einem Geheimnis kann man leben; man muß es nicht lösen wie ein Rätsel. Mose ist im brennenden Busch ein rätselhaftes Phänomen begegnet. Aber dabei hat er das Geheimnis Gottes erfahren.
An dieser Stelle kann man das Geheimnis des Gottesnamens ansprechen. Theologisch ist mir dabei wichtig, daß der Gottesname zum Ausdruck bringt, daß Gott nicht für sich existieren möchte, sondern in Beziehung zum Menschen seinen »Lebenssinn« sieht. Diese Beziehung verändert den Menschen. So ist aus dem lichtscheuen Mose ein das Licht Gottes erkundender Mensch geworden. Er hat sich ganz Gott zur Verfügung gestellt und auf eigenes Recht zum Handeln verzichtet. Vgl. Ruth 4,7: Das Ausziehen der Schuhe gilt als Geste des Verzichts auf eigene Machtpositionen.
Sein Schwiegervater Jetro habe ihm nicht nur das Einmaleins eines guten Schafhirten beigebracht, sondern auch das Einmaleins des Glaubens. Als geistlicher Hirte der Midianiter hat er Mose ermutigt, Gott zu trauen,

auch wenn im Augenblick kein einleuchtender Gedanke das eigene Unglück oder den bedauernswerten Zustand des Volkes Israel erhelle.
Erörtert wird dann die Begegnung am brennenden Busch. Dabei könnte verdeutlicht werden, wie Gott in einer Alltagserscheinung zu Gesicht kommt. Menschen würden Gott vielleicht lieber als eine Sehenswürdigkeit bewundern, als sich von ihm zum Dienst am Nächsten beauftragen zu lassen. Es käme darauf an, daß bei uns ähnlich wie bei Mose eine gewisse Neugier geweckt wird. Ich möchte erfahren, ob Gott tatsächlich hilft, ob er sich zeigt mit seiner Kraft, ob seine helfende Hand in meinem Elend spürbar wird.

Möglicher Schluß

Gott will nicht unbekümmert und sorglos für sich allein leben. Er will sich um sein Volk kümmern und die Sorgen der Menschen mittragen. Er will gerade den niedergeschlagenen Menschen seine Zuneigung zeigen. Er will da sein für jeden, dem der Kummer Falten ins Gesicht schneidet und dem das Herz schwer ist von unheilvollen Gedanken. Er möchte durch Menschen heilend eingreifen, damit keiner dem anderen weiterhin Schmerzen zufügt. Er möchte zur Einsicht verhelfen, daß Schuld nicht für ewig angerechnet wird. An Mose hat er das unter Beweis gestellt. Ihn, der das Licht der Öffentlichkeit scheuen mußte, hat er in sein Licht gestellt und ihn beauftragt, in Güte zu den Leuten zu reden.
Zu Anfang habe ich in meiner Verzweiflung gesagt, daß mein Leben nichts mehr wert ist. Ich habe auch eingestanden, daß mein Glaube sehr ins Wanken geraten ist. Nun beginne ich, Mut zu fassen, weil auch Mose zuversichtlich seinen Weg mit Gott gehen möchte. Das beeindruckt mich. Vielleicht bin ich durch die Fronarbeit blind geworden, um Gottes Spuren in meinem Leben zu sehen. Ich hatte nur mein eigenes Elend und die Not meiner Mitmenschen vor Augen. Ich habe ganz einfach vergessen, daß es auch Menschen gibt, denen meine Striemen nicht gleichgültig sind, die meinen gekrümmten Rücken nicht noch mehr beugen. Da ist z.B. meine Frau, die mir tröstend die schwieligen Hände streichelt und ein gutes Wort für mich hat, oder mein Sohn, der von mir Hilfe zum Leben erwartet. Ich möchte wieder vertrauensvoll glauben können, daß Gott für uns da ist alle Tage bis ans Ende der Welt. Vielleicht will Gott sogar durch mich für andere da sein, damit ich ihnen Mut mache, gut zurede, sie nicht im Stich lasse. Andere sind auf meine Sympathie angewiesen, um nicht ihre Ansicht von einem hilfreichen Gott ändern zu müssen. Auch in undurchsichtigen Lebenslagen wünsche ich mir jemanden, der mir die Hoffnung auf einen späteren Durchblick wachhält. Hinter den Phänomenen unserer vom Sterben bedrohten Welt wird der sichtbar, der den Toten das ewige Licht leuchten läßt. Deshalb will ich zufriedener mit meinem Schicksal sein. Ich will mich

von Worten ermutigen lassen, die einer (J. Klepper) so gesagt hat: »Sieh nicht an, was du selber bist in deiner Schuld und Schwäche. Sieh den an, der gekommen ist, damit er für dich spreche.«
Das war meine Geschichte von Jakob, dem hebräischen Fronarbeiter.

Texte, nützlich zu lesen
Gottesdienstpraxis III. Reihe, Bd. 1, 1980

Zeitschrift für Gottesdienst und Predigt Nr. 5, 1985, S. 14: dort wird eine jüdische Sage erwähnt von Mose und einem entlaufenen Schaf.

Geschichten zum Nachdenken, Chr. Kaiser Verlag 1977, S. 107: G.H. Mohr, Urteil im Gewitter, S. 109: E. Becker, Das Kind in der Krippe und S. 116: L. Tolstoi, Das Gottschauen

»Er, / der gesagt hat »Ich bin, der ich bin«, / möchte wissen, was dich angeht. / Unbedingt. / Sag es ihm. / Er, / der gesagt hat »Ich bin, der ich bin«, / der wird dich wissen lassen, was dich angeht. / Unbedingt. / Bitte ihn. (Dichtung im ausgehenden 20. Jhdt. Bd. 7; Armin Juhre)

Septuagesimä

Predigttext: Lukas 17,7–10
Wolf-Dietrich Hardung

Theologisch-homiletische Skizze

1. Der Glaube im Umfeld des Textes

Schon im Umfeld unseres Lukas-Textes geht es um den Glauben. Die Macht des Glaubens wird mit dem Gleichnis vom Senfkorn als selbstverständlich und zugleich erstaunlich gekennzeichnet. Darin sollen die Jünger Ermutigung zum Glauben empfangen, berichtet der vorausgehende Abschnitt (Luk. 17,5–7).

Es erhebt sich allerdings danach die Frage, ob und in wiefern unser Text und die folgenden eine Ermutigung zum Glauben beinhalten. Auf den ersten Blick scheint die Rede vom unnützen Knecht eher beunruhigend. Ebenso ist es mit der folgenden Erzählung von den zehn Aussätzigen. Sie befaßt sich mit einer Frucht des Glaubens, nämlich der Dankbarkeit. Diese scheint zwar selbstverständlich. Aber sie ist es in dieser Erzählung gerade nicht.

Das folgende Gleichnis von der bittenden Witwe ermutigt zwar (Luk. 18,1 ff.). Aber auch dort ist das scheinbar Selbstverständliche als etwas Ungewöhnliches erkennbar. Denn das unermütliche Eintreten der Witwe für ihr Recht erscheint dem Richter im Gleichnis singulär. Deshalb reagiert er auch ausnahmsweise anders.

Gemeinsam bezeugen also die Texte dieses Umfeldes, daß der Glauben etwas beinhaltet, was im Gleichnis als eigentlich selbstverständlich und eben dennoch nicht selbstverständlich beschrieben werden kann.

Das Stichwort »selbstverständlich« wird mit Beispielen aus dem täglichen Leben belegt. So ist es gemeinhin selbstverständlich, daß der Knecht gehorsam zu dienen hat; es ist selbstverständlich, daß nach einer großen Wohltat das Bedürfnis entsteht, dafür zu danken; und es ist verständlich, daß ein Mensch in Not nicht nachläßt, für seine Rechte einzutreten.

Und doch beobachtet Jesus, daß im Verhältnis zu Gott das Selbstverständliche nicht selbstverständlich ist. Denn hier will offenbar der Glaubende für seinen Gehorsam – der aus dem Glauben folgt – belohnt werden; hier ist der Dank – nach einer gnädigen Fügung – nicht selbstverständlich, sondern die Ausnahme; und eine Ausnahme ist es offenbar, daß jemand am Gebet nicht irre wird, wenn er sich nicht erhört findet.

2. Die Kritik Jesu am Glauben

Jesus bezieht sich also auf eine Glaubenshaltung, welche im Tiefsten unglaubwürdig ist. Denn in ihr geht es letztlich nicht um Vertrauen und Dank gegenüber Gott, dem Schöpfer, sondern um Anerkennung und Erfolg für frommes Verhalten. Nur unter der Voraussetzung, daß es sich lohnt, ist man am Glauben orientiert. Hat man erreicht, was man will, braucht man nicht mehr fromm zu sein (fehlender Dank

bei den Aussätzigen). Und wird ein Gebet nicht bald erhört, dann lohnt es sich ebenfalls nicht, weiterhin zu beten. Diese In-Frage-Stellung eines frommen Verhaltens kann indirekt aus den Texten erschlossen werden.
Jesus steht also im Dialog mit den Frommen seiner Umgebung, deren Frömmigkeit er hinterfragt. – Darum erscheint der Zöllner, der ehrlich ist, in seiner Reue eher gerechtfertigt als der Fromme, welcher seinen religiösen Erfolg nur bestätigt wissen will (Luk. 18,9).
Aus diesem Blickwinkel betrachtet, verliert das für uns so anstößige Beispiel (Luk. 17,7–8) seine Mißverständlichkeit. In diesem Zusammenhang ist es zu verstehen, daß Jesus bei seinem Thema bleibt und sich nicht als Sozial-Reformer betätigt. Darum fällt von seiner Seite kein Wort über die Ungerechtigkeit des Verhältnisses zwischen Herr und Knecht. Sein Augenmerk liegt vielmehr auf dem Verhältnis zwischen Gott und Mensch. Kommt dieses in Ordnung, dann wird sich alles übrige auch zum Guten wenden. Daher gilt: »Trachtet am ersten nach dem Reich Gottes und seiner Gerechtigkeit, dann wird euch das übrige alles zufallen« (Matth. 6,33).
Im Philemon-Brief hat Paulus diese Haltung aufgenommen und in praktisches Handeln umgesetzt. Er hebt das Verhältnis zwischen Herr und Knecht nicht durch eine christliche Sozialordnung und damit den Ansatz zu revolutionärer Politik auf. Sondern ihm geht es um eine neue Bruderschaft, welche sich gegenüber Gott erweist. Wenn Kain gegenüber Abel nicht mehr von Gott Vorrechte erwartet, dann ordnet sich ihr Zusammenleben neu. Und das wird eines Tages – ohne Zwang zum Umsturz – auch die Rechtslage verändern.
Es gehört allerdings zu dieser Glaubenshaltung die Geduld der Heiligen. Diese hat sich historisch dann seit Constantin als staatstragende Macht dargestellt. Diese religiöse Macht der Christen war immer so groß wie der wahre Glauben, also wie das Hören und Anteilnehmen an Gottes Willen. Die spätere Kirche, die sich an die Macht wie eine Droge gewöhnt hatte und diese für sich beanspruchte, wird schließlich in den Augen der Reformatoren zur »Hure Babylon«. – Und auch heute geht es darum, von sich selbst abzusehen und vertrauensvoll gehorsam zu sein, geht es um dieses Glaubensverhältnis ohne Hintergedanken. Dieser wahre Glauben mit Gehorsam kann in seiner Kraft winzig sein wie ein Senfkorn. Er wird dennoch die Welt verändern, eben weil er aus der Wahrheit kommt. »Wer aus der Wahrheit ist, der höret meine Stimme«, heißt ein Christuswort im Johannes-Evangelium (Joh. 18,37).

3. Hinführung zur Predigt

Es mag nun so sein – wie H. Paulsen (in: Gottesdienstpraxis III/4 1986, Exegese z.St.) meint –, daß die Verse 9 und 10 eine redaktionelle Steigerung der Aussage enthalten, welche geradezu die Frage nach dem Lohn provoziert. Aber diese Frage wird eben auch in anderen Gleichnisreden des sog. Reiseberichts (Luk. 9,51–18, 14) deutlich. Wir werden uns daher auf diese Frage einzulassen haben.
Aber so stillschweigend wie in der Gleichnisrede können wir den sozialen Befund nicht übergehen. – Wenigstens darin spüren wir die Veränderung im öffentlichen Bewußtsein, welche nicht zuletzt das Evangelium in seiner langen Geschichte bewirkt hat. – In der Geschichte vom ungerechten Mammon (Luk. 16,1 ff.) weist uns der Evangelist Lukas selbst den Weg. Auch dort ist nicht das ungerechte Handeln Gegenstand des Vergleiches, sondern das Ergreifen der Initiative.

So auch hier. Nicht etwa das ungerechte soziale Gefälle zwischen Herr und Knecht ist beispielhaft, sondern es wird umgekehrt argumentiert: Im Alltagsleben haltet ihr es für selbstverständlich, daß der Knecht zuerst für den Herrn da ist, dann erst für sich selbst – und es ließe sich durchaus einfügen: dies, obwohl ihr wißt, daß dies nicht zu rechtfertigen ist. Wenn es aber um die Ehre Gottes geht, da soll der gehorsame Dienst plötzlich nicht mehr selbstverständlich sein?
Die Aufnahme des Textes in dieser Weise könnte es nahelegen, in der Predigt ein Beispiel zu verwenden, welches diesen Sachverhalt in heutige Verhältnisse überträgt.
Zusammenfassend ist folgendes zu sagen: das unbequeme Gleichnis (Luk. 17, 5–10) wird durch benachbarte Texte aus dem Sondergut des Lukas erläutert. In allen diesen Geschichten geht es um den Glauben. Dieser wird gedeutet als Vertrauensverhältnis zu Gott, dem Schöpfer. Dieses Vertrauen setzt Gehorsam ebenso selbstverständlich voraus wie etwa Dankbarkeit. Es verträgt darum auch kein Schielen auf Erfolg oder Lohn. Wenn schon im ungerechten Verhältnis zwischen Herr und Knecht der Gehorsam selbstverständlich erscheint, wie vielmehr sollte er selbstverständlich sein in dem Vertrauensverhältnis zwischen Gott und dem Glaubenden?

Zur Gestaltung der Liturgie

Lesung

Gal. 2,16–20. Die Lesung ist der alten Perikopenordnung entnommen. Mit dem Satz: »Ich lebe, doch nun nicht ich, sondern Christus lebt in mir« (Gal. 2,20) ist das Gesamtthema des Gottesdienstes aufgenommen. Glauben ist durch Christus zu erfahren als ein Vertrauensverhältnis zu Gott. Diese Lesung könnte sinngemäß folgendermaßen eingeleitet oder abgeschlossen werden:
Liebe Gemeinde, der Zug der Zeit hat im neuen Jahr nun seine volle Geschwindigkeit erreicht, Verpflichtungen und Termine eilen auf uns zu. Wir leben nach dem Gesetz des Terminkalenders und wollen es vielen recht machen. – Laßt uns innehalten und hören, was der Apostel Paulus über die Werke des Gesetzes schreibt: (Gal. 2,16–20).

Auf den gleichen Grundgedanken könnte schon das Eingangswort nach dem liturgischen Gruß mit dem oben zitierten: »Ich lebe ...« (Gal. 2,20a) hinweisen.

Als *Eingangslied* könnte sich das Gebet um den Geist Christi empfehlen: EKG 126,1–4: »Herr Jesu Christ, dich zu uns wend.«

Das *Eingangsgebet* könnte in Anlehnung an Luthers Morgensegen den Dank aufnehmen, der im Vertrauen auf die verborgene Güte Gottes ausgesprochen wird. Entwurf eines solchen Gebetes: »Das walte Gott, Vater,

Sohn und Heiliger Geist. Wir danken dir, unser himmlischer Vater, für die Spuren deiner Güte, welche wir in der vergangenen Woche erkannt haben. Wir danken dir für alles, was unser Herz erleichterte und froh machte. Angefangen bei Sonne und Licht, wenn sie aus winterlichem Wetter aufleuchteten. Wir danken dir für alle Zeichen der Güte, die wir von Mitmenschen erlebt haben. Wir danken dir für Linderung von Schmerzen, Not und Hunger. Wir danken für alle Orte in unserer Welt, wo die Waffen schweigen. Wir danken dir für jede Stunde, in welcher Streit beendet wurde durch Versöhnung. – Wir danken dir, daß du durch Jesus Christus bei uns bist und uns in allen Dunkelheiten tröstest und aufrichtest, heute und an allen Tagen der Woche. – Dessen eingedenk wollen wir deine verborgene Güte preisen und darum auch tun, was uns durch unser Gewissen aufgetragen ist. Amen.«

Als *Lied vor der Predigt* bietet sich das Wochenlied an. Wenn das bisherige Thema unseres Gottesdienst-Leitgedankens aufgenommen werden soll, kann an EKG 233,1,4–6 (Sei Lob und Ehr dem höchsten Gut) gedacht werden. Nach der Predigt könnten sich von EKG 233 die Verse 7 und 8 anschließen.

Das *Fürbittengebet* könnte im Anschluß an die Predigt etwa so eingeleitet werden: Täglich erleben wir die Grenzen unserer Kraft. Du Herr wirst die Tore öffnen auf dem Weg der Nachfolge. Du wirst uns das Gefängnis öffnen, in dem wir um uns selbst kreisen. Und wir werden hinausgelangen und für solche eintreten können, die unser Gebet und unsere Hilfe brauchen.
Wir beten im besonderen für: ...

Als *Schlußlied* wird ein Loblied vorgeschlagen, welches das Gebet um Erneuerung durch Gottes Geist einschließt, z.B. EKG 205,5 und 6.

Zur Predigt

Einleitung

»Wir sind unnütze Knechte« – wer läßt sich das schon gern sagen? Unser Text ist harte Kost, schon für den Leser und Hörer des Lukas-Evangeliums in frühchristlicher Zeit!
Wir fragen: Kann Jesus, der doch die Mühseligen und Beladenen ruft, so gesprochen haben? – »Wir sind unnütze Knechte«, sollen die geschundenen Sklaven sagen; nach einem Tag harter Arbeit; und nachdem sie schließlich ihrem Herrn das Essen bereitet haben? Unerträgliche Arbeitsverhältnisse! Und Jesus kämpft nicht dagegen an. Im Gegenteil; er bezieht diese Verhältnisse beispielhaft in sein Evangelium mit ein ...

Weitere Gedankenschritte

1. Erst wenn wir uns im Umkreis dieser Erzählung, Kap. 17, umsehen, werden uns die Motive, die zu dem Gleichnis führen, deutlicher. Die Jünger bitten Jesus um Stärkung ihres Glaubens. – Aber verstehen sie unter Glauben das, was sein Evangelium meint? Die folgenden Beispielerzählungen wollen darauf antworten:

– Glauben ist wie ein Senfkorn ... oder wie eine Frau, die um ihr Recht kämpft, weil das in ihrer Not der einzige Ausweg ist ... Oder Glauben hat mit Dankbarkeit zu tun, wie bei einem von zehn Geheilten, der zurück kam, um zu danken; mit echtem Dank, im Gegensatz zum falschen Dank des selbstgerechten Frommen – vor Augen gerückt in der Geschichte vom Pharisäer und Zöllner ... In allen diesen Geschichten hat der echte Glaube etwas Wunderbares und zugleich Selbstverständliches an sich. Das Wunderbare am Glauben kommt von Gott! Es macht Menschen fähig und bereit, nach seinem Willen zu leben und ihm ganz alltäglich zu gehorchen. Wer Gott vertraut, der braucht keine Sonderbestätigung und Anerkennung. Der kann sagen: »Wir haben getan, was wir schuldig waren.«

2. Aber ist das nicht völlig weltfremd, eine Überforderung! – Jeder Mensch braucht doch Anerkennung. Ob das in der Erziehung ist: Belobigungen ... Oder in der Politik: Orden ... Oder im Sport: Urkunden ... Selbst der letzte Mensch im letzten Glied eines Vereins: Abzeichen für langjährige Mitgliedschaft ... Sogar Tiere wollen gestreichelt sein ... Warum ist das Evangelium so rigoros und verlangt Gottesdienst, Dienst nach Gebot und Gewissen, ohne Lob und Anerkennung?

Christus spricht im Johannes-Evangelium: »Wer aus der Wahrheit ist, der hört meine Stimme«. Das Wort stellt klar, daß das Evangelium von der Liebe Gottes eine höchste Gabe ist, ein Geschenk. Gott gibt das Wollen und das Vollbringen.

Anerkennung, die wir suchen, hat in Wahrheit nichts mit Liebe zu tun. Wer Anerkennung will, sucht sich selbst, ist in sich verliebt.

Wir fragen: Ist nicht Anerkennung eine Beziehung zu anderen Menschen? Der Würdigere erkennt den Untergebenen an ... Er zeichnet ihn aus, weil er besser ist als andere neben ihm ...

Gibt es überhaupt eine andere Weise? Indem wir einander erkennen und anerkennen, orientieren wir uns, ob wir es recht gemacht haben. So erleben wir Gerechtigkeit.

3. Es gibt eine andere Weise des Lebens! – In dem Buch »Spiegelgespräche« beschreibt der Dichter Rudolf Binding ein Mädchen, das selbstvergessen vor einem Spiegel tanzt. Sie freut sich an dem Tanz und an den Bildern, welche der Spiegel zurückwirft. Da tritt sie näher und entdeckt im Spiegel sich selbst. Von da ab ist die Schönheit ihrer Bewegungen gebrochen. Alles danach wird zur Selbstbespiegelung.

Immer wieder erinnert Jesus seine frommen Zuhörer daran, daß das Vertrauensverhältnis zu Gott zerstört ist, wenn wir in der Liebe zugleich Anerkennung und damit den eigenen Vorteil suchen.
Vielmehr soll die Linke nicht wissen, was die Rechte tut.
4. So kann Anerkennung zwar Hilfe für Bedürftige sein; nicht aber das Ziel der Gemeinde. Die Gemeinde sammelt sich auf dem Weg zur Nachfolge. Dort gilt, was die christliche Philosophin und Ordensschwester, Edith Stein, bedachte, als sie als Jüdin den gelben Stern auf dem Ordensgewand tragen mußte. Sie schrieb: »Ich bin mit allem zufrieden. Die Weisheit des Kreuzes kann man nur gewinnen, wenn man das Kreuz gründlich zu spüren bekommt.« In der Nachfolge reift der Satz: »Ich bin mit allem zufrieden«. Es ist ein Satz des Friedens mit Gott und den Menschen. Und somit das Ende aller Sehnsucht und aller Forderungen nach Lob und Anerkennung. – Edith Stein starb in den Gaskammern. Es wird berichtet, daß sie bis zu ihrem Ende die Kraft hatte, ihren Leidensgenossen beizustehen. – Gewiß, längst nicht jeder Christ ist in der Lage und gewürdigt, Märtyrer zu werden auf dem Weg der Nachfolge. Dennoch sind der christlichen Gemeinde solche Menschen auf den Weg gestellt, damit wir auch in unserer Zeit Maß nehmen können für uns selbst. In der Glaubenshoffnung, daß Gott auch uns gemäß das Wollen und das Vollbringen geben wird, nach seinem Wohlgefallen.

Weiteres Material

Für solche, die etwas ausführlicher auf das Beispiel von Edith Stein eingehen wollen, sei folgender Textabschnitt zitiert (er stammt aus: Georg Popp, Die Großen des Glaubens, Quellverlag Stuttgart 1985, S. 283/84).
»1940 besetzten deutsche Truppen Holland; nun setzten auch hier Judenverfolgungen ein. Schwester Teresia mußte den gelben Judenstern auf dem Ordenskleid tragen. Die Haltung, mit der sie solchen und ähnlichen Schikanen begegnete, wird in einer ihrer schriftlichen Notizen aus jenen Monaten deutlich: »Ich bin mit allem zufrieden. Eine Scientia Crucis (Weisheit des Kreuzes) kann man nur gewinnen, wenn man das Kreuz gründlich zu spüren bekommt.«
Am 2. August 1942 wurde sie zusammen mit ihrer Schwester Rosa, die ihr in den Orden nachgefolgt war, von SS-Offizieren abgeholt und über mehrere Zwischenetappen ins Sammellager Westerbork gebracht. Ihr Verhalten angesichts der immer bedrohlicher werdenden Umstände ist erstaunlich. Ein Kölner Jude, welcher der Deportation entgehen konnte, berichtete: »Unter den am 5. August eingelieferten Gefangenen fiel Schwester Benedicta auf durch ihre große Ruhe und Gelassenheit. Der Jammer im Lager und die Aufregung bei den Neueingetroffenen waren unbeschreiblich. Schwester Benedicta ging unter den Frauen umher, tröstend, helfend, beruhigend ... Viele Mütter, fast dem Wahnsinn nahe, hatten sich schon tagelang nicht um ihre Kinder gekümmert und brüteten in dumpfer Verzweiflung vor sich hin. Schwester Benedicta nahm sich sofort der armen Kleinen an, wusch und

kämmte sie, sorgte für Nahrung und Pflege. Solange sie im Lager weilte, entwickelte sie mit Waschen und Putzen eine rege Liebestätigkeit, so daß alle darüber staunten.«

Am 7. August wurden die Gefangenen weitertransportiert und kamen zwei Tage später in Auschwitz an. Man weiß, daß die deportierten Juden damals sofort in die Gaskammern geführt und umgebracht wurden. So steht der 9. August als Todestag Edith Steins fest. Die Leiche wurde verbrannt – so verliert sich ihre irdische Spur im scheinbaren Nichts, im totalen Zerfall. In Wirklichkeit aber war es für Edith Stein in der Nachfolge Jesu der Weg in ein Leben, das durch keine Gewalt zerstört werden kann. Die lebenslange Suche nach der Wahrheit hatte ihre extremste Bewährungsprobe bestanden und wurde so zum bleibenden Wahr-zeichen christlicher Hoffnung.

Edith Steins Geschichte ist ein packendes Zeugnis dafür, was Gott aus dem Leben eines Menschen machen kann, wenn dieser mitmacht.«

Sexagesimä

Predigttext: Markus 4,26–29
Erhard Domay

Exegetisch-homiletische Skizze
Markus hat drei Gleichnisse hintereinandergestellt, in denen es um Säen, Wachsen und Fruchtbringen geht. Das Gleichnis »vom Aufwachsen der Saat« (Zürcher Bibel), »vom geduldigen Landmann« (Zürcher Evangeliensynopse), »von der selbst wachsenden Saat« (Lutherbibel) ist nur von Markus überliefert. Es ist zwar das kürzeste, aber – für mein Verständnis – das schwierigste Gleichnis von den dreien. Es geht nämlich um einen Vorgang, der im Inneren der Dinge wirkt und der daher für unsere Wahrnehmung unsichtbar ist – wenigstens für die Wahrnehmung mit den Sinnen. Zudem ist es ein Vorgang, der von uns nicht beeinflußt werden kann, wenn er einmal in Gang gesetzt ist (natürlich können wir ihn unterbrechen; natürlich können wir zerstören, was da werden will oder geworden ist, aber das können wir mit so schrecklich vielem tun, daß eine Erwähnung eigentlich überflüssig ist). Der kleine Text zielt ins Herz der Dinge, in die Mitte der Schöpfung, fragt nicht nur nach der Kraft, die »die Welt im Innersten zusammenhält«, sondern nach dem Geheimnis des sich immer wieder neu entwickelnden und entfaltenden Lebens, nach dem Wirken des Gottes, der der Herr des Lebens ist und der sein ewiges Leben mit unserem vergänglichen Leben und dem ebenso vergänglichen Leben der Erde verbunden hat. »Reich Gottes« – mit diesem Bild-Begriff zum Gleichnis-Bild beschreibt Markus das göttliche Wirken und Werden. Daß es hier tatsächlich um etwas sehr Geheimnisvolles und Tiefgründiges geht und nicht bloß um eine Allerweltssache, wird deutlich in dem merkwürdigen Hinweis: »-er, er weiß es nicht«. So übersetzt Ernst Lohmeyer Vers 27c (in: Krit. Exeget. Komm. über das NT, Göttingen 1963, z.St.). Sein Hinweis, daß »hos« keine Modalpartikel, sondern im Sinne der Vulgata wie »dum nescit ille« zu übersetzen sei, entspricht m.E. genau dem Inhalt des Textes: Der da sät, hat kein Wissen von dem, was nachher geschieht, vielleicht nicht einmal ein Bewußtsein davon. Von etwas unvorstellbar Großem, von etwas Wunderbarem ist die Rede, indem hier von den selbstverständlichen Dingen geredet wird!
Was der Mann weiß, ist: Er hat gesät, und er wird ernten. Beides kann und muß er tun. Beides ist seine Aufgabe, wenn er die elementaren Lebensbedürfnisse befriedigen will. Aber was zwischen Säen und Ernten liegt, das zu verstehen setzt offenbar mehr als Wissen und Können voraus. Dort bewegt sich der Mensch nicht nur im Raum praktischer Weltbewältigung, sondern mehr noch in der Innenwelt: im Raum des Vertrauens, des Glaubens, der Gelassenheit, der Geduld, im Raum von Hoffnung und Gewißheit.
Also gewissermaßen – wie Markus das sagt – im »Reich Gottes«: Denn in alldem bezieht sich der Mensch auf den tragenden Grund des Lebens – und der ist mehr als die Erde, die ihn trägt und in die hinein er den Samen wirft!

Vorschläge zur Liturgie

Eingangsspruch

Gott kann machen, daß alle Gnade unter euch reichlich sei, damit ihr in allen Dingen allewege volle Genüge habt und noch reich seid zu jedem guten Werk. Der aber Samen reicht dem Säemann und Brot zur Speise, der wird auch euch Samen reichen und ihn mehren und wachsen lassen die Früchte eurer Gerechtigkeit. (2. Korinther 9,8+10)

Lesung

Psalm 92,1–7,13–16 (Ein Text aus der Sprachwelt des Predigttextes mit eigenen Akzenten. Die weggelassenen Verse drücken die Freude am Untergang der Feinde aus – das kann ich verstehen, ja sogar nachvollziehen, aber ich kann's nicht nachsprechen.)

Sündenbekenntnis

Ja, Herr: Was wir Menschen säen, das ernten wir. Wenn wir Gewalt säen, so ernten wir Gewalt. Säen wir Haß, so ernten wir Haß. Pflanzen wir den Glauben an die Allmacht des Menschen in die Herzen unserer Kinder, dann werden wir erleben, zu welch tödlicher Grausamkeit sich dieser Glaube entwickeln wird. Wir bitten dich um Vergebung für alle Gewalt und allen Haß, die von uns ausgehen. Wir bitten dich um Vergebung dafür, daß wir so leben, als wäre jeder nur für sich selbst auf der Welt. Herr, du hast uns in Jesus Christus gezeigt, daß Liebe erntet, wer Liebe sät, und daß eine tiefe Freude darin liegt, für andere Menschen dazusein. Um Christi willen bitten wir: Herr, erbarme dich!

Gnadenzusage

Gott hat den, der von keiner Sünde wußte, für uns zur Sünde gemacht, damit wir in ihm die Gerechtigkeit Gottes würden (2. Korinther 5,21). Nun laßt uns leben als Menschen, die einen neuen Anfang machen dürfen!

Kollektengebet

Herr, guter Gott, deine schützende Hand ist über uns, wenn wir am Abend einschlafen, und du rufst uns jeden Morgen in einen neuen Tag. Dafür danken wir dir. Mache uns aufmerksam für deine helfende und heilende Gegenwart, die zu spüren ist in helfenden, heilenden und aufmerksamen Worten von Menschen. Laß deine Gegenwart auch in diesem Gottesdienst für uns spürbar werden in deinem Wort. Amen.

Allg. Kirchengebet

Herr, gütiger Gott, du hast einem jeden von uns das Leben geschenkt. Wir vertrauen darauf, daß du vom ersten bis zum letzten Tag unseres Lebens

der sein wirst, der du von Ewigkeit zu Ewigkeit warst: uns allen, die wir belastet sind mit Schuld und bedrückt von Sorgen, ein gnädiger Gott – ein freundlicher Gott allen denen, die die Unfreundlichkeit und die Gedankenlosigkeit anderer Menschen zu ertragen haben – und ein schöpferischer, aufmunternder Gott allen Menschen, die keinen Lebensmut mehr haben. Uns alle aber erfülle mit deiner Kraft, damit wir in uns alles das wachsen lassen, was uns und andere Menschen am Leben hält. Vertrauen hält uns am Leben, Glaube und Liebe halten uns am Leben, Gelassenheit und Geduld halten uns am Leben, und die Hoffnung hält uns am Leben. Schenke uns allen und deiner ganzen Christenheit die Einsicht, daß du in allem lebst, was du geschaffen hast. Schenke uns die Gewißheit, daß du uns allen und deiner Schöpfung verbunden bist in Jesus Christus, deinem Sohn. Schenke uns die Freiheit, neue Gedanken zu denken und neues Leben zu leben, wenn die alten Gedanken und das alte Leben uns lähmen. Gemeinsam rufen wir dich an:
Vater unser ...

Lieder
EKG 335,1,6+7; 285; 232,1+2,6; 307.

Vorschläge für die Predigt
Liebe Gemeinde, es ist so einfach, so schön, so überaus klar, was Jesus uns hier vor die Augen stellt! Es ist so, wie wenn eine meisterliche Hand nur ganz wenige Pinselstriche auf die Leinwand bringt – und dennoch sieht jeder Betrachter z.B. den Baum, das Haus und den Berg. Wenige Striche, die eine ganze Welt beschreiben – und jeder erkennt diese Welt als die seine! Da ist ein Mann, der wirft Samen aus, den sehen wir, mehr sehen wir nicht. Wir sehen nicht den Acker, den der Mensch für die Saat vorbereitet hat, wir sehen nicht die Sonne, wir sehen keine Farben, wir sehen nicht, wo dieser Mensch lebt und wer mit ihm lebt. Und doch ist alles das mit dem einen Pinselstrich mitgegeben. Wir können es sehen mit dem Auge der Erfahrung und der Fantasie. Wir sehen den Mann schlafen und aufstehen, Tag und Nacht. Es wird nicht beschrieben, was er fühlt und denkt und was er sonst noch tut. Aber auch das ist mitgesagt. Da setzt einer einen Anfang, und dann wendet er sich anderen Dingen zu. Das ganz normale Leben geht weiter, es schreitet von einem Tag zum anderen fort. Und während der Rhythmus des Alltags den Mann weiterträgt, sproßt der Same. Wir sehen den Sproß, den Halm, die Ähre und schließlich den vollen Weizen in der Ähre. Indem wir das sehen, sehen wir das Wachsen, das in allem Lebendigen ist, sehen wir vielleicht auch, daß auch wir wachsen, während wir von Tag zu Tag gehen. Und am Schluß sehen wir den

Mann wieder, der die Ernte einbringt. Wir sehen nur den Mann mit der Sichel in der Hand – aber wir sehen auch: Der Ernte dieses Sommers folgt die Ernte des folgenden Sommers. Sommer folgt auf Sommer. Bis eines Tages die letzte Ernte sein wird – die Ernte des Lebens. Wir sehen sie, obwohl sie mit keinem einzigen Pinselstrich dargestellt ist. Was Jesus so einfach, so schön, so klar erzählt hat, das enthält ein ganzes Leben, ja: eine ganze Welt.
Aber mitten im Bild ist ein großer weißer Fleck. Der fällt uns erst auf, wenn wir das Bild lange anschauen. An einer Stelle mittendrin fehlen Farben und Striche. An einer Stelle schweigt sich die Erzählung aus, indem sie sagt, was *nicht* der Fall ist. Wir hören: Der Same wächst und wird groß – aber der Mann, der ihn gesät hat, der weiß es nicht. Er weiß nicht, was zwischen Saat und Ernte geschieht. Was da geschieht, geschieht ohne ihn. Ist er sich überhaupt bewußt, daß da etwas geschieht, von dem er nichts weiß? Hier wird an etwas Geheimnisvolles und Wunderbares gerührt. Wir werden nachher versuchen, dieses Geheimnis zu verstehen und vielleicht sogar zu enträtseln. Aber zuerst soll uns das beschäftigen, was einfach und klar ist, also das, was der Mann weiß und was er kann: Der Mann sät, wendet sich dem Alltag zu, und er erntet.

Weitere Schritte
1. Der Mann sät. – Vom homo faber ist zu reden, der sein Handwerk beherrschen muß, wenn er in seinem Leben zurechtkommen will. Wer sät, muß wissen, welcher Boden gut für die Saat ist, er muß ihn notfalls verbessern können. Er muß über Witterungs- und Wachstumsbedingungen Bescheid wissen. Er muß sich in der Pflege seiner Pflanzen auskennen. Er darf kein Stubenhocker sein. Und so weiter. Das läßt sich auf andere Lebenssituationen übertragen, in denen ein Mensch etwas in die Wege leitet, etwas »sät«. Zum Beispiel: die Erziehung der Kinder. Was ist hier der gute Boden? Die Liebe der Eltern. Eine gute Atmosphäre im Haus. Die richtige Pflege. Auch einmal: das Zurechtstutzen. Was tun wir mit der Hoffnung, es möchte eines Tages gute Früchte tragen?
2. Der Mann wendet sich dem Alltag zu. Und die Saat wächst, ohne daß er etwas davon weiß. – Das Leben geht weiter, nicht immer ist die Stunde der Anstöße und der Anfänge! Wer mittendrin ist im Zeitplan des Berufs, in der Routine des Alltags, der denkt nicht daran, wie etwas angefangen hat. Der ständige Blick zurück wäre störend, ja lähmend. Manchmal muß man etwas liegen lassen, sich selbst überlassen und darauf vertrauen, daß etwas Gescheites daraus wird.
3. Der Mann erntet. – Auf die Ernte hin hat er gelebt, hat er alle seine Anstrengungen unternommen. Das Ziel war der wichtigste Faktor seiner Planung. Kein Mensch rackert sich ab für nichts und wieder nichts. Und wer mißgönnte ihm die Freude über die Garben, die er nach Hause bringt!

4. Was zwischen Saat und Ernte ist: das Wachsen und Reifen. Und das Geheimnis, das darin zum Vorscheint kommt. –
Auch wenn wir ausgewachsen sind: Wir wachsen und reifen. Wir wachsen und reifen im Verstehen und Fühlen, im Annehmen und Geben. Unsere Fähigkeit zum Staunen wächst, unsere Einsicht wächst, und mit ihr wachsen unsere Besonnenheit – und unsere Schweigsamkeit. Wir reifen, indem wir uns mehr und mehr öffnen für das Wesentliche, indem wir uns mehr und mehr den Menschen zuwenden und von den Sachen abwenden. Wir wachsen, indem wir nach innen schauen, bevor unser Blick und unser Schritt nach außen gehen. Wir reifen, indem wir lernen, uns zu verabschieden. Wir wachsen, indem wir – wie die Pflanze im Gleichnis – durch Hitze und Frost gehen. Wir reifen, indem wir wir selbst werden und nicht Abklatsch von Etwas oder von Jemand. Wir ändern uns. Wir öffnen uns. Wir werden »genießbarer«.
In diesem Wachsen und Reifen kommt das Geheimnis zum Vorschein. Es erinnert an das Wesen und den Sinn des Lebens überhaupt: Unsichtbar – und keinem Mikroskop und keiner Spektralanalyse zugänglich – wirkt darin die Kraft des lebendigen Gottes. Und können wir auch die Pflanze zertreten und vergiften, kann sie auch austrocknen in großer Sommerhitze, die Kraft des lebendigen Gottes ist unzerstörbar, und sie trocknet in der Schöpfung auch nicht aus. Das Wachsen zwischen Säen und Ernten geschehen zu lassen und wahrzunehmen als etwas, das einfach nur geschieht, macht den Betrachter dieser Szene nicht nur dankbar, sondern läßt in ihm all das wachsen, was das Reich Gottes ist: zum Beispiel das Vertrauen, den Glauben, die Gelassenheit, die Geduld, die Hoffnung und die Gewißheit. Im Munde Jesu ist dieses Gleichnis ein Appell, das Reich Gottes in diesem Sinne wachsen und reifen zu lassen – mitten in uns!
Was dem Reich Gottes entgegenwirkt: Immerzu machen, tun und funktionieren. Auf Teufel komm ’raus handeln. Lebendiges Wachstum pervertieren durch Überordnung materieller Wachstumsideologien (Wirtschaftswachstum, Steigerung von Lebensstandard, Kapital, Macht, Einfluß). Zu schnell und zu viel ernten. Alles wissen, können, haben wollen. Dieses Wachstum ist entfesselt, chaotisch, wuchert wie Krebs. Dennoch: Auch dieses verrückte, destruktive Säen und dieses wahnsinnig gierige Ernten lassen immer noch Platz für den Raum dazwischen: für das Wachsen des Reiches Gottes. Denn Gott hat sich in Christus mit seiner Schöpfung und so auch mit unserer Erde verbunden, und keine Macht der Welt wird die Schöpfung vom Schöpfer trennen können: Solange die Erde steht, soll nicht aufhören Saat und Ernte ... »Auch wenn wir nicht wollen: Gott reift« (Rilke).

Predigtschluß

Dem Geheimnis, das uns eben beschäftigt hat, liebe Gemeinde, war der Dichter Christian Morgenstern sehr nah auf der Spur. Ich möchte am Schluß sein Gedicht »Stilles Reifen« lesen. Es enthält die Bildwelt unseres Gleichnisses ebenso wie den Glauben an das unzerstörbare Reich des lebendigen Gottes:

»Alles fügt sich und erfüllt sich, / mußt es nur erwarten können / und dem Werden deines Glückes / Jahr und Felder reichlich gönnen. / Bis du eines Tages jenen / reifen Duft der Körner spürest / und dich aufmachst und die Ernte / in die tiefen Speicher führest.«

Kontexte

Und immer war einer

Und immer war einer, der sagte, die Sonne geht unter.
Und immer war einer, der sagte, fürchtet euch nicht.
Vom Kommenden hör ich sie flüstern, die ewige Stimme.
Nicht von Maschinen spricht sie,
Nicht von Vermehrung der Ernten,
Nicht von gewonnenem Schiffsraum.
Zusammenklang, sagt sie, und Würde des Menschen und Freiheit.
Hoffnung sagt sie, und Liebe, das süßeste Wort.

Marie Luise Kaschnitz

Nur jeden Tag
eine halbe Stunde gesät für andere
und du wanderst im Alter
durch ein Ährenfeld der Liebe,
der Freundschaft und der Freude.

Emil Frommel

Nah ist
und schwer zu fassen der Gott.
Wo aber Gefahr ist, wächst
das Rettende auch ...

Friedrich Hölderlin

Inschrift auf Fritz Reuters Grabstein

Der Anfang, das Ende – o Herr, sie sind dein,
Die Spanne dazwischen – das Leben – war mein.
Und irrt' ich im Dunkeln und fand mich nicht aus:
Bei dir, Herr, ist Klarheit, und licht ist dein Haus.

Der Baum spricht

Ich wachse langsam. Meine Zeit
ist eine lange Geduldigkeit.
An jedem wuchs ich, was mir ward,
kein Reif zu jäh, kein Frost zu hart.
Ich wachs' am Dunkel, daraus ich stieg,
ich wachs' am Licht, darin ich mich wieg',
ich wachs' am Wurm, der an mir nagt,
ich wachs' am Sturm, der durch mich jagt.

Verwandelnd zwing' ich jede Kraft,
hinaufzudehnen meinen Schaft.
Ich dulde Blitz und Glut und Guß,
ich weiß nur, daß ich wachsen muß.
Und schau ich hoch auf alle Welt,
und kommt die Stunde, die mich fällt,
schmück Tempel ich und Paradies
des Gottes, der mich wachsen ließ.

Ernst Bertram

Estomihi

Predigttext: Lukas 10,38–42
Hanna Kristina Zapp, Egbert Haug-Zapp

Theologisch-homiletische Skizze

Die Perikope ist zwar formal selbständig und in sich geschlossen, doch ist für unser Verständnis der inhaltliche Zusammenhang mit der voraufgehenden Geschichte (der barmherzige Samariter) wie mit dem folgenden Text (»Herr, lehre uns beten«) wichtig. Denn isoliert man die Perikope, so gerät man in die Gefahr, die beiden von den Schwestern repräsentierten Haltungen einander antithetisch gegenüberzustellen (so tut es auch die Exegese in Gottesdienstpraxis III/4 1986, z.St.), und diese Polarisierung hat fast zwingend zur Folge, daß das Tun der Martha gegenüber dem Hören der Maria abgewertet wird. Und so scheint der Text in der Auslegungsgeschichte – im Zusammenhang mit der tatsächlichen Auseinanderentwicklung von Gottesdienstgemeinde und institutionalisierter Diakonie – oft gesehen worden zu sein.

Mit der Polarisierung und Hierarchisierung von Hören und Tun bricht aber auseinander, was in der Person Jesu auf religionsgeschichtlich erst- und einmalige Weise verknüpft war: die Erwartung der eschatologischen Heilszukunft, aus der sich das Hören ergibt, und die gegenwärtige Verwirklichung des Heils in Dienst und Wundern. Dieser in Jesus vorgegebene Zusammenhang stellt sich exegetisch her, wenn unsere Perikope im Zusammenhang mit der voraufgehenden Würdigung des Dienens gesehen wird.

Im Zusammenhang gesehen formuliert unsere Perikope nicht ein allgemeingültiges Prinzip, sondern das Gebot der Stunde. Sie ist eine Rede an erschöpfte Samariter. Diesen Adressaten ist jetzt »eines not« (unverzichtbar also): sich lösen zu können von Dienen und Sorgen und sich niederzulassen zu Füßen Jesu! »Eines ist not« übersetzen wir also nicht mit »das andere ist weniger wichtig«, sondern mit »dies ist jetzt unverzichtbar für dich«.

Die Verteilung der beiden Haltungen auf zwei Personen soll diese Haltungen deutlich werden lassen, aber nicht auseinanderreißen. Ziel ist die Integration dessen, was bei Jesus auf überraschende Weise zusammengehört: Hören und Handeln, bzw. sich niederlassen und sich aufmachen.

Als Assoziationen zu den von den beiden Schwestern repräsentierten Haltungen kamen uns im Blick auf die Predigthörer:

Umsichtige Fürsorge	– Verantwortung aus der Hand geben
Anspannen	– Sich loslassen
Diakonie	– Verkündigung
Hausarbeit	– Kopfarbeit
Frauenrolle in der Kirche	– Männerrolle in der Kirche

Gespür für die Bedürfnisse anderer	– Gespür für eigene Bedürfnisse
Für andere sorgen	– Bei sich selbst sein
Der direkten Begegnung durch Arbeit und Fürsorge ausweichen	– Offen sein für Begegnungen
Berechtigte Anklagen erheben	– Berechtigte Anklagen aushalten
Planen	– Neues auf sich zukommen lassen.

Bei Hörern und wohl auch Predigern finden sich sicher etliche Marthas. Und sicher finden sich auch distanzierte, konsumierende, passive Haltungen. Am wenigsten aber wohl Marias. Denn Jesus zu Füßen sitzen heißt engagiertes Zuhören, teilnehmendes Mit*leiden* (vgl. die Stellung der Perikope im Kirchenjahr), sich einlassen und den anderen zulassen, also durchaus aktives, wenn auch nicht geschäftiges und darin abwehrendes Verhalten. Jesus zu Füßen sitzen heißt nicht unbedingt dem Prediger zu Füßen sitzen, sondern (Matthäus 25,31–46) heißt gerade auch dem zu Füßen zu sitzen, den wir oft nur als Objekt unserer Fürsorge wahrnehmen.

Der Skopus des Textes ist also, zwei Haltungen des Glaubens in ihrer Unterschiedlichkeit zu zeigen, aber nicht zu polarisieren und zu werten, sondern jeder ihr Recht zu ihrer Stunde einzuräumen. Bei diesem Skopus legen sich zwei Problemfelder für die Konkretion der Predigt nahe:

Die Polarisierung von Verkündigung und Diakonie und die Polarisierung von Rollen in der Kirche, die den Frauen die Rolle der Martha und den Männern die Rolle der Maria zuschreibt (im Zusammenhang damit steht auch die Aufspaltung der Frauen in »Hausmütterchen« und »Blaustrumpf« – Stoff für den Schwesternstreit).

Es ist sicher einer der konkreten Schritte Jesu in der Gleichbehandlung der Frau, daß er beide Rollen Frauen zugesteht. Maria tut, was eigentlich den Rabbinenschülern und Jüngern vorbehalten war. »Jesus reinstituiert die Frau in ihre geistige Position, denn allzu lang hatte man vergessen, daß die Stärke der Frau nicht ausschließlich in ihrer Gebärfähigkeit, sondern in ihrer geistigen Empfangsbereitschaft lag ... Es ist ihre Fähigkeit zuzuhören, aufzunehmen, innerlich zu verarbeiten, wie sie auch Lukas bei Maria (der Mutter Jesu) hervorhebt: ›Maria aber behielt alle diese Worte und erwog sie in ihrem Herzen‹ (2,19). Hier lag die Entrechtung der Frau, die Jesus aufhebt mit den Worten: ›Eins aber ist not; Maria hat das gute Teil erwählt. Und das soll nicht von ihr genommen werden‹ (10,42). Es geht gar nicht darum, wie leider vielfach angenommen wird, daß Jesus hier die Frau in einem Klischee der Passivität festhalten will, sondern um ihre Befreiung zur Geistigkeit aus der tüchtigen Hausfrauenrolle ...« (Christa Mulack, Die Weiblichkeit Gottes, Stuttgart 1983, S. 299).

Diese Konkretion ist in der neueren Literatur (besonders aus dem Umfeld der feministischen Theologie) mehrfach empfehlenswert bearbeitet. Wir beschränken und deshalb hierzu auf einige Literaturhinweise und folgen unsererseits der Konkretion Diakonie und Verkündigung.

Neben Christa Mulack vgl. »Maria und Martha« in: Feministische Theologie – Praxis, Arbeitshilfen 3 der Ev. Akademie Bad Boll (1981); Elisabeth Moltmann-Wendel, Ein eigener Mensch werden, Gütersloh 1980 (S. 23 ff.).

»Ist ... das Dienen der Frauen in der Nachfolge Jesu so angelegt, daß sich darin Glaube und Liebe äußern, so darf sich die Frau auch frei von diesem Dienen zeigen. Das liegt in der Folge ihrer Befreiung. Jesus spielt nicht Maria gegen Martha aus, sondern er läßt zu, daß sich die Jüngerin dem Jünger gleichstellt. Dem Jünger, der

die Freiheit des Hörens hat. Indem Jesus diese Möglichkeit der Maria nicht nimmt, ... wird der dienenden Martha dieselbe Möglichkeit gewährt ... Ja, gefährlich ist euch der romantischste unter den Evangelisten, der Lukas, die ihr nichts von den biblischen Frauen versteht, ihnen jedenfalls nicht folgen könnt, obwohl sie doch Jesus folgen! Nennt den Lukas nur ›frühkatholisch‹, ihr Spätprotestanten. Schleiermacher ist nicht euer Mann und Bettina von Arnim nicht euer Fall! Von Ästhetik versteht ihr nichts, auf seinen ›Paulinismus‹ horcht ihr den Lukas ab, doch die umgekehrte Probe macht ihr nicht! ...« (Lothar Steiger, Erzählter Glaube, Gütersloh 1978, S. 51 f.).
Das Stilmittel des Textes – die Gegenüberstellung der beiden Haltungen in zwei Personen – kann bei beiden Konkretionen durch die Form einer Dialogpredigt aufgenommen werden, wobei die Verknüpfung der beiden Haltungen durch einen Rollentausch ihrem Ausdruck finden kann.

Vorschläge zur Liturgie

Eingangsvotum
Joh. 12,26

Eingangspsalm
Psalm 13,1–8 (in Auswahl)

Schriftlesung
für die Konkretion Frauen-/Männerrollen: Joh. 4,1–29 (Samariterin am Brunnen), für die Konkretion Diakonie – Verkündigung: Luk. 10,25–37 (barmherziger Samariter).

Kollektengebet
Herr wir kommen in diesen Gottesdienst und bringen vor dich Last und Sorge der vergangenen Woche. Viel fordern andere von uns. Mehr noch fordern wir uns manchmal selbst ab. Immer bleiben die Aufgaben größer als unsere Kraft. Nie endet der Dienst, in dem wir als Christen stehen. Gut ist es deshalb, Herr, daß wir dich um deinen Dienst an uns bitten dürfen. Laß uns zur Ruhe, zu uns und zu dir kommen. Laß uns fröhlich und dankbar werden über deine Güte. Stelle unsere Füße auf weiten Raum, daß wir getrost weitergehen können. Amen.

Fürbittengebet
Dich, der du die Mühseligen und Beladenen erquickst, bitten wir für die rastlosen Marthas, daß sie sich zur rechten Zeit bei dir niederlassen; für die Gedankenlosen, die meinen, sie könnten für alle Zeit die Hände in den Schoß legen, wenn sie sich bei dir niederlassen, daß sie sehen, daß du in den Geringsten auf sie wartest; für die Resignierten, die meinen, Zuhören habe keinen Sinn mehr, daß sie die Kraft gewinnen, sich zu öffnen; für die

eingespannten Frauen, daß sie wie Maria Mut finden, neue Rollen zu erproben; für die in der Diakonie Tätigen, daß sie denen brüderlich begegnen, denen sie dienen, und sie nicht nur versorgen; für unsere Kirche, daß wir so ernsthaft hören wie Maria und so ernsthaft Verantwortung übernehmen wie Martha, daß keiner der dient, niedrig geschätzt wird und keiner, der hört, sich überflüssig fühlt ...

Liedvorschläge
EKG 106,1+2+4; 144,1–3; 242; 259,1–4; 298,7.

Vorschläge für die Predigt
Möglicher Anfang
Ich glaube, Martha ist uns näher als Maria. Wir sehen, was alles zu tun ist, und wir haben gelernt, zuzupacken, wenn etwas getan werden muß. Lebt nicht jede Familie und jede Gemeinde und erst recht jede Einrichtung der Diakonie davon, daß es Menschen gibt wie Martha, Frauen – es sind ja in der Regel Frauen – die für ein Fest Vorkehrungen treffen, umsichtig planen, das Nötige bereitstellen, im Hintergrund schalten und walten, damit andere sich gelassen niederlassen, reden und diskutieren können.
Es ist wichtig, sich einzusetzen, in Gemeinden wie in Familien und erst recht, wenn Bedürftige, unter die Räuber Gefallene auf uns warten. Und wer Verantwortung trägt, kann sie nicht einfach hinschmeißen. Denn was würde passieren, wenn eine Mutter mit drei Kindern, die auch noch ihre kranke Schwiegermutter pflegt, plötzlich die Koffer packen würde? Oder was würde passieren, wenn die gute Seele der Frauenhilfe auch noch den Mut sinken lassen würde?
Und so fühlen die Marthas, so fühlen sie sich verpflichtet, bis an ihre Grenzen und oft über sie hinaus sich zu verausgaben. Und weil es so notwendig ist und allen etwas bringt, sieht keiner, daß Martha am Ende ist, körperlich und seelisch erschöpft, ausgebrannt. Sie läuft zwar noch auf vollen Touren, aber was sie tut, wird Routine, läßt sie und irgendwann dann auch die anderen leer. Unzufriedenheit, Überdruß, das Gefühl »so kann es nicht weitergehen« wächst, bei Martha und bei denen, die sie versorgt.
Wen wundert's, daß Martha aufbegehrt, und wie gut, daß sie das überhaupt noch kann: »Herr, fragst du nicht danach, daß mich meine Schwester läßt allein dienen? Sag ihr doch, daß sie mir helfen soll!«.
Und Jesus sagt nicht, was die Marthas ausgesprochen und öfter noch unausgesprochen hören: Warum tust du auch so viel? Bin ich schuld, daß du den ganzen Tag in der Küche stehst? Warum kümmerst du dich um die Probleme anderer? Das hat doch keiner von dir verlangt!

Diese Worte würden Martha nur noch mehr belasten. Denn sie weiß besser als die, die ihre Arbeit zwar ausnutzen, aber doch gering schätzen, wie nötig das ist, was sie tut. Nichts darf liegen bleiben. Nein, Jesus stimmt nicht in den Chor derer ein, die die Arbeit der Marthas abwerten. Zwar wurde seine Antwort manchmal so gehört, als hielte er das praktische Sorgen für weniger wichtig als Reden und Hören ...

Möglicher weiterer Verlauf
Wichtige, auszuführende Stationen scheinen uns im weiteren Gang der Predigt zu sein:
– Jesus tadelt Martha nicht und entwertet nicht ihre Arbeit. Er lädt sie ein, sich auch zu seinen Füßen zu setzen, also dem Ausbrennen zuvorzukommen, sich und ihre Bedürfnisse wahrzunehmen, Zuwendung zu erleben, sich beschenken zu lassen, für die alten Aufgaben neue Lösungen und eine neue Verteilung der Arbeit zu finden ...
– Was heißt eigentlich »Jesus zu Füßen sitzen«? Nicht Faulheit und Gleichgültigkeit, sondern zur Ruhe kommen, Besinnung und Grund finden, Ziele erkennen, um zum Handeln zu kommen. Zum Handeln, das Zuwendung ist und nicht nur fürsorgende Geschäftigkeit.
– Die Haltungen von Maria und Martha machen erst zusammen und in der richtigen Balance das Christsein aus. Lukas will uns mit den nebeneinanderstehenden Geschichten vom barmherzigen Samariter und von Maria und Martha zeigen, was *jeweils* not tut. Es geht um die Balance und den Wechsel zwischen beiden Haltungen, nicht um ihre Rangfolge, nicht um die Unterscheidung von »Eigentlichem« und »Uneigentlichem«. Es gehört zur Weisheit des Glaubens, zu wissen, was in welcher Stunde dran ist, was jeweils die Stunde schlägt.
– Vier Gesichtspunkte, an denen die Zusammengehörigkeit von Maria- und Martha-Haltung deutlich werden kann:
(1) Jesu eigenes Leben und Handeln.
(2) Der christologische Aspekt: Jesus zu Füßen sitzen heißt heute nicht zuletzt, den Geringsten zu Füßen sitzen. Das heißt, die Chancen entdecken, auf die zu hören, von denen zu lernen, uns beschenken lassen von denen, für die wir oft nur planen, arbeiten und sorgen – oder an denen wir vorübergehen. Der Besuchsdienst in der Gemeinde wird dann z.B. nicht nur eine Aktion, die gemacht werden muß, sondern ein Weg, auf dem die Gemeinde im Hören etwas Neues erfährt.
(3) Die folgende Bitte der Jünger: »Herr, lehre uns beten« und Jesu Antwort »... Dein Reich komme ...«.
(4) Die Gemeinde selbst, wenn sie nicht zuläßt, daß Dienen und Hören auf das Wort auseinanderfallen. Es kann ein Sinn von Gemeinde sein, daß die Marthas dazu kommen, sie niederzulassen, und die Marias erkennen, daß sich ihr Hören im Tun vertiefen wird.

– Es ist sicher abhängig von der konkreten Gemeindesituation, ob es sinnvoll ist, auf die »Auswanderung der Diakonie aus dem gemeindlichen Nahbereich« (J. Degen), die besonderen Probleme der Institutionalisierung und Professionalisierung und die Probleme der helfenden Berufe hinzuweisen. Sofern eine diakonische Einrichtung im Gemeindebereich liegt oder helfende Berufe in der Hörerschaft vertreten sind, ist dies sicher eine wichtige Konkretion (dazu genauer: J. Degen, Diakonie im Widerspruch, München 1985). Aufgabe der Verkündigung in der Diakonie ist es gerade, darauf aufmerksam zu machen, daß die Tätigen nicht immer neue Aufgaben aufgebürdet bekommen und sich immer höhere Ziele stecken, sondern daß sie Gelegenheit zur Besinnung und Befriedigung in der Arbeit erhalten.

– Den Marthas zu predigen, daß sie eingeladen sind, sich zu Jesu Füßen zu setzen, heißt nicht, die Notwendigkeit des Helfens zu bagatellisieren und das Helfen zu diffamieren. Aber auch die Helfer selbst sind als solche zu entdecken, die unter die Räuber fallen können. Der Samariterdienst wird nicht dispensiert, aber den Samaritern und Marthas soll es nicht gehen wie dem »allzeit tätigen Mann«.

Diese Geschichte (s. Kontexte) könnte am Ende der Predigt stehen und nochmals darauf zurücklenken, daß wir Jesus zu Füßen sitzen können, damit wir nicht »leer und zwecklos« werden in unserer wichtigen – und sei es diakonischen – Geschäftigkeit.

Konkretionen

Für die, die meinen, Jesus zu dienen, heiße selbstvergessen und rastlos werden:

Der allzeit tätige Mann

Es lebte ein Mann, der war ein sehr tätiger Mann und konnte es nicht übers Herz bringen, eine Minute seines wichtigen Lebens ungenützt vorüber zu lassen.

Wenn er in der Stadt war, so plante er, in welchen Badeort er reisen werde. War er im Badeort, so beschloß er einen Ausflug nach Marienruh, wo man die berühmte Aussicht hat. Saß er dann auf Marienruh, so nahm er den Fahrplan her, um nachzusehen, wie man am schnellsten wieder zurückfahren könne. Wenn er im Gasthof einen Hammelbraten verzehrte, studierte er während des Essens die Karte, was man nachher nehmen könne. Und während er den langsamen Wein des Gottes Dionysos hastig hinuntergoß, dachte er, daß bei dieser Hitze ein Glas Bier wohl besser gewesen wäre.

So hatte er niemals etwas getan, sondern immer nur ein Nächstes vorbereitet. Und als er auf dem Sterbebette lag, wunderte er sich sehr, wie leer und zwecklos doch eigentlich dieses Leben gewesen sei. *Victor Auburtin*

(aus: L. Graf u.a. [Hg.], Die Blumen des Blinden, München 1983, S. 37 f.)

Zum sozialpsychologischen Befund des »Ausbrennens«, vor allem in helfenden Berufen und bei Hausfrauen:

»Überdruß und Ausbrennen sind Zustände körperlicher, emotionaler und geistiger Erschöpfung. Die Betroffenen fühlen sich körperlich verausgabt, hilflos, hoffnungslos und emotional erschöpft. Sie entwickeln negative Einstellungen zum Selbst, zu ihrem Beruf, zu anderen Menschen und zum Leben ganz allgemein. Ausbrennen und Überdruß sind Empfindungen des Unglücks und der Unzufriedenheit, des vergeblichen Strebens nach Idealen. In extremen Formen berauben sie die Menschen der Fähigkeit, sich mit ihrer Umwelt auseinanderzusetzen und sich an ihr zu freuen ...«
»Der Arbeitstag einer Hausfrau ist nie zu Ende. Ihre Arbeit bringt ihr in vielen Fällen weder greifbare Belohnungen noch soziale Kontakte. Weder Ehemänner noch Ehefrauen haben klare Vorstellungen, inwieweit Hausarbeit überhaupt Arbeit ist. Hausfrauen arbeiten angestrengt, ernten aber keine Anerkennung: Ihre Männer halten ihnen vor, daß sie ›sowieso den ganzen Tag nichts zu tun‹ hätten, um sie gleich darauf zu erinnern, daß es ihre Pflicht sei, daheim zu bleiben und die Hausarbeit zu tun. Deshalb haben viele Hausfrauen nur unklare Vorstellungen von dem, was in ihrem Beruf verlangt wird, und wie gut oder wie schlecht sie ihn ausüben.«
(aus: E. Aronson u.a., Ausgebrannt, Stuttgart 1983, S. 25 und 100)

Für die, die meinen, Jesus zu Füßen zu sitzen sei mit dem sonntäglichen Gottesdienstbesuch erledigt:
eines tages / wird jesus sagen / ich war an eurer tür / und ihr habt nicht aufgemacht / ich war unehelich / und ihr habt es mich merken lassen / ich war unnormal / wie ihr sagt / und ihr habt darüber getuschelt / und einen bogen um mich gemacht / ich war öffentlich diffamiert / und ihr habt / in dasselbe horn getutet wie alle / ich lag besoffen auf der parkbank / und ihr habt euch geekelt / ich hatte kein nachtquartier / und ihr habt mich / mit einer mark abgespeist / ich wurde straffällig / und ihr habt euch von mir zurückgezogen / ich war ein ein-monat-altes embryo / und ihr sagtet weg mit ihm / ich war ein kind / und ihr habt mich / mit erwachsenenmanieren traktiert / ich spielte gern / ihr aber habt mir den ernst des lebens / und das arbeiten beigebracht / ich hatte phantasie / und ihr habt meine phantasie verachtet / und mich auf sauberkeit / und ordnung getrimmt / ich hatte durst / und ihr gabt mir einen essigschwamm / ich war nackt / und ihr hattet keine hose / und keinen rock für mich / ich hatte kein zimmer / und ihr habt euch / einen passenderen mieter gesucht / ich war dumm / wie ihr das nennt / und ihr habt mir das / immer wieder ins zeugnis geschrieben / ich war ein trinker / und ihr habt immer neue böse geschichten / über mich erfunden / ich war ein ungeborenes / und das chirurgische scharfe messer / eurer überlegungen / machte vor mir nicht halt / ich saß im gefängnis / und ihr habt mich nicht besucht / dann werden wir sagen / jesus / das kann nicht sein / du irrst / die vorwürfe stimmen nicht / wir haben dich nicht abgetrieben / wir haben dich nicht diffamiert / wir haben dich nicht / liegen lassen im dreck / wir haben dich nicht hungern sehen / wir haben dir / keinen essigschwamm gereicht / und dann wird jesus sagen / was ihr den geringsten meiner / schwestern und brüder / getan und nicht getan habt / das habt ihr mir getan oder nicht getan.
(aus: Wilhelm Willms, Der geerdete Himmel, Kevelaer 1974)

Männlichen Predigern zur Warnung:
»Jede Hausfrau sollte auch einmal nach Marias Vorbild ein Weilchen sich frei machen zu neuer geistiger Anregung. Sie muß auch nach Christi Willen dem Manne mehr sein als bloße Haushälterin und den Kindern mehr als Versorgerin ... Sie muß zuweilen die Arbeit ruhen lassen, um sich hinzusetzen und die Kinder oder den Gatten geduldig und teilnahmsvoll anzuhören, wenn sie quälende oder frohe Fragen mit ihr besprechen wollen. (Peter Ketter) ...
Nun ist merkwürdig, wie diese Maria, – unselbständig, lieb, ohne Widerspruch, wenn die Schwester sie anfährt, diese Maria mit den Tränen in den Augen und immer bereit, sich klein zu machen, – die Sympathie der Theologen erregt. Sie ist eine »stille, innerliche Seele« (Peter Ketter), die so ganz nach dem Herzen predigender Theologen ist, ganz im Gegensatz zu der selbstbewußten und viel redenden Martha. So meint ein Ausleger (Hirsch), daß Johannes in der anbetenden und schweigenden Maria »die christliche Haltung Leid und Tod gegenüber« darstellen wollte. Der neutestamentliche Frauenforscher Leipoldt schwärmt von der stillen Maria, die zu Jesus erst kommt, als man sie ausdrücklich ruft, und die »tiefer empfindet« als die vorlaute Martha. ...
Maria, der stille Männertraum, enthält Dynamit: das revolutionäre Potential Liebe, das wir immer wieder zur kleinen bescheidenen Frauenliebe reduzieren wollen, damit die kalkulierende Welt ungestört bleibt. Maria hat ein eigenes Gesicht. Das Gesicht vieler Frauen. Aber sie beginnt eine eigene Geschichte, die keine Parallele hat. Es sei denn in der Geschichte der Frauen, die entdecken, daß das Evangelium ihre Individualität nicht unterdrückt, sondern entfaltet und das Abenteuer, sie selbst zu sein, bedeutet ...«
(aus: E. Moltmann-Wendel, Ein eigener Mensch werden, Gütersloh 1980, S. 58 ff.)

Und das Allerletzte:
Die rechte Pfarrersfrau ist die,
Martha und Maria zugleich.
(Aus einer Pastoraltheologie in Versen)

Invokavit

Predigttext: 1. Mose 3,1–19 (20–24)
Gudrun Ade

Theologisch-homiletische Skizze

Das eigentliche Problem von Genesis 3 ist nicht der Text in seiner uns überlieferten Gestalt, sondern die Geschichte seiner Auslegung, das Gewicht, das er von großen Theologen bekommen hat, angefangen bei Paulus, der schreiben konnte: »Wie nun durch Eines Sünde die Verdammnis über alle Menschen gekommen ist, so ist auch durch Eines Gerechtigkeit die Rechtfertigung zum Leben für alle Menschen gekommen« (Röm. 5,18). Adam ist ihm also der wirkliche erste Mensch, der durch sein Handeln das Schicksal der kommenden Generationen bestimmt hat: »Durch Adams Fall ist ganz verderbt menschlich Natur und Wesen, dasselb' Gift ist auf uns geerbt ...« (EKG 243,1), hat Lazarus Spengler 1524 in diesem Sinn gedichtet. Sünde, ein Erbe von Adam bis zu uns? Und nun keine Möglichkeit, Unschuld und Paradies zu erleben? Der status integritatis sei also unserer Geschichte jenseitig, der Ungehorsam des Adam setze den Beginn des status corruptionis, der bis in die heutige Gegenwart hineinreicht und dem kein Mensch entgeht, wie keiner seiner Vererbung entgeht? Mir scheinen im Gegensatz dazu zwei Gedanken sehr wichtig zu sein, sowohl für das Verständnis von Genesis 3 als auch für die Konzeption des Gottesdienstes und der Predigt. Erstens: Adam ist keine bestimmte Gestalt zu Beginn der Menschheitsgeschichte. Adam ist der Mensch an sich. Adam ist jeder. Jeder erlebt die Geschichten von Genesis 2 und 3 in seiner eigenen Existenz. Adam ist also nicht Einer zu einem frühen Zeitpunkt. Wie Adam denkt, fühlt und handelt, so denkt, fühlt und handelt jeder, der Mensch ist. Ursünde ist die Sünde, die jeder aufs neue verantwortlich begeht. Jeder hat die Freiheit zum Gehorsam, keiner muß Paradiese zerstören. Aber jeder Mensch mißbraucht Freiheit, und der Aufstand gegen Gott in Selbstherrlichkeit geschieht in jedem Menschenleben und hinterläßt seine Spuren der Furcht und Scham. Anderes Menschenleben ist kindisch oder behindert.

Zweitens: Obwohl der Anfang, mit dem Gott schöpferisch mit uns beginnt, nur als Paradies zu beschreiben ist (Gn. 2), gehören jetzt Schöpfung und Fall unbedingt zusammen. Sie sind gleichzeitig. Nur um des Erzählens willen dehnt sich ein Faden, folgt eins aufs andere, eins nach dem andern. In Wirklichkeit liegen die einzelnen Stücke übereinander und ergeben erst, wenn man sie zusammenschaut, das richtige Bild. So gleichen sie den durchsichtigen, leuchtenden Steinen in einem Kaleidoskop, die man gewiß auch einzeln ansehen kann, die aber ihre Schönheit und ihre Ordnung erst im Miteinander, Übereinander und Ineinander entfalten. Paradies, Glück der Unschuld und kindlichen Geborgenheit, immer wieder erfahren Menschen dies. Und der Engel mit dem Flammenschwert steht zwar an manchen Toren,

wo es keinen Weg zurück mehr gibt. Aber doch blüht es und wächst es da und dort, wo Gott einen fruchtbaren Regen fallen läßt und einen Paradiesesgarten schenkt, herausgenommen aus Wüste und Öde. Beides bestimmt gleichermaßen unser Sein und Handeln: der Fall in Ungehorsam ist ebenso gegenwärtig mit Scham, Furcht, Fluch und Ausgestoßensein in die Welt der Schmerzen, Unterdrückung, Kärglichkeit und Tod, wie das Paradies, wo zwei Menschen in Unschuld und Liebe einander entdecken und Gott als Weggefährten haben, mit Ihm im Gespräch sind in Vertrauen und Demut.
Die Stellung der Perikope am Invokavit-Sonntag hat allerdings zur Folge, daß sich die Gedanken nun doch dem Thema »Versuchung« zuwenden, zumal als Evangelium Matthäus 4 zu lesen ist. D. Bonhoeffer schreibt ja dazu: »Die Heilige Schrift berichtet genau genommen überhaupt nur zwei Versuchungsgeschichten, die Versuchung des ersten Menschen und die Versuchung Jesu Christi, d.h. die Versuchung, die zum Fall der Menschen führt, und die Versuchung, die zum Fall des Satans führt. Entweder wir werden versucht in Adam oder wir werden versucht in Christus. Entweder der Adam in uns wird versucht; dann kommen wir zu Fall. Oder der Christus in uns wird versucht; dann muß Satan fallen.«
Leider wird es die Predigt auch nicht anders machen können als die Bibel selbst. Sie wird sich einer Seite der ganzen Wahrheit widmen, hier die Strukturen typisch menschlichen Verhaltens aufzeigen, dies aber so durchsichtig und vorsichtig tun, daß sich womöglich die eigenen Erfahrungen der Hörer widerspiegeln können. Die Predigt wird aber offen fürs Ganze beginnen und enden, damit vermieden wird, was ich unbedingt vermeiden möchte: den Fall in die Sünde als tragische Notwendigkeit eines erwachsenen Menschen darzustellen. Die offene Paradiesestür ist am Ende ebenso not-wendende Realität, wie auch jeder von Erfahrungen des Paradieses herkommt und aus ihnen Kraft, Vertrauen und Hoffnung schöpft.
Meine Gesamtkonzeption hat für die Liturgie zur Folge, daß ich ein Lied wie EKG 243 »Durch Adams Fall ist ganz verderbt ...« auf keinen Fall singen lassen möchte, dagegen lieber die Lieder, die vom Oster-Sieg über Hölle und Tod singen.

Vorschläge zur Liturgie
Kollektengebet
Gott, Vater: Du stellt uns den Leidensweg Jesu vor Augen. Es ist der Weg deiner Liebe zu uns allen – zur Welt. Du rufst uns auf diesen Weg, weil er zum Leben führt. Herr Jesus Christus: Du hast festgehalten den Willen unseres Vaters und hast der Versuchung widerstanden, ohne Gott der Welt zu dienen. Du bittest uns, mit dir das Leiden auszuhalten. Gott Heiliger Geist: Du öffnest uns die Augen für unsere Versuchlichkeit, bewahrst uns vor Verzweiflung und tröstest uns mit göttlicher Verheißung. Herr Christus: Du littest Not um unseretwillen. Deine Seele hat gearbeitet für uns bis in den Tod. Hilf, daß wir mit dir gehen – auch durchs Leiden, damit wir die Gewißheit unserer Rettung erfahren. Der du mit dem Vater und dem Heiligen Geist lebest und regierest von Ewigkeit zu Ewigkeit. Amen. (Hans-Jürgen Quest: Gott läßt mit sich reden – Gebete für den Gottesdienst, Johannes Stauda Verlag, S. 51)

Sündenbekenntnis
Herr Gott, unser Leben gibt durch unsere Sünde und Schuld dem Tode recht. Wir haben vieles verdorben, das Du uns anvertraut hast. Wir haben unsere Bestimmung, dir zu vertrauen, verraten. Wir haben die nächsten Menschen zu Teilhabern unseres Bösen erniedrigt. Wir erkennen, wir haben Dich verloren. Wir haben uns verloren. Erbarme dich! Vergib uns unsere Sünde, damit das Leben recht behält.

Gnadenzusage
Gott läßt uns sagen: »Daran erkennen wir, daß wir aus der Wahrheit sind, und können unser Herz vor ihm damit zum Schweigen bringen, daß, wenn uns unser Herz verdammt, Gott größer ist als unser Herz und er kennt alle Dinge.« (1. Joh. 3,19+20)

Fürbittengebet
Vater – du unser Herr und Gott: Wo wären wir – ohne deine Vergebung. Was wären wir – ohne die Freiheit, die du schenkst, indem du vergibst. Mach uns frei von unserem kleinlichen, schrecklichen Moralismus, mit dem wir einander das Leben schwer machen und unsere Mitmenschen festlegen auf ihre Fehler. Mach uns stark in der königlichen Freiheit, unseren Schuldigern zu vergeben. Schenke uns Mut, ohne Aggression und Verachtung mit unseren Mitmenschen zu sprechen über das, was uns die Gemeinschaft mit ihnen schwer macht. Verleihe uns die Kraft, andere mit ihren Schwächen, Fehlern und Sünden zu tragen. Du, Gott, bist größer als unser Herz, als unsere Prinzipien und unsere Moral, die uns selbst und andere verklagen möchten. Wir bitten dich um den Geist Jesu Christi, der vergab, indem er Gemeinschaft herstellte mit den Sündern, der sein Leben hingab, um uns untereinander die Gemeinschaft der Vergebung zu ermöglichen (a.a.O., S. 138).

Lieder
29,2.4.5; 11,6 »Tritt der Schlange Kopf entzwei«; 82,3 »Er hat zerstört der Höllen Pfort ...«; 87,1 »... Wo ist dein Sieg, o Hölle?«; 87,2 »Wie sträubte sich die alte Schlang«; 201,3 »Und wenn die Welt ...«; 239,2 »Dem Teufel ich gefangen lag«; 248 »Wärn meiner Sünd auch noch so viel ...«; 250,4–6 »Mein Jesus ist mein Ehre ...«; »Nichts, nichts kann mich verdammen ...«; 262 »O Durchbrecher aller Bande«; 293,2 »Laß den Satan wettern ...«; 293,3 »Trotz dem alten Drachen«; 296 »Schwing dich auf«.

Vorschlag für die Predigt

Möglicher Anfang
Erinnerung an verlorene Paradiese, jeder trägt sie in sich: »Wie schön war es damals, als wir uns begegneten und uns lieben lernten! Es fiel uns nur Gutes füreinander ein. Wir brauchten gar keine Mühe, um böse Worte zu

umgehen; wir konnten einander nicht verletzen, weil wir uns so liebten« – ein verlorenes Paradies. »Wie schön war es in meiner Kindheit! Da spielte ich wie ewig mit meinem Bruder. Es fiel uns immer wieder etwas Neues, Schönes ein, das wir tun konnten. Und wir halfen einander immer, überall, um jeden Preis. Wir waren ein Herz und eine Seele.« Ein verlorenes Paradies. Eine Erbschaft, Neid, Mißtrauen. Nun ist jede Beziehung abgebrochen. Traurig fragt einer: »Wie kam das? Gibt es keinen Weg mehr zurück?«
Und doch, nicht nur voll Trauer denken wir zurück an vergangene Glückseligkeit. Wir haben's erlebt. Wir haben's wirklich erlebt: Es gibt so etwas Schönes auf der Erde. Es gibt Grund zum Hoffen, Glaube ist keine Illusion, und Gebete ersehnen mehr Realität, wenn sie Heil und Liebe und Glück erflehen; sie sind gerade keine Flucht aus der Wirklichkeit, sondern ein Kämpfen um den Urgrund des Seins, der Glaube ans Paradies, das auf dieser Erde von Gott gepflanzt wird, wo Er will.
Am Anfang war die Welt sehr gut geschaffen. Unschuldig leben Menschen ihr einfaches Leben im Einklang mit der Natur. Sie finden einander als Partner, entdecken die Schönheit der Harmonie und reden mit Gott. Das geheimnisvolle Verbot bleibt geachtet, unangetastet auch im Denken der Baum der Erkenntnis.

Zum weiteren Verlauf
Ich möchte nun im Präsens Genesis 3 nacherzählen als die Geschichte jedes Menschen, von jedem, der unter der Kanzel sitzt, schon erlebt; aber im Hören kann sich einer wie im Spiegel nun selber erst entdecken, erkennen und seine eigenen Geschichten deuten und verstehen. Der Erzählung entlang ergibt sich die Gliederung: 1. Der flüsternde Argwohn oder: die Angst zu kurz zu kommen; 2. Genießen – der süße Reiz des Verbotenen; 3. Zerbruch der Gemeinschaft in Scham und Furcht; 4. Tarnende Lügen der Schuldigen; 5. Die Strafe – Schmerzen, Unterdrückung, Kargheit des Ertrags harter Arbeit, Tod; 6. Das verlorene Paradies.
Als Konkretion bieten sich Geschichten von Ehepaaren und Geschwistern an, wie in der Einleitung. Aber ebenso, was wir im Umgang mit der Technik erleben können, wo wir schon lange die ersten Stadien hinter uns haben, den Tod ernten und uns ernsthaft auf die Suche nach dem verlorenen Paradies machen.
Ich würde aber gerne alle Kraft der Erzählung selber widmen und die Konkretion so dem Hörer überlassen. Also etwa so: Zu 1: Nur eine leise, fürsorgliche Stimme ist da zu hören: »Geht es dir in diesen Verhältnissen eigentlich gut? Hast du wirklich alles, was du brauchst?« Schön klingen diese Worte. Nein, da kommt keiner mit Feuer und Schwefel, da glotzen keine lauernden Augen aus verwirrendem Dämmerlicht. Da spricht eine

kleine, liebe Stimme. Aber es steckt etwas dahinter. Da hat sich jemand wirklich Gedanken gemacht um dich: »Um was geht's denn sonst, wenn nicht um dich?! Dies ist dein Leben. Und du solltest nun wirklich all deine Chancen nutzen. Ein ganzes Paradies umgibt dich. Warum genießt du es nicht vollkommen? Was hindert dich? Du hast anerzogene Hemmungen! Oder sind es Komplexe: ein zu strenger Vater, eine allzu ängstliche Mutter? Befreie dich! Tritt hinaus und tu, was du willst. Tu endlich, wozu du Lust hast! Werde Mensch! Hast du nicht sogar eine Verpflichtung, alles zu entwickeln, das in dir liegt, alles zu ergreifen, das vor dir liegt? Du mußt doch die Welt nutzen und gestalten. Das ist doch deine Aufgabe. Warum zögerst du? Welchen Hemmungen beugst du dich eigentlich? Steh auf! Beuge dich vor nichts mehr, und du wirst Kräfte in dir spüren wie nie zuvor.« Die leise Stimme spricht fürsorglich, und es klingt gut, was sie sagt. Es leuchtet ein, was sie meint ...
... Am Abend könnte es sein, daß ein Mensch Gottes Schritt hört, der kommt und ihn sucht: »Wo bist du? Was hast du getan?« Er könnte in dieser Begegnung seine Wahrheit errötend entdecken. Aber unsere Abende sind laut, voller greller Bilder und schriller Worte. Die Ohren werden taub und die Augen erblinden für Gott, der in Seiner Sanftmut und Schüchternheit so leicht sich abdrängen läßt: »Wir können ihn nicht brauchen. Er stört uns nur«, schreien Menschen. »Kreuzige ihn!« haben sie gerufen damals, als sie Ihn los sein wollten für immer ... Das kennt doch sicher auch ihr Konfirmanden, wie das ist, wenn's keiner war. Immer wird die Schuld weitergeschoben wie der Schwarze Peter. »Ich war's nicht!« – »Der hat angefangen!«, so heißt es. Und so wie bei Euch ist das ja auch im Großen. Hört mal auf die Reden der Politiker: Immer sind die von der anderen Partei schuld ... Gerade da, wo der Mensch Paradies erlebt, da muß er nun die Strafe tragen. Das größte Glück der Frau ist, einem Kind Leben zu schenken. Sie fühlt sich an der Quelle aller Wunder, wenn sie ihr Kind in Armen hält. Aber nun liegen Mühsal und Schmerzen auf Schwangerschaft und Geburt. Das Glück zu lieben wird in Unterdrückung und Ausgebeutetsein verwandelt. Der Mann im Erfolg fühlt sich selig in seiner Arbeit. Aber auch er muß Kargheit und Vergeblichkeit erleiden. Aber die meisten Tore zum Glück öffnen sich doch denen, die geduldig mit Schweiß ihren Tribut an Leiden und Arbeit gezahlt haben. ...

Schluß

Der Mensch wollte sein wie Gott. Nun sind die Tore zum Paradies verschlossen. Das Paradies ist für immer verloren. Aber wir dürfen hoffen. Wir dürfen an Glück glauben. Denn Gott wollte ein Mensch sein. Er beginnt, selber unsere Leidenswege zu gehen. Er geht neben uns her all diese dunklen Wege der Schuld, der Lüge, der Scham. Er geht mit uns und führt uns heraus. Bis zum Tod geht Er mit uns, damit der Fluch getragen ist, die Schuld gesühnt. Bis zum Tod geht Er mit uns, um uns zum Leben zu helfen.

Kontexte

»Mein Vater erlöse mich von dem Bösen! Wie ein Vogel, der ins Netz fliegt, wie eine Maus, die in die Falle läuft, wie ein Fisch, der ins Maul eines größeren hineinschwimmt, eile ich dem Bösen entgegen. Willst du mich nicht am Kragen packen und aufhalten, ehe ich eine Beute des Bösen geworden bin?« (J. Gnanabaranam, »Heute, mein Jesus«, S. 77)

»Das Beste ist die tiefe Stille, in der ich gegen die Welt lebe und wachse und gewinne, was sie mir mit Feuer und Schwert nicht nehmen können«. (J.W. von Goethe)

»Leicht sind Menschen zu gewinnen, / sie binden sich mit Herz und Sinnen / an Glanz und Zauber, Macht und Brot. / Diesen Weg willst du nicht gehen, / du willst dem Bösen widerstehen / aus Gottes heiligem Gebot. / Wir brauchen nicht allein / das Brot, um Mensch zu sein, / sondern leben von deinem Wort. / Herr, setz es fort, / und weise du ihm Zeit und Ort.« (»In deinen Schutz genommen«, Detlev Block, S. 73)

»Der Lärm, der uns hindert, die Stimme Gottes zu hören, ist nicht, wirklich nicht, das Geschrei der Menschen oder das Fiebern der Städte und noch weniger das Sausen der Winde oder das Plätschern der Wasser. Der Lärm, der die Göttliche Stimme erstickt, ist der innere Aufruhr gekränkter Eigenliebe, erwachenden Argwohns, unermüdlichen Ehrgeizes.« (Dom Helder Camara, »Mach aus mir einen Regenbogen«, S. 72)

Volkstrauertag – Trauer worüber? Weil keiner sagt: ich bin schuld. Denn das allein wäre der Anfang, nicht mehr zu trauern. (R.O. Wiemer, »Chance der Bärenraupe«, S. 20)

traum in der sahara: es war einmal ein mann / der hatte einen traum / einen wunderschönen traum / und weil der mann / ein bewohner der sahara war / träumte der mann / von einem großen üppigen garten / mit vielen edlen bäumen darin / und quellen und bächen / und blumen und schatten und kühle / und die bäume allezeit / voller kostbarer früchte ... / mitten in diesem garten steht ein baum / ein schöner baum mit / herrlich leuchtenden saftigen äpfeln / und es heißt im garten / es sei so überliefert / von diesem baum dürfe man / nichts wegnehmen / wer davon esse / der würde im nu / den schönen garten verlieren / er müsse dann hinaus / in die wüste / in die öde / in die brennende erbarmungslose sonne / in die dürre / in den hunger / in den durst / in den tod hinaus / und so hatte denn bis dahin jeder / diese ungeschriebene überlieferung / geachtet / und keiner hatte von diesem baum / genommen / jeder hatte das verbot / als etwas gutes angenommen / weil doch alles gut war / und die bewohner des gartens / liebten das geheimnis dieses baumes / man sprach

nicht darüber / aber alle wußten es / was wäre unser garten / ohne dieses geheimnis / was wäre unser garten / wenn dieser baum wäre / wie alle anderen bäume / oh dieses schöne nichtwissen / um das alles denken kreiste / oh dieses schöne geheimnis / dieses nicht ergründete / das sich in alles einmischte / wie ein kostbarer geschmack / dieser eine / nicht verkostete apfel / gab allen anderen äpfeln / ihr gewicht / ihre hintergründigkeit / und alles was die leute / in diesem garten / dachten sprachen taten / immer klang das geheimnis / dieses baumes / durch alles hindurch / des baumes / der in der mitte des gartens stand / und es war merkwürdig / alle waren außerordentlich neugierig / alle kreisten um diesen baum / alle kreisten um diese mitte / alle lebten um diese mitte herum / um diese geheimnisvolle mitte / des gartens / darin die menschen wohnten / und alle wagten nicht / dieses geheimnis zu lüften / es war kein stacheldraht / um diesen baum gezogen / nur etwas hauchdünnes / wie ein spinnwebfaden / und dieser spinnwebfaden / wurde geachtet wie eine starke mauer / aber dann / eines tages / passierte die katastrophe / etwas schlich sich in den garten ein / etwas schleichendes / etwas verführerisch schön klingendes / klug klingendes / etwas schillerndes zweideutiges / und dieses etwas schlich sich ein / in das denken einer frau / warum sollen wir nicht davon essen / gibt es eine begründung / nein / vielleicht will man uns / etwas vorenthalten / man / wer könnte das sein / man / und dann war MAN plötzlich / ein herrschsüchtiger gott / der neidisch ist / und uns das letzte nicht gönnt / und vielleicht wird man selbst / so wie dieser gott / und die frau / sie dachte und dachte / und kombinierte / und alles war ihr auf einmal / ganz plausibel / und einleuchtend / und logisch / und 100prozentig sicher / und sie zerriß den hauchdünnen faden / rund um den baum / und sie nahm den apfel und aß / und es gingen ihr die augen auf / sie gab auch ihrem mann davon / und dann / hatten sie das letzte genommen / und sie waren am ende / sie waren am ende / sie waren plötzlich draußen / sie waren nicht mehr in / sie waren out / ganz weit draußen / sie hatten für einen apfel / für eine handvoll greifbares / das unbegreifliche fallen lassen / das unbegreifliche / das alles in ihrem garten mit leben / mit geschmack / mit spannung und schönheit erfüllte / sie hatten / keinen stacheldraht durchschnitten / sie hatten keinen paragraphen mißachtet / sie hatten einen hauchdünnen faden / einen spinnwebfaden nicht geachtet / das war die katastrophe / so schrieb der träumer / so schrieb der dichter / in den sand / in den wind / und bis auf den heutigen tag / ist es in den wind gesagt / in den wind geschrieben
(wilhelm willms: der geerdete himmel I,6)

Der Baum ist verdorrt
Einmal hat der Große Geist mich / in die Mitte der Welt gestellt und mir / die Güte und Schönheit und Seltsamkeit der Erde / und ihrer Geschöpfe gezeigt. / Er hat mir die Augen geöffnet für ihre Eigenart, / und ich erkannte, daß alle Dinge dasselbe Wesen haben. / Dann hat der Große Geist einen heiligen Baum / in den Kreis meines Volkes gepflanzt / und mir aufgetragen, / ihn zum Blühen zu bringen. / Hier, in der Mitte der Welt, wo der Große Geist mich unterwiesen hat, als ich jung war, / stehe ich nun, alt und bedauernswert, / und bekenne unter Tränen, / daß der Baum verdorrt ist. / Noch einmal, / vielleicht zum letzten Mal, / will ich meinen Traum wachrufen. / Könnte es nicht sein, daß eine kleine Wurzel / des heiligen Baumes überlebt hat? / Könnte es nicht sein, daß er neu zu wachsen / und zu blühen beginnt, / damit

wir Heimat finden in seinem Schatten? (Wolfgang Poeplau: In die Mitte der Welt führt deine Spur – Texte indianischer Weisheit S. 34)

Vater Sonne, Mutter Erde
Nein, ich bin keine Waise! / Nur so lange fortgewesen / – / im Steineland, im Schattental. / Als Kind einst von der Hand gerissen voll Übermut / und fremde Pfade gegangen. Vom Ehrgeiz gepackt, / vom Glanz geblendet, / nur der eigenen Kraft vertrauend. / Das Leben hat mich arm und fremd gemacht. / Vater Sonne, Mutter Erde, / nicht länger müßt ihr suchen! / Sehr, hier bin ich, euer Kind. / Ich kehre heim. / Vor der Türe eures Hauses / werdet ihr mich finden / in der Morgendämmerung. / Nehmt mich in die Arme / und verzeiht. (Wolfgang Poeplau: In die Mitte der Welt führt deine Spur – Texte indianischer Weisheit S. 20)

Die Mitarbeiter

Pfarrerin Gudrun Ade, Landau (Pfalz). Pfarrerin Berthild Boueke-von Waldthausen, Bielefeld. Pfarrer Wolfram Braselmann, Loccum. Pfarrerin Joan Brüggemeier, Bottrop. Pfarrer Rainer Bungenstock, Steyerberg. Pfarrer Erhard Domay, Landau (Pfalz). Pfarrer Klaus Eulenberger, Hamburg. Pfarrer Jürgen Frank, Fuldatal. Pfarrer Dr. Wolfgang Gerlach, Essen. Dekan Wolf-Dietrich Hardung, Stuttgart. Pfarrer Egbert Haug-Zapp, Böchingen. Dekan Christian Hilmes, Kaufungen. Pfarrer Peter Klever, Coburg. Pfarrerin Almut Kramm, Bochum. Pfarrer Dr. Reinhold Lindner, Mönchengladbach. Pfarrer Claus Marcus, Berlin. Vikarin Claudia Neuser, Mönchengladbach. Pfarrer Gerhard Niederstucke, Berlin. Pfarrer Hans-Joachim Petsch, Tutzing. Pfarrer Harald Pfeiffer, Heidelberg. Pfarrer Klaus Schimpf, Berlin. Pfarrer Arno Schmitt, Mannheim. Pfarrer Helmut Siegel, Hagen bei Bremen. Pfarrerin Dr. Beate Stierle, Imbshausen. Pfarrer Klaus Wende, Creußen. Pfarrerin Hanna Kristina Zapp, Böchingen.